体育公共关系：理论与实践

黄奇玮　马　辉　主编

北京体育大学出版社

策划编辑 木 凡
责任编辑 吴光远
责任校对 李志诚
版式设计 小 小

图书在版编目（CIP）数据

体育公共关系：理论与实践/黄奇玮，马辉主编
. —北京：北京体育大学出版社，2016.5（2024.7重印）
ISBN 978-7-5644-2262-2

Ⅰ.①体… Ⅱ.①黄… ②马… Ⅲ.①体育-公共关系学 Ⅳ.①G80-05

中国版本图书馆CIP数据核字（2016）第101661号

体育公共关系：理论与实践 黄奇玮 马 辉 主编

出版发行：北京体育大学出版社
地　　址：北京市海淀区农大南路1号院2号楼2层办公B-212
邮　　编：100084
网　　址：http：//cbs.bsu.edu.cn
发 行 部：010-62989320
邮 购 部：北京体育大学出版社读者服务部010-62989432
印　　刷：三河市龙大印装有限公司
开　　本：710毫米×1000毫米 1/16
成品尺寸：170毫米×228毫米
印　　张：14.25
字　　数：236千字
版　　次：2016年5月第1版
印　　次：2024年7月第4次印刷
定　　价：59.00元

目 录

第一章　体育公共关系学绪论

本章要点

- 体育公共关系的概念
- 艾维·李与公共关系的职业化
- 伯内斯与公共关系的科学化
- 中国公共关系的发展历史
- 体育公共关系的主要理论

奥迪 A6：与“虎”共舞

一汽—大众奥迪日前宣布，将提供 6 辆奥迪 A6 豪华轿车，独家赞助“观澜湖泰格·伍兹中国挑战赛”伍兹一行在华期间的用车，一汽—大众生产的奥迪 A6 被指定为赛事唯一指定贵宾用车。

一汽—大众奥迪此次向“观澜湖泰格·伍兹中国挑战赛”独家提供 6 辆奥迪 A6 高级轿车，目的主要是协助推广高尔夫球运动在中国的普及，倡导运动、健康、进取的人生态度和生活方式。此次来华参赛的世界著名选手泰格·伍兹是当今体坛传奇式的人物，“老虎”伍兹所具有的精神与奥迪 A6 所代表的成功核心价值如出一辙。作为迄今为止国内生产的最豪华轿车，奥迪 A6 所展现的富于进取、勇于领先，与泰格·伍兹所向披靡的战绩、勇于挑战的进取精神一脉相承。

高尔夫球运动因其稳重、充满激情、富于挑战的特点，自诞生之日起就成为成功人士高品位的休闲运动，高尔夫球运动已逐渐演变成成功人士的标志之一。这项运动所展现的人文精神与稳重高贵、现代感十足的奥迪 A6 豪华轿车所展现的进取精神十分吻合。奥迪品牌所代表的核心价值就是服务于那些受过良好教育、经过自身不懈努力奋斗而取得成功的各界人士；那些充满自信、有个性、勤奋并充满社会责任感的人。具备传统美感、富有进取精神、充满动感的豪华奥迪 A6 轿车与老虎伍兹是成功结合的典范。

——改编自《奥迪 A6 成为泰格·伍兹挑战赛唯一指定用车》，新浪汽车新闻

第一节　体育公共关系的含义

一、公共关系的含义

公共关系这个概念是个舶来品，它的英文全称是 Public Relations，简称 PR。在对公共关系进行界定之前，我们首先要厘清 Public Relations 及其相关概念。

（一）Public Relations 的内涵

首先，我们需要考察 Public Relations 的内涵。从历史上看，从 17 世纪中叶起，在英国开始出现“公共”（public）一词，而法语“公共”（Le public）一词最早则被用来描绘公众之意。英语“Public Relations”一词最早出现在 1842 年豪科·史密斯（Hough Smith）的《公众情感理论和规范》一书中。按照美国传播学者戈登（L·L·Gordon）的定义，“Public Relations”指“Relations With the Publics”，即与公众的关系。通常，与“Public Relations”一词同时使用的术语还有“Corporate Communication”（公司传播）、“Corporate Relationships”（公司关系）、“Public Affair”（公共事务）、“Public Information”（公共资讯）和“Public Relationships”（公众关系）[1]。所以，在英美等西方国家的公关教育中，Public Relations 专业分属于工商管理教育和新闻传播教育的两大体系中。

（二）公共关系的定义

“Public Relations”的汉译词是公共关系，简称“公关”。不同学者对公共关系的定义也不同，目前，国内外较公认的几种较有代表性的定义可分为 4 类。

1. 以美国学者哈罗为代表的“管理说”

在国外流行的公共关系定义中，“管理说”最有代表性的定义是美国社会科学家莱克斯·哈罗（Rex L·Harlow）博士，在美国公关研究和教育基金会的资助下，招集 65 位权威人士共同研究了 472 条定义之后归纳出的：公共关系是一种特殊的管

〔1〕 陈先红. 公共关系学原理［M］. 武汉：武汉出版社，2012：2.

理职能。它帮助在一个组织与其公众之间建立和保持互相沟通、了解、接受与合作的渠道，参与问题和纠纷的处理；将公众的意见传递给管理部门并做出反应，明确与加强为公众利益服务的管理责任；它还作为监视预警系统，帮助管理部门预先做好应变准备，与社会动向保持一致并有效地加以利用；它以调查研究和正确的并合乎道德的沟通技术作为主要工具。这个定义被公认为是最全面的，被各国所认可。

美国学者斯科特·卡特李普、阿伦·森特和格伦·布鲁姆（Scott M. Cutlip, Allen H. Center & Glen M. Broom）在其著作《有效公共关系》中也认为："公共关系是这样一种管理职能，它建立并维持一个组织和决定其成败的各类公众之间的互惠互利关系。"[1]贝逊企业管理学院公共关系系主任康非尔是美国公共关系权威人士，他认为："公共关系是一种管理科学，在所有决策和行动中都以公众利益为前提，此项原则应厘定于政策中，有社会大众阐扬，以获得谅解和信任。""厘定"一词是整理规定之意，这里指用公众利益调整政策和行动的意思。这些定义都强调了公关的管理属性。

在国内学者中，中山大学王乐夫、廖为建教授则认为："公共关系是一种内求团结完善，外求和谐发展的经营管理艺术。即一个社会组织在自身完善的基础上，运用各种信息沟通传播的手段，协调和改善自身的人事环境和舆论气氛，使本组织机构的各项政策、活动和产品符合于相关公众的需求，以谋求公众对本组织机构的理解、信任、好感与合作，在双方互利中共同发展。"国内最具有代表性的是居延安的定义，公共关系是："一个社会组织为取得与其特定公众的双向沟通和精诚合作而进行的遵循一定行为规范和准则的传播活动。"

2. 以英国学者杰夫金斯为代表的"传播说"

英国公关专家弗兰克·杰夫金斯（Frank Jefkins）认为："公共关系工作由为达到与相互理解有关的特定目标而进行的各种有计划的沟通联络所组成的，这种沟通联络处于组织与公众之间，既是内向的，也是外向的。"[2]这种观点强调了公关的传播属性，认为公共关系是一种社会组织与公众之间的传播沟通，故公关是传播学的一个应用领域。

---

[1] 斯科特·卡特李普，阿伦·森特和格伦·布鲁姆．公共关系教程［M］．明安香，译．北京：华夏出版社，2001：7．

[2] 熊源伟．公共关系学［M］．合肥：安徽人民出版社，1990：3．

《美利坚百科全书》的定义是：公共关系是关于建立一个组织同其既定公众之间相互了解的活动。《大英百科全书》的定义是："公共关系是旨在传递关于个人、公司、政府机构或者其他组织的信息，以改善公众对他们的态度的种种政策或活动。"这个定义侧重说明了公关是一种信息传播工作。

国内学者毛经权的定义是，公共关系是一个组织运用各种传播手段，在组织与社会公众之间建立相互了解和信赖的关系，并通过双向的信息交流，在社会公众中树立起良好的形象和声誉，以取得理解、支持和合作，从而有利于促进组织本身目标的实现。

3. 以美国学者希尔兹为代表的"关系说"

美国普林斯顿大学资深的公关教授哈伍德·希尔兹（Harwood L. Childs）认为："公共关系是我们所从事的各种活动、所发生的各种关系的统称，这些活动与关系都是公众性的，并且都有其社会意义。"[1]

关系观点的倡导者玛丽·佛格森（Mary A. Ferguson）指出："以关系为研究单位的组织－公众关系为范式的集中提供最多的机会，它将会加速公共关系领域的理论发展。"关系观点的推动者约翰·莱丁汉姆（John Ledingham）指出，它是"在众多的观点中，能够孕育出一个新的关于公共关系形式和功能的有吸引力的观点之一"。关系观点的响应者还有格伦·布鲁姆（Glen M. Broom）。公共关系学者指艾伦甚至指出，关系管理观点的出现标志着公共关系开始从对民意的操纵转向关系的建立，这是公共关系根本使命的重大变化[2]。

国内学者中，如华中科技大学陈先红教授在其专著《公共关系生态说》的定义："公共关系是组织－公众－环境系统的关系生态管理。具体地说，就是社会组织运用调查研究和对话传播等手段，营造具有公众性、公开性、公益性和公共舆论性的关系生态，以保证组织利益和公共政策的和谐。"[3]

4. 以中国学者明安香为代表的"组织形象说"

这类定义强调公共关系的宗旨在于塑造良好的组织形象。持这种定义的多为国内学者，如明安香的定义："公共关系是用传播手段塑造组织自身良好形象的艺

[1] 熊源伟. 公共关系学 [M]. 合肥：安徽人民出版社，1990：3.
[2] 陈先红. 公共关系学原理 [M]. 武汉：武汉出版社，2012：18－19.
[3] 陈先红. 公共关系生态论 [M]. 武汉：华中科技大学出版社，2006：142.

术。”又如熊源伟的定义：“公共关系是社会组织为了塑造组织形象，通过传播、沟通手段来影响公众的科学与艺术。”

1978 年 6 月在墨西哥城举行的公共关系协会第一次世界大会规定的定义：“公共关系是一门艺术和社会科学。它分析发展趋势，预测其结果，为组织领导咨询并实行有计划的行为方案，这种行动方案将服务于该组织和公众的共同利益。”[1]

国内外学者在纠结公关到底是一门艺术还是科学的时候，美国马里兰大学教授詹姆斯·格鲁尼格（James E. Grunig），将两种影响最大的管理说和传播说结合起来，这位当代公关学术权威提出：“公共关系是一个组织与其相关公众之间的传播管理。”

简而言之，公共关系是社会组织与其特定公众之间的双向传播活动及传播管理。

（三）公共关系的状态与活动

具体分析“公共关系”这个概念，公共关系有静态和动态之分。

静态公共关系指实际上已经客观存在的公共关系状态，它不以社会组织及其成员是否意识到它的存在与否为转移，而且静态公共关系的优劣程度，取决于公共关系主体即社会组织公关意识的强与弱。

动态公共关系是指在自觉意识下进行的体现了公关职能的公共关系活动或公共关系行为。它表现为社会组织与相关公众之间的相互传播活动和过程。而我们通常意义上说的公共关系是指公共关系活动。

按其功能具体归纳，公共关系活动又大致可分为 4 种：（1）接待型：接待型公共关系要求社会组织的每个成员在日常运行的各环节、各渠道时时注意组织形象，处处给人留下好感，从而在内外公众中都留下好的印象；（2）宣传型：宣传型公共关系主要是指社会组织以各种新闻、传播媒介为工具，围绕某个特定主题向公众有意识地传送有关信息，有目的地向有关公众介绍自身、宣传自身，从而创造于己有利的社会舆论环境；（3）策划型：策划型公共关系主要是指社会组织为了塑造良好的组织形象，设计公共关系活动行动方案，以达到更好与公众建立、巩固、协调和改善关系的目的；（4）咨询型：咨询型公共关系主要在于为社会组织经营管理提供

[1] 骆秉全，等. 体育公共关系概 [M]. 北京：北京体育大学出版社，2000.

科学依据，倡导、设计适宜和超前的经营管理理念、策略和方法，并对组织内外环境进行监视、分析和预测，及时向组织的决策高层提供应对方法意见。

二、公共关系的历史

倘若离开公共关系的历史来谈论中国公共关系的一切变化，在21世纪的今天会显得如此苍白无力。

中国体育公共关系理论与实践的学习、创新与发展亦当以西方体育公共关系历史经验与前沿实践为参照系，发挥发展中国家学术研究的后发优势，调动体育公共关系工作者、学者、教师、研究生、业余研究者的学术积极性，有效配置人力资源，进而创新与超越现有理论与实践本身，才能创建本土化、特色化的体育公共关系理论框架和运行体系。因此，我们以全球背景为认识起点，以美国体育媒体的发展历程为关照，才能更好地审视中国体育传媒的发展。

通常意义上的公共关系，是指一种为维系良好公众关系而进行的传播活动和在传播活动中所遵循的行为规范。可以说，这个意义上的公共关系由来已久。事实上，以维系公众关系为宗旨的传播活动在人类公共社会生活产生的同时即已出现，只不过在相当长的历史时期里，它仅仅处于自发和盲目的状态。[1]

（一）西方公共关系的发展历史

19世纪30年代，美国出现以广大市民为读者对象，只要1便士就可买到的廉价报纸，又称“便士报”，像当时的《纽约太阳报》《纽约时报》和《纽约先驱报》等都属于便士报。由于便士报中虚假新闻和黄色新闻泛滥成灾，美国铁路、石油、钢铁、金融等行业又涌现出一批暴利盈利且漠视民意的垄断寡头，使得美国历史上出现了空前的信任危机，掀起了一场以揭露企业丑闻和社会阴暗面的揭丑运动。

“揭丑运动”的全盛时期是在20世纪初，以专门揭丑的《麦克卢尔》杂志最为著名，该杂志发表了大量真实可信的揭露文章，矛头直指企业界和政府的腐败行为。据统计，1903—1912年的10年间，有2万多篇揭丑文章发表，同时还有社论和漫

〔1〕 居延安. 公共关系学［M］. 上海：复旦大学出版社，2006：4.

画，形成了美国新闻史上著名的“扒粪运动”[1]，现代意义上的公共关系也随之产生。

1. 艾维·李与公共关系的职业化

艾维·李（1877—1934）是现代公共关系的创始人。1903 年，美国《纽约时报》的记者艾维·李（Ivy Ledbetter Lee）在纽约创立了世界上第一家“宣传顾问事务所”，公共关系从此成为一门新兴的职业，这也是现代公共关系诞生的标志。从事公共关系工作的 31 年间，他成为“企业最可信任的顾问”，通过自己的实践和宣传使公共关系不仅为社会所理解，更为社会所接受，在公共关系发展史上立下第一块里程碑。

艾维·李公共关系思想的核心是“公众必须被告知——向公众讲真话”。他认为，公共关系不同于以往的宣传、广告和新闻代理，其职能在于帮助社会组织树立良好的形象和信誉，即使面对不利舆论，也不应向公众封锁消息或以欺骗手段愚弄公众，而应协助社会组织调整自身行为。艾维·李的公共关系思想集中体现在 1905 年他给报界的一份《原则宣言》中，他指出：“我们的一切工作都是公开进行的，事务所也不是广告代理……我们的计划是公开而坦诚地代表企业和公共事务机构，将对公众有影响且为公众乐闻的课题或信息向报界和公众提供，以保证其准确性、迅速性。”这奠定了公共关系行业的理论基础，即“以事实为基础进行真相暴露”[2]。

相关案例　艾维·李处理科罗拉多州洛克菲勒石油子公司镇压工人罢工事件

艾维·李最大的一家客户是洛克菲勒家族。1914 年，科罗拉多州科罗菲勒公司工人举行罢工，洛氏采取武力镇压受到舆论界的抨击，人们称他为“镇压罢工的财阀”“强盗大王”。艾维·李受雇处理此事，采取了 3 项措施。

第一，说服洛克菲勒本人访问这家子公司，并说服其和工人一起用餐、喝啤酒，一起下矿井，亲临现场“关心”工人，这样，就缓和了工人和洛氏家族的矛盾。

---

〔1〕刘佳环．公共关系实务［M］．广州：广东高等教育出版社，2008：11.

〔2〕陈先红．公共关系学原理［M］．武汉：武汉出版社，2012：39.

第二，邀请新闻界对洛克菲勒的访问活动进行跟踪采访，他的访问也就频频见报，几乎所有报道都把洛克菲勒写成"关心"工人的人，与工人打成一片的人。

第三，向科罗拉多州州长提呈了一份公司处理罢工事件的报告，包括事件事实、为死者家属提供赔偿、为伤者支付治疗费等，争取到了州长的支持。

艾维·李帮助洛克菲勒家族很快平息了这场罢工。在这场危机处理中，艾维·李首创了"在处理突发性事件中，要争取新闻界和知名人士的支持"的原则，此原则一直沿用至今。

艾维·李还劝说洛克菲勒向大学和慈善机构捐款，一改其"冷酷、贪婪"的社会形象，重新树立了一个"慈善和富有人情味"的企业家形象。

2. 伯内斯与公共关系的科学化

继艾维·李之后在美国早期公共关系活动中有重大贡献的是爱德华·伯内斯（又译伯尼斯）。出身维也纳的奥地利裔美国人爱德华·伯尼斯（Edward L. Bernays）是著名心理学家弗洛伊德的外甥，1912 年大学毕业后从事新闻工作，1913 年他受聘担任福特汽车公司公关部经理，他为该公司策划并实施了一系列旨在发展公众的福利及社会服务计划，大大地提高了该公司在公众及社会中的影响，为促进福特公司的发展起了重大作用。在第一次世界大战期间，他在威尔逊总统的公共关系机构——公众消息委员会中任职，负责向国外新闻机构提供美国参战的有关情况和背景资料。战后，他和夫人在纽约开办了一家正式的公共关系公司。

他在 80 多年的公关生涯中，曾先后担任威尔逊总统、艾森豪威尔总统、发明家爱迪生、汽车大王亨利·福特等多位美国总统和大企业家的公关顾问，运用公共关系实务成功地帮助他们塑造良好的社会形象。他一生也成功地策划过很多著名的公共关系活动，如为提高美国全民素质而倡导的"书运动"；为美国 P&G 公司"象牙"牌香皂策划的赞助广播轻喜剧的活动——这种轻喜剧后来被人们称之为"肥皂剧"；为纪念爱迪生发明灯泡 15 周年组织策划的"灯光佳节"活动等。鉴于他对公共关系事业的贡献，1990 年，美国《生活》杂志把他列为影响 20 世纪社会进程的 100 个重要人物之一，盛赞他"构想并设计了现代公关业"。

1923 年伯内斯开始撰写《舆论之凝结》一书，同年他在纽约大学首次开设并主讲公共关系课程。书中，伯内斯首先详尽阐述了“公共关系咨询”这一概念，而且提出了公共关系的原则、实务方法和职业道德守则等思想。1955 年，他又将“策划”的概念引入公共关系的理论和实践，提出公共关系的活动过程应包括策划、反馈、评估等基本步骤。

伯内斯公共关系思想的核心和立足点是“投公众所好”，他认为，企业不仅要被社会公众所了解，而且更重要的是理解社会公众的需求，唯有如此才能获得公众的支持和合作。他主张，获得公众的谅解与合作应当成为公共关系的基本信念，初步建立了现代公共关系的理论体系，强调了以“投公众所好”为指导思想引导舆论的重要性。作为公共关系科学化的先驱，他撰写公共关系书籍达 16 部之多。他一生致力于公共关系学的科学化建设，把公共关系学理论从新闻传播领域中分离出来，并对公共关系的原理与方法进行较系统的研究，使之完整化，最终成为一门科学。正因为其在公共关系领域的卓越建树，伯内斯被誉为“公共关系之父”。

3. 公共关系的学科化进程

继 1923 年伯内斯在纽约大学首先公开讲学之后，1937 年莱克斯·哈罗博士在斯坦福大学开设公共关系课程。1947 年波斯顿大学开设第一所公共关系学院，培养公共关系学学士和硕士。

继伯内斯之后，许多公共关系的论著也相继出版。1952 年，美国的卡特利普和森特合著出版了他们的权威性公共关系专著《有效的公共关系》，论述了“双向对称”的公共关系模式，即在公共关系的目标上将组织和公众的利益置于同等重要的位置，在方法上坚持组织与公众之间的双向传播与沟通。此书集公共关系理论研究成果之大成，再版 7 次，被翻译成 10 多种版本，在美国被誉为“公共关系的圣经”。

至此，公共关系正式进入学科化阶段。一门充满时代特征的、具有强大实用性的新兴学科崛起于学科之林。1955 年，美国有 28 所学校设置了“公共关系”专业，66 所学校开设了“公共关系”课程，并有很多课程由新闻系开设，这表明“新闻学系仍是公共关系教育的大本营”。1978 年，全美国已有 292 所大学教授“公共关系”，其中 10 所大学设立博士学位、23 所设立硕士学位、93 所设立学士学位。

（二）中国公共关系的发展历史

早在 20 世纪 50 年代初，香港设立公共关系部，一些企业也纷纷效法，使公共关系成为企业经营过程中的重要管理方式。1956 年，台湾地区在各级县政府也建立公共关系部，并通过了《公共关系管理规则》，全面推行公共关系管理。

公共关系在中国大陆发展的时间不长，可以说是和改革开放同步成长起来的。1978 年，对外开放成为我国的一项基本国策，经济体制改革体现在中国经济正在从计划经济逐渐发展成为市场经济，伴随市场经济体制的逐步确立，中国经济的改革也由政府本位逐渐走向企业本位。在这样的背景下，公共关系传入中国大陆，呈现出由南向北、由东向西、由沿海向内地、由城市向村镇、由企业组织向事业单位、由服务行业向工业企业、由外资企业向国有企业、由企事业组织向政府各部门逐步发展的格局[1]。其发展大致经历了 3 个阶段。

1. 萌芽和普及阶段（1981—1991 年）

1980 年，《广东省经济特区条例》颁布，设立深圳、珠海和汕头 3 个经济特区。1981 年，深圳、珠海一些三资企业中有些宾馆、饭店学习海外、国外的一些管理模式，率先设立公共关系部，开展公关业务。广州白天鹅宾馆、中国大酒店、北京长城饭店成为当时中国公关的典范。广州中国大酒店首任公关部经理美籍华人田士玲小姐、第二任公关经理常玉萍小姐的公关业绩，在 1989 年拍摄出的电视连续剧《公关小姐》有着形象的再现。1984 年 4 月 28 日，北京长城饭店所策划的美国总统里根答谢宴会堪称中国早期公关最杰出的典范之作。

1984 年，广州白云山制药厂率先在国营企业中设立公关部，投资 120 万元开展公关活动，先后举办了广州“白云杯”城市国际足球邀请赛，广州歌舞团也被纳入其麾下。1984 年 12 月 26 日，《经济日报》以《如虎添翼》为题报道了白云山制药厂的公关工作，并编发了《认真研究社会主义公共关系》的社论，《文汇报》《北京日报》《世界经济导报》等 35 家报刊先后载文报道、评论公共关系，较系统地阐述了公共关系在中国兴起发展的必然性与必要性。一时间，大江南北，公共关系如雨后春笋蓬勃生长[2]。

1984 年，美国伟达公关公司在北京成立办事处。1985 年 8 月，中国第一家职业公共关系公司——国际环球公共关系公司应运而生，该公司是美国博雅公关公司与

---

〔1〕 李萍，路世云．公共关系［M］．北京：中国水利水电出版社，2011：13.

〔2〕 杨俊．新型实用公关实践教程［M］．北京：电子工业出版社，2009：40.

中国新华社联合成立的，也标志着公共关系在中国的兴起。

1987 年，国家教委正式把公共关系列入行政管理、企业管理、市场营销、广告学、新闻学等专业的必修课。全国有 300 多所大学开设公共关系课程。1987 年，中国公共关系协会成立，国家专业协会的成立也大大推进了公共关系在中国的发展。

2. 职业和学科化发展阶段（1991—2001 年）

1991 年，伟达国际公共关系顾问公司受政府所聘，负责在美国国会游说，争取美国给予中国最惠国待遇，成为第一家服务中国政府的外国公共关系公司。

1991 年 1 月，由深圳大学发起，中国公关协会、国际公关协会深圳分会、深圳大学大众传播系、《公共关系》杂志、《公共关系导报》《公共关系报》《北京公关报》联合举办“中国十大杰出企业公关评优活动”。1991 年上半年，由北京市公关协会和中央电视台联合举办《企业实用公共关系》电视讲座与观众见面。

1991 年 4 月 26 日，中国国际公共关系协会（CIPRA）在北京成立，前任中国驻美国大使柴泽民任会长，并提出了“让世界了解中国，让中国走向世界”的口号。

1993 年起，由中国国际公共关系协会主办的“中国最佳公共关系案例大赛”每 2 年举行 1 届。1993 年，《中国公共关系大辞典》出版，同年《公关世界》在河北石家庄创刊。据统计，到 1992 年年底，全国专业性公关报刊已有 29 种。

1994 年，国家教委正式批准中山大学创办我国第一个公共关系本科专业，同时在行政管理专业硕士点招收公共关系研究方向的硕士研究生，从而使我国公共关系的学科化建设迈上一个新台阶。1995 年 6 月，中国高等教育公关专业委员会成立，为全国高等院校公共关系学教学、科研和实践提供了一个交流的平台。

1999 年 5 月，国家劳动和社会保障部正式出版《国家职业分类大典》，首次将公共关系人员列入“大典”第 3 条，它标志着国家已正式承认“公关员”这一职业。2000 年 12 月 3 日，首届全国公关员职业资格统一考试进行，24 个省（自治区、直辖市）的近 7 000 人参加了初、中、高 3 个等级的公关员职业资格鉴定考试。公共关系作为一个专门职业被社会认可，公共关系也成为一个求职热点[1]。

［1］ 李萍，路世云. 公共关系［M］. 北京：中国水利水电出版社，2011：14.

3. 国际化和大发展阶段（2001 年至今）

伴随申奥成功、中国加入世界贸易组织以及 APEC 会议在中国上海的成功举办，中国公共关系业在 2001 年进入一个新的国际化和大发展阶段。2001 年 8 月，“中国公关网”和“中国国际公关协会网站”相继投入使用，标志着中国公关界首次有了自己的门户和传播平台。

2002 年，《中国公共关系大百科全书》出版，上海视点公关公司朱艳艳总经理荣获国际商业传播者协会（IABC）颁发的“金鹅毛奖”，显示了中国公关业的实力。

2003 年的公共关系最高奖项“环球杯”授给了北京 2008 奥运会申办委员会。2003 年，北京嘉利公共关系顾问公司收购了本土公关品牌——博能公关公司，中国本土公共关系第一并购案诞生。

公共关系在中国大众眼中的认识也日益专业化、普遍化。“公共关系（Public Relations）的意思，就是运用媒介等舆论力量，不断优化品牌与周围环境（包括消费者、供应商、政府和行业组织等）关系，从而影响他们的态度和行为。最简单地说，我们每天从电视、报纸、杂志到网络上接触到任何关于政治、经济、公司和商业的新闻报道，背后都有公关的力量在左右着我们的看法。”据相关资料统计，截止到 2007 年，全球排名前 20 位的国际广告公司有超过 2/3 进入中国，且“保持着 15% 以上的平均年增长率”[1]。

对于中国公共关系的客观形势，中国公共关系协会常务副会长李兴国教授认为，目前知识经济、网络时代、国家地位、政府形象、品牌意识、软实力都为中国公关的进一步发展，提供了更为强大的需求、动力条件。虽然中国经济极大地聚集了世界的关注目光，但根据国家外交部的数据统计，“在全世界人口中，只有 1% 的人有条件和机会到中国来”。以美国《纽约时报》为例，报道总量中只有 1% 的报道内容涉及中国，且这 1% 的报道中，“片面、非客观的甚至歪曲、丑化、妖魔化的又占 66%”。所以，对于这些“99% 不能到中国来的人，99% 的报道方面缺失，”就需要用公共关系手段来进行弥补与强化。这也是公共关系在国际方面面临的巨大需要与动力。

---

〔1〕 陈平. 公关新人眼中的 PR 行业 [J]. 公关世界. 下半月，2008（3）：37.

"公共关系在国内也面对着一个重大的需要市场前景。中国的和谐社会建构，经济社会的发展也产生了对公共关系的巨大需求。中国的经济结构与增长方式，正处于重大的调整、转型期，再加上无以计数的天灾造成的干扰与破坏，对借助公共关系手段有了增量的要求。"[1]可见，中国公关的政治地位也有待上升。

公共关系在国内的学术地位也正在上升。中国公关界和社会各界对美国阿尔·里斯的新著中文版《公关第一，广告第二》反响强烈。中国申办2008年世界公关大会，喜获世界公关协会批准。

2005年底，在美国纽约举行的SABRE奖年度颁奖仪式上，博雅公关有限公司中国公司及其客户思科系统公司共同荣获一项SABRE奖。

三、体育公共关系的定义

体育公共关系与一般的公共关系在状态与活动上没有区别，不同的是关系的主客体是通过"体育传播或者体育沟通"来实现的。

关于体育传播发生的地点，国内外有两种倾向：（1）认为体育传播必定发生在体育组织内部，按照这样的思路，国内较有代表的定义是，所谓体育公共关系，是指体育组织在管理过程中，运用信息沟通传播媒介，遵循一定的原则，采取一定的行动，促进体育组织与相关体育公众之间的双向了解、信任和合作，为体育组织树立良好的公众形象，从而实现体育组织目标的活动过程的总称[2]。易剑东教授等编译的《体育公共关系：组织传播管理》一书则给出一个操作性很强的定义：体育公共关系是一种以沟通为基础的管理功能，其目标在于认定一个体育组织的关键公众，评估体育组织及其与公众的关系，鼓励体育组织建立与这些公众的合意关系[3]。（2）认为凡是在"体育语境"（Sport Context）下发生的传播与沟通，包括在体育领域发生的传播以及通过体育这个传播渠道发生的传播都可以归结为体育传播或者体育沟通，都属于体育公共关系的范畴；国内比较有代表性的定义是，体育

[1] 盛勇．以中国公共关系的名义——记中国公关协会常务副会长国家行政学院教授李兴国［J］．公关世界，2010（7）：11.

[2] 李万来．体育公共关系概论［M］．北京：人民体育出版社，2005：9.

[3] ［美］G. Clayton Stoldt，Stephen W. Dittmore & Scott E. Branvold．体育公共关系：组织传播管理（第一版）［M］．易剑东，王晓禹，谢敏，等译．沈阳：辽宁科学技术出版社，2008：3.

公共关系是一个社会组织在运行中，为使自己与公众相互了解、和谐发展而进行的体育传播或体育沟通行为[1]。

如果体育公共关系可分广义和狭义两种，显然前者是狭义体育公共关系，而后者是广义体育公共关系。体育公共关系从业人员通常说的PR，在许多情况下是指狭义的体育公共关系，亦即发生在体育组织内部的公共关系。

目前结合不同背景下对广泛体育公共关系实践的研究，被普遍认同的观点是，将体育公共关系界定为一个社会组织与其关键公众间进行体育传播或沟通的管理。从这个定义可见：（1）体育公共关系是一种管理功能，而且除非整合到整个组织的管理功能中，否则公共关系不能发挥效益；（2）体育公共关系是一种传播实践，即尽管公共关系不是唯一的沟通活动，但是以沟通为基础（Communication－based）的实践；（3）体育公共关系始于体育组织关键公众的认定，而这个公众群体包括体育传媒、体育组织内部的成员，以及体育公司职员、消费者、捐赠者和投资者等凡与体育组织相关的人员；（4）一旦体育组织的关键公众被认定，体育组织就要评估它与这些公众的关系是友好的或是敌意的；（5）为促使组织效力的最大化，体育组织能发展激励合意关系的公共关系项目和大型活动。

四、体育公共关系的特征

当代思想大师哈贝马斯在其论著《公共领域的结构转型》一书中，就将“公共领域”界定在以下方面：（1）公共领域的基本功能是形成公共意见；（2）公共领域的运行原则是向所有公民开放；（3）公共领域的运行方式是成为公众的人们，在非强制的情况下，就普遍利益问题进行对话；（4）公共领域的保障条件是作为私人的人们可以自由地集合或组合，可以自由地表达和公开他们的意见，而且这种公共讨论受到体制化的保护；（5）公共领域的公众达到较大规模时，有大众媒介作为公众的传播手段；（6）公共领域的作用在于对国家的公共权力的实践进行批评；作为国家与社会之间的调和者，对国家活动实施民主控制；将政治权利转化为“理性的”权力，使统治遵从“理性”标准和“法律”形式。可见，“Public”一词主要有4层含义：其一，公众性（Public）；其二，公开性（Publicity）；其三，公益性（Public

〔1〕潘肖珏．体育公共关系［M］．上海：复旦大学出版社，2005：11.

Interest)；其四，公众舆论（Public Opinion）。这4个含义聚合在一起，似乎也带有动态、环境的意味，它代表了一种开放系统的开明观念[1]。

公共关系的基本特征是由它的自身性质、主体目标和客体特征及工作方式决定的。国内的教材普遍认同的提法是，公共关系的特征可以概括为："以事实为基础，以传播为手段，以美誉为目标，以互惠为原则，以真诚为信条，以长远为方针。"[2]如果说公共关系是一种传播活动，是一个传播过程，公共关系是传播学的一个重要应用领域，那么，体育公共关系则是一个既有公共关系传播共性，又有体育公共关系传播个性的应用领域。

1. 受众的高度关注性与广泛性

体育是沟通人类共同的文化与语言，体育历来就倍受全世界各国人民的普遍关注和喜爱。根据IOC和SRI在1985年—1996年间所做的9国跨国研究调查显示，超过九成的各国民众认识奥林匹克的五环标志。在全球商业与非商业的标志中，它的知名度最高。如果成为奥运会的特许赞助商，抑或参与申办奥运的活动，都能获得较高的受众关注度。例如，2001年3月6日，3支印有大红鹰标记的红色队伍从浙江宁波出发，开始了"全民健身万里行，支持申奥大签名"的宣传活动。这3支队伍包括：第一支由宁波到北京的车队，行程约1.8万公里，到达21个省48个城市；第二支是在浙江境内活动的车队，行程约3千公里，跑遍了浙江省的每一个县；第三支队伍主要负责去西藏、云南等地，行程也有1.7万公里。到6月11日，此次由大红鹰生物发展有限公司出资1 500万元人民币的活动历时3个多月，行程3万多公里，沿途有各界人士自愿签名于长达10 040米的丝绸之上。此次活动直接涉及人数200万人次，各种媒体报道达1 000余次，引起受众广泛关注。[3]

2. 媒体的高关联性与传播的持续性

体育公共关系是一种有效的品牌塑造工具，因为它能产生积极的、持久的公共性的能力，所以体育公共关系的媒体关联度非常高。而且，除了媒体关系，体育公共关系的其他形式，如社区关系、投资者关系、政府关系，无不与媒体运作息息相关。也正是凭借各种有效的媒体手段，如网站内容和赛事秩序册等，有效的体育公

[1] 陈先红. 公共关系学原理［M］. 武汉：武汉大学出版社，2012：12－13.

[2] 刘佳环. 公共关系实务［M］. 广州：广东高等教育出版社，2008：8－9.

[3] 肖焕禹. 体育传播学［M］. 北京：人民体育出版社，2011：304.

共关系成为一个能产生品牌意识和品牌联想的强有力的营销手段，且持续时间长。由于媒体关联度高，体育公共关系一旦犯错，其代价也是很严重且持续性的。

很多国际赛事本身在社会公众心目中就享有很高的知名度和美誉度，而很多的体育明星本身则具有广泛的社会影响力，受到年轻一代的崇拜。所以媒体为了照顾公众利益，营造一种和谐的生态环境，对国际赛事和体育明星的报道也是一种持续的自觉行为。

3. 效益的持久性与传播的国际性

《广告衰落，公关崛起》（*The Fall of Advertising and the Rise of PR*）一书曾提出："任何新的广告活动的第一步必须是公共关系。"（Ries & Ries，2002）对于寻求塑造品牌的意识和认同感的营销人员来说，他们提供了一个简单的程式——公关第一，广告第二〔1〕。体育公共关系的兴旺，促使体育产业产生持久的经济价值。据美国《幸福》杂志报道，尽管退役，"飞人乔丹对美国经济的直接和间接影响超过了百亿美元"。

体育以其特有的精彩和刺激，在全球不同的种族、性别、年龄的观众中引起共鸣，所以体育本身就是一种"天然"的跨国界的媒体。在体育公关中，赞助就是一个行之有效的跨国界沟通手段。可口可乐、三星电子等国外许多著名品牌都是借助TOP奥运赞助计划成功的典型。1997年，三星首次与国际奥委会签署了TOP协议，在无线通讯设备方面正式成为奥运会的合作伙伴。借助持续的体育公共关系行为，三星由一个名不见经传的韩国本土公司逐渐成长为一个世界500强企业。中国很多知名企业也日渐意识到："品牌国际化可以从体育起跳。"海尔电脑通过冠名澳大利亚老牌篮球队墨尔本老虎队，同时聘请该队著名球星担任海尔笔记本电脑的形象代言人等体育公关手段，开始了其国际化营销之路。联想集团和中石化集团为了更好地实施"走出去"战略，也纷纷牵手体育赛事：联想集团成为2008年北京奥运会的TOP全球赞助商；中石化集团夺得2004年—2006年F1中国站赛事独家冠名权和中央电视台转播冠名权2项权利〔2〕。

---

〔1〕 G. Clayton Stoldt，Stephen W. Dittmore & Scott E. Branvold. 体育公共关系：组织传播管理［M］. 第1版. 易剑东，王晓禹，谢敏，等. 译. 沈阳：辽宁科学技术出版社，2008：20－21.

〔2〕 潘肖珏. 体育公共关系［M］. 上海：复旦大学出版社，2005：14.

第二节 体育公共关系的理论基础

一、组织形象理论

组织形象是一个有机的整体，形象是由组织内部诸多因素共同作用的结果。

以一个企业为例，企业形象包括：（1）企业历史、社会地位、经济效益、社会贡献等综合性因素；（2）员工的思想、文化、技术素质及服务方式、服务态度、服务质量等人员素质因素；（3）产品质量、产品结构、经营方针、经营特色、基础管理、专业管理、综合管理等经营管理因素；（4）技术实力、物质设备、地理位置等其他因素。

（一）组织形象的含义

组织形象是指一定社会组织及其行为通过传播在公众心目中所确立的综合印象，即公众对一个社会组织的全部看法和总体评价。组织形象这一基本观念，主要涉及4个层次的含义：关系程度与舆论指向、知名度和美誉度、认可度和忠诚度、组织形象定位。关系程度与舆论指向是第一层含义，反映一个社会组织的公共关系状态；知名度和美誉度是第二层含义，是社会组织公共关系的基本衡量标准；认可度和忠诚度是第三层次含义，是反映社会组织公共关系的发展趋势；组织形象的定位与再定位是第四层含义，反映了一个社会组织组织形象发展的轨迹。

（二）组织形象的分类

组织形象是多层次、多维度的，因此，我们也应该从不同角度来把握组织形象。

1. 按组织形象的内容可分为特殊形象和总体形象

特殊形象是某一或少数几方面给公众留下的印象，或者组织在某些特殊公众心中形成的形象，如企业的良好服务使某些顾客形成了组织“优质服务企业”的形象，企业的某一次慈善捐款给公众留下了乐善好施、热心公益事业的形象，而特殊形象对企业很重要，因为公众是不可能全方位、全面地了解组织的，组织在他们心中留下的往往就是这种特殊形象，而且某些公众就是因为组织在某些方面的独特形象而支持组织的，如歌迷之于演唱会、球迷之于球星等，因此特殊形象是组织改善形象的突破口。

总体形象就是企业各种形象因素所形成的形象的总和，也是各种特殊形象的总和，但两者又不是简单的总和。对一个组织而言，就应该努力追求总体形象和特殊形象的统一和谐。

2. 按照组织形象的真实程度可分为真实形象和虚拟形象

真实形象是指组织留给公众的符合组织实际情况的形象，虚拟形象则是组织留给公众的不符合企业实际情况的形象。虚拟形象形成的原因是多方面的，既有传播信息过程中的失真，也可能有公众评价的主观性、偏向性原因。真实形象不一定就是好形象，而虚拟形象也未必等于坏形象，如企业经营伪劣产品被曝光在公众中形成的一个不好形象是真实形象，而一个骗子在被揭穿前的公众楷模形象往往是虚拟形象。对企业来说，当然应追求真实的良好形象，而避免虚假的、不好的形象。

3. 按照组织形象的可见性可分为有形形象和无形形象

有形形象是指那些可以通过公众的感觉器官直接感觉到的组织对象，包括产品形象（如产品质量性能、外观、包装、商标、价格等）、建筑物形象、员工精神面貌、实体形象（如市场形象、技术形象、社会形象等），它是通过组织的经营作风、经营成果、经济效益和社会贡献等形象因素体现出来的。无形形象则是通过公众的抽象思维和逻辑思维而形成的观念形象，这些形象虽然看不见，但可能更接近企业形象的本质，是企业形象的最高层次。

对企业而言，这种无形形象包括企业经营宗旨、经营方针、企业经营哲学、企业价值观、企业精神、企业信誉、企业风格、企业文化等。这些无形形象往往比有形形象更有价值，如对麦当劳、可口可乐、索尼、劳斯莱斯等企业而言，他们的企业信誉等无形资产比那些机器设备和厂房要重要得多。此外，还可以按形象的现实性，把组织形象分为实际形象和期望形象。

（三）组织形象的定位和再定位

曼联作为知名足球俱乐部，其队徽和组织形象经历了一个定位和再定位的过程。曼联队徽最初是一个中间手持三叉戟的魔鬼，它也是曼联“红魔”绰号的来源。20世纪60年代，一支名叫“Salford Rugby”的橄榄球队到法国参加比赛，因战绩出色，法国球迷送给他们“红魔”的称号。恰巧曼联和“Salford Rugby”的队服都是红色，所以曼联的传奇教练马特·巴斯比爵士便把“红魔”的称号送给了球队。从1973年开始，曼联在图标中间正式加上了红魔鬼“弗雷德”（Fred）的图案。随着曼联球队的不断壮大。1998年，曼联将队徽下方的“Football Club”改为“United”，意味着曼联从一家单纯的足球俱乐部转变为一个涉及各个行业的曼联集团，从而实现曼联组织形象的再定位。现在的曼联队徽中间的帆船形象，则代表了曼彻斯特的港口地位，同时暗指曼彻斯特大运河。

对于体育组织，运动员、教练和俱乐部老总以及协会的领导者等个人在公众心目中的形象常代表整个组织的形象，公众对领导者个体形象一旦认可，也就意味着对组织形象的认可。人人都有一种“爱屋及乌”的心理，公众喜欢上领导者个体形象，自然而然就喜欢该领导者所领导的组织。因此，领导者的个体形象与组织形象是一种相互依存、相互促进的关系。

二、企业识别系统理论

体育组织形象管理另一个重要方法，是建立别具一格的视觉识别（VI）。视觉识别是企业识别系统理论的一个组成部分。

（一）企业识别系统理论的产生和发展

VI早期实践可以追溯到1914年德国的AEG电器公司首创VI。AEG在其系列电器产品上，首次采用彼德·贝汉斯所设计的商标，成为CI中统一视觉形象的雏形。

1956年，美国国际商用计算机公司以企业形象为出发点，为突出表现制造尖端科技产品的精神，将公司的全称为“International Business Machines”，设计为蓝色的富有品质感和时代感的造型“IBM”。这既使这八条纹的标准字在其后四十几年中成为“蓝色巨人”的形象代表，即“前卫、科技、智慧”的代名词。这也是CI正式诞生的重要标志。20世纪60年代到80年代，是欧美CI的全盛时期，其代表作是以强烈震撼的红色、独特的瓶形、律动的条纹所构成的Coca－cola标志。我国企业在20世纪90年代也开始创造自己的CI，一般认为我国CI最早最成功的例子是太阳神。

（二）体育组织企业识别系统的应用

体育组织，尤其是知名俱乐部的球衣颜色、队徽和球队绰号等都是视觉识别的最好载体，也是这些体育俱乐部进行形象管理的重要方法。例如，同可口可乐和百事可乐以红色和蓝色为区分的显著标志一样，体育俱乐部的同城球队也充分利用球衣的颜色来进行体育组织的形象管理。同在意大利米兰的国际米兰和 AC 米兰，都是意甲豪强，但球队昵称为“蓝黑军团”“蛇精灵”“欧洲女皇”的国际米兰队，球员在主场多会身着蓝黑间条上衣；而球队昵称为“红黑军团”的 AC 米兰俱乐部，球员在主场就会身着红黑间条上衣，真可谓是一目了然。

相关案例　　中国女排的新形象塑造

2006 年 4 月 20 日，漳州中国女排基地人声鼎沸。全国 50 多家新闻媒体记者，在中国女排媒体开放日汇集于此，向女排姑娘们投去关注的目光。

进入训练场，首先映入眼帘的是被精心布置起来的“数字女排”展示区，区内以数字形式罗列了各种关于女排的信息，一次拦网反应时间仅 0.2 秒，鱼跃救球滞空时间最长能达 2.5 秒，女排队员一年在球场上的时间为 300 天。原本枯燥无味的“发、垫、传、扣、拦”五大基本技能的考核，被设计成游戏的形式；而之后 2 小时的常规训练，则是女排日复一日艰苦训练的真实写照。

中国女排主教练陈忠和说：“排球在中国有着特殊的地位，中国女排的每一次出征都会受到关注，然而现在的人们尤其是年轻人对排球的认知并不多，我希望更多的人真正了解排球，领略其中的精彩，从而更加支持中国女排。”

晚宴完，记者还参加了联欢活动。将联欢活动推向高潮的是孙楠的《红旗飘飘》。“五星红旗，你是我的骄傲。五星红旗，我为你自豪。为你欢呼，我为你祝福，你的名字比我生命更重要！”中国女排的所有队员个个引吭高歌，唱得非常激情。最有意思的是，陈忠和在全队唱完后，硬是再加了个后缀，独唱着“你的名字比我生命更重要”。陈教练嗓音有些沙哑，但激情四溢，引得满场欢笑。

“这是情感的发泄，唱歌可以使我们放松些。”陈忠和事后解释说。有爱唱歌的主教练，必有一群喜欢唱歌的队员。据悉，中国女排的姑娘们几乎每周都要唱一次卡拉 OK，难怪，她们的歌声会如此悠扬。

——节选自《精彩排球数字说话中国女排媒体开放日见闻》2006 年 4 月 21 日新华网

三、整合营销传播理论

整合营销传播（Integrated Marketing Communication，简称 IMC），由美国西北大学教授唐·舒尔茨和斯坦利·田纳本、罗伯特·劳特朋于 1992 年提出，第一次出现在《整合营销传播》这本专著里。

（一）整合营销传播的定义

作为目前在公共关系领域内影响最大的一个理论，唐·E·舒尔茨的整合营销传播（IMC——Integrated Marketing Communications）理论，宣布新的行销法则从传统营销主张的 4Ps 向 4Cs 转变：把产品搁到一边，加紧研究消费者的需要与欲求（CONSUMER WANTS AND NEEDS）；暂时忘掉定价策略，快去了解消费者要满足其需要与欲求所须付出的成本（COST）；忘掉铺货渠道和一切通路策略，应当思考如何给消费者方便（CONVENIENCE）；最后请忘掉促销，90 年代的正确词汇是沟通（COMMUNICATIONS）。以下作者具体谈谈中国传媒在奥运传播里的具体整合营销传播策略。体育媒体的普遍营销策略，是按照传统营销的 4P 理论，即产品（Production）策略、价格（Price）策略、渠道（Place）策略和促销（Promotion）策略来推广体育媒体，以期达到促进体育媒体的销售目的。

整合营销传播一方面把广告、促销、公关、直销、CI、包装、新闻媒体等一切传播活动都涵盖到营销活动的范围之内；另一方面则使企业能够将统一的传播资讯传达给消费者。所以，整合营销传播也被称为 Speak With One Voice（用一个声音说话），即营销传播的一元化策略。

（二）整合营销传播的步骤

整合营销传播的实施，大致可以分以下几个步骤。

1. 建立消费者资料库

这个方法的起点是建立消费者和潜在消费者的资料库，资料库的内容，至少应包括人员统计资料心理统计消费者态度的信息和以往购买记录等。整合营销传播和传播营销沟通的最大不同在于整合营销传播是将整个焦点置于消费者、潜在消费者身上。因为所有的厂商、营销组织，无论是在销售量或利润上的成果，最终都依赖消费者的购买行为。

2. 潜心研究消费者

这是第二个重要的步骤，就是要尽可能使用消费者及潜在消费者的行为方面的资料作为市场划分的依据，相信消费者“行为”资讯比起其他资料如“态度与意想”测量结果更能够清楚地显现消费者在未来将会采取什么行动，因为用过去的行为推论未来的行为更为直接有效。在整合营销传播中，可以将消费者分为3类：对本品牌的忠诚消费者、他品牌的忠诚消费者和游离不定的消费者。很明显这3类消费者有着各自不同的“品牌网路”，而要了解消费者的品牌网路，就必须借助消费者行为资讯才行。

3. 接触管理

所谓接触管理就是企业可以在某一时间、某一地点或某一场合与消费者进行沟通，这是20世纪90年代市场营销中一个非常重要的课题，在以往消费者自己会主动找寻产品信息的年代里，决定“说什么”要比“什么时候与消费者接触”重要。然而，现在的市场由于资讯超载、媒体繁多，干扰的“噪声”大为增大。目前最重的是决定“如何，何时与消费者接触”，以及采用什么样的方式与消费者接触。

4. 发展传播沟通策略

这意味着什么样的接触管理之下，该传播什么样的信息，而后为整合营销传播计划制定明确的营销目标，对大多数的企业来说，营销目标必须非常正确同时在本质上也必须是数字化的目标。例如，对一个擅长竞争的品牌来说，营销目标就可能是以下3个方面：激发消费者试用本品牌产品；消费者试用过后积极鼓励继续使用并增加用量；促使他牌的忠诚者转换品牌并建立起对本品牌的忠诚度。

5. 营销工具的创新

营销目标一旦确定之后，第五步就是决定要用什么营销工具来完成此目标，显而易见，如果人们将产品、价格、通路都视为是和消费者沟通的要素，整合营销传播企划人将拥有更多样、更广泛的营销工具来完成企划，其关键在于哪些工具、哪种结合最能够协助企业达成传播目标。

6. 传播手段的组合

所以，这最后一步就是选择有助于达成营销目标的传播手段，这里所用的传播手段可以无限宽广，除了广告、直销、公关及事件营销以外，事实上，产品包装、商品展示、店面促销活动等，只要能协助达成营销及传播目标的方法，都是整合营销传播中的有力手段。

（三）体育公共关系中的整合营销传播

整合营销传播的运用，关键在“整合”。整合有很多层次，有认知的整合、形象的整合、功能的整合、基于消费者的整合、基于风险共担者的整合等等。

CCTV5 作为中国最具品牌价值的专业电视体育媒体，凭借其强大的赛事资源已使全国观众形成了极为稳固、持续的收视行为。全年 2000 多场直播赛事量，使 CCTV5 占据全国电视体育市场 86% 的份额。经过 10 年的专业化频道经营，CCTV5 已经成为中国体育营销领域最具市场影响力与号召力的战略性资源。CCTV5 以赛事转播为核心，整合众多足球资源，通过独立的 VI 设计，运用各种立体化推广手段，将“风云足球”打造成为足球赛事电视转播的最强品牌。

“风云足球”的品牌经营标志着中央电视台体育公共关系的又一创新。以 CCTV5“风云足球”为例。我们可以看到近几年其在节目包装、节目风格上更注意规范、统一，突出频道的整体感，以放大其整合营销传播的价值。

相关链接

“风云足球”的概念破除了频道各个独立的年度赛事和联赛间的孤立，方便客户在一个清晰的概念下进行整合传播，全力放大赛事价值，从而引导品牌精准传播。

历经 10 年风雨，CCTV5 已锻炼培养出一支能够将体育报道、制作、编播与体育营销进行精准对接、价值联姻的专业化队伍，为“风云足球”品牌的整合传播与营销提供了强大的智力支持。力求从转播力度、报道样态、编排模式等多个方面使足球资源得到立体呈现，形成对足球赛事独一无二的强大整合力量。常规节目形态的广告投放效果不可避免地要受到受众遗忘规律的影响，随着时间的推移，受众对广告品牌的认知度呈现下降的趋势；而“风云足球”的广告投放效果则呈现不同的趋势，受众对客户品牌的认知度持续上升并趋于稳定。受众认同客户更多的品牌价值，关键在于“风云足球”在眼球深度方面独具优势，具体表现在 3 个方面。

（1）足球赛事具有极高的吸引力，观看足球转播时，受众情感卷入程度更深，更易保持持续地高度关注，与常规节目形态相比，受众较少因为出现广告而换台；

（2）“风云足球”有效整合CCTV5体育频道内所有足球资源，在足球赛事价值得到全面放大的同时，牢牢锁定足球赛事的受众，在赛事直播过程中使所暴露的品牌形成强势持续的视觉焦点，借整合效应使受众对品牌的抗拒性大大降低、更易被接受；

（3）在“风云足球”的统一概念统领之下，CCTV5体育频道的足球资源呈现更加多元化的表现形态，不同风格的足球类节目完美交互、相得益彰，将前两点优势结合起来，达到1+1>2的广告投放效果。

案例一：青岛啤酒借力世界杯，实现品牌主张的快速传播

合作亮点：

＊2006年德国世界杯，确定以“观球论英雄，激情成就梦想”为活动主题。

＊确立以“喝青岛啤酒、看世界足球、品奥运梦想”的营销主线。

＊借频道新闻、世界杯专题、足球类节目及赛事为主要传播载体，以短信有奖互动为创新合作形式，投放期跨越世界杯前、中、后期，长达6个月的大型电视评选活动。

案例二：劲霸男装完美演绎绿茵风云，彰显品牌王者本色

合作亮点：

＊借足球之名，2007年整合频道欧洲三大顶级足球联赛，实现资源价值与品牌价值的无缝对接。

＊5秒配音标版，在彰显品牌个性主张之时更拉近与受众间距离：“足球王者，绿荫风云，劲霸男装邀您共享激情足球赛事。”

＊借周末足球的眼球效应，在赛事演播室大屏幕电视中动态展示品牌形象，在节目信息传递的同时自然而然形成视觉焦点。

案例三：龙岩红七匹狼共舞足坛风云，着力深度个性营销

合作亮点：

＊演绎品牌文化精髓，巧妙将品牌与对应体育资源结合起来，形成高度关联。

＊2005年整合CCTV5所有足球资源，在足球赛事价值得到全面放大的同时，实现红七匹品牌“自由、狂野、激情”的内涵诠释。

＊以“共舞足坛风云”的名义，依托强势电视体育传播媒体，结合线上线下的系列营销活动，实现品牌深度个性传播。

案例四：吉列皇马中国行，热点赛事中特殊资源的完美利用

合作亮点：

* 2003 年皇马赛开始前，以提示性广告形式，最大限度拉大热点周期，结合体育频道常规资源，充分放大“赞助名义”。

* 5 秒配音标版完美诠释：吉列与贝克汉姆携手演绎现代魅力男人！

* 事件行销+明星营销，借助 CCTV5 进一步扩大吉列品牌作为“皇马中国行”赞助商的品牌影响力。

——《CCTV5：中国第一足球电视品牌体育媒体》，《广告人》2007 年第 9 期

四、公关与其他学科的关系

（一）公共关系与人际关系的区分

公共关系传入中国已经历了 20 多年了，但在实际操作中，仍有人把公共关系与人际关系混为一谈，由此产生了一系列十分消极的社会负面效应。因此，完全有必要从实际出发，在理论上对公共关系与人际关系进行辨析。

1. 公共关系与人际关系的差异

（1）两者产生的基础不同。

人际关系是以血缘、地缘、业缘为纽带所形成的人与人之间的相互作用、相互影响、相互联系，是一种“个体型”的社会关系，其原始形态与人类的起源同步。公共关系则是以业缘关系为纽带（即社会组织的经营行为所引发的）所形成的特定的社会组织与其相关公众之间的利益互动关系，是一种“群体型”社会关系。

（2）两者的主客体有所不同。

人际关系的主体是个体的人，客体也是个体的人。而公共关系的主体则是特定的社会组织，客体是与社会组织相关的公众。

（3）两者的目的、手段有所不同。

公共关系的目的是为了“公”，服从、服务于群体利益，以塑造良好的组织形象为目标，主要运用大众传播媒介（如报纸、电视、杂志、广播等），在社会组织及其公众之间进行大范围的、公开的、双向的信息传播。而人际关系的目的主要是

为个体，服从、服务于个体利益，其主要手段是通过个体与个体之间直接的，一般是小范围的、非公开性的信息传播。换言之，公共关系的信息传播带有鲜明的开放性、社会性、间接性和复杂性，而人际关系中的信息传播则带有明显的封闭性、个体性、直接性和单一性。

2. 公共关系与人际关系的联系

（1）两者都属于社会关系，都是社会关系的一个分支，彼此交叉包容、相互渗透、相互依存，是你中有我、我中有你的关系。但交叉包容关系并不是等同关系，就产生的基础而言，人际关系的范畴远远大于公共关系的范畴。

（2）两者在许多基本原则上是相通的。作为人类社会关系的产物，无论是公共关系还是人际关系，在实践中都以互利互惠为最基本的准则，因为满足各自的精神与物质需要是各种社会交往背后的普遍动机。

（3）两者是相辅相成的。良好的人际关系是构建良好公共关系的基础，人际交往是开展公关活动的一种手段。在实践中，公共关系作为“内求团结，外求发展”的管理艺术，也要经常借助于人际关系中的某些手段，通过个体交往以构建健康有序、平等和谐的人际关系，来实现“内求团结，外求发展”，塑造良好组织形象的目的。

（二）公共关系与广告的区分

公关与广告有着密切的联系，特别是现代企业管理需要进行综合的信息交流，加强整合传播。简言之，公关与广告的关系是战略与战术之间的关系。

1. 公关与广告之间的密切关系

（1）广告活动需要公关的指导，它们之间实际上体现了一种战术与战略的关系。

（2）广告活动需要公关的推动，增强其说服力和传播效果。

（3）公关活动需要广告活动的配合，公关是长远的、稳定的、具有战略性的信息传播活动，需要善于抓住各种契机，而广告则可以随时随地发挥作用。

2. 公关与广告存在的差别

（1）传播目标不同。公关着眼于宏观、长远和横向的开拓，树立企业或组织的形象，增进社会公众的了解，协调内部关系；广告侧重于微观经济领域，争取在短期内在最大市场范围达到直接推销某产品或劳务的目标，由于满足于眼前利益，所以是一种纵向的目标。

（2）传播方式不同。公关主要通过大众传媒来树立企业形象，多以新闻报道、新闻记录片等形式，组织记者招待会、新闻发布会等活动，通过大量真实可信的信息进行双向交流以收到沟通的效果；广告为了引人注目则可以采取浪漫主义创作方法，即夸张、渲染、幽默来加深广告受众的印象，增强感染力。

（3）传播周期和范围不同。公关活动面向社会全体，信息传播需要长期规划，有计划、分阶段、按步骤，随时进行宣传；广告传播则在一定时期内集中传播某些信息，内容比较单一，传播对象主要是目标消费群。需要强调的是目标消费群这个概念涉及到一个一致性的问题，即消费者的产品消费和媒介消费如果达到一致才能成为目标消费群，广告的传播范围则较为集中。

（4）传播的地位和效果不同。公关对外进行信息交流主要是"免费"的宣传，但缺乏控制性；广告则是"有偿"的宣传，可以控制，通过付费并根据自身的需要来决定广告的表现方式，以及发布的时间、空间、刊播形式等，所以广告的效果直接可测。

相关链接

城市，让生活更美好

——上海申办2010年世界博览会案例

一、项目背景

当今社会国际商品交换的扩大和科学技术与经济发展之间的紧密联系使世界博览会这一国际经济、科技、文化的奥林匹克盛会显得举足轻重。中国正以她前所未有的发展速度和在世界政治、经济、国际事务中的影响和作用，令世人所瞩目，举办一届成功的世界博览会显得极其重要。能否成功举办世界博览会，不仅反映出一个国家的建设成就和综合国力，更显示出主办国迈向下一世纪的决心和信心。

二、项目调查

作为中国最大的经济中心城市，拥有1 300多万户籍人口的上海，2002年人均国内生产总值超过4 900美元，综合经济实力达到中等收入国家水平。经过20多年不懈努力，上海的市政基础设施建设、旧区改造、产业结构调整都取得了重大进展，城市综合素质大大提高。特别是经过99财富全球论坛、2001年亚太经合组织会议的洗礼，上海举办大型国际活动的能力得到进一步增强。上海正在迈向国际经济、金融、贸易和航运中心。如果中国申博成功，对长江三角洲影响巨大。上海周边城市将迎来一个扩大对外开放，活跃人流、物流、信息流，带动相关产业发展的历史性机遇。世博会从申办到举办，整个过程长达10年，上海市初步估计要投资30亿美元，用于世博会园区建设。1美元的会展投资，将拉动5~10美元的城市相关产业投资，这对江浙两省无疑是一个极好的机遇。江浙两省作为经济大省、建筑大省，为上海发展出力，接受上海辐射，是江苏、浙江的区位优势。目前，上海进行的上万个建筑工程中，有无数的江苏、浙江人在竭诚奉献。2010年上海世博会，预计有7 000万参观者，其中30%~35%将继续在华东地区游览。这意味着上海周边100千米以苏州、周庄为代表的江南水乡，150千米至200千米的无锡、杭州，300千米内的南京、扬州、镇江，以至中国最为富庶的整个华东6省、1市，都将被上海世博会直接带动。

对于民众支持度的调查，申博办委托上海城市经济调查队对全国50个城市的民意调查显示，89.4%的人认为中国有必要申办2010年世博会，94.4%的人拥护中国申办2010年世博会，92.6%的人认为中国有能力申办2010年世博会，78.6%的人相信中国申办2010年世博会会成功。一次广泛的网上调查也证明，92.3%的人支持上海举办2010年世博会。

三、项目策划

公关目标：

· 塑造上海国际大都市形象，展现上海魅力。

· 最终夺取2010年世博会主办权。

充分发挥上海的五大优势是申博取得成功的保障，所以贯穿整个公关策划的就是突出优势、体现个性、展示魅力。

五大优势：

第一，参观人数多。如果2010年世博会在上海举行，超过7000万人次的参观者将创世博会历史纪录。2010年上海世博会将成为各国人民的盛大集会。

第二，上海为世博会选定了合适的主题，“城市，让生活更美好”的主题能得到各国广泛关注。

第三，选址符合世博会的宗旨，做好了合理的选址场馆规划。世博会场址选在黄浦江滨水区，规划控制面积540公顷，世博园区面积规划400公顷，通过场馆建设，促使旧城改造，并在举办后，使该地区今后成为经济、科技和文化的交流中心。

第四，上海改革开放以来积累的经济实力完全有条件举办世博会。

第五，社会稳定，秩序良好。上海举办世博会得到了民众的极大支持。据调查结果显示，上海世博会的民众支持率在百分之九十以上。

围绕这五大优势系列公关一一展开，让世界认同“上海是最好的选择”。

四、项目执行

2001 年 9 月前以发放宣传册为铺垫，之后展开了大规模全方位的宣传。

·世博会知识网络电视竞赛。

·举行申办 2010 年上海世博会新闻通气会。

·世博主题文艺演出。

·“万人支持申博网上签名”活动。

·“上海市民骑车申博万里行”。

·2010 名上海市民代表宣誓。

·“长江三角洲申博之旅”。

·征求申办徽标、口号、招贴画。

·进入社区的“世博会向我们走来——世博知识巡回展”。

·派遣 37 个组团出国访问了 87 个 BIE 成员国，其中包括 9 个非建交国家。

·国外媒体宣传（世界各大主流媒体对上海申博分别以专题、专刊专版的形式给予追踪报道。英国《泰晤士报》、天空电视新闻频道对上海市市长陈良宇进行了联合采访）。

·成立支持中国申博“企业后援团”。

活动主体：

（1）2001 年 6 月 6 日国际展览局第 129 次成员国代表会议在巴黎举行。时任上海市常务副市长陈良宇在会上进行了中国申博首次陈述，确定申博主题以及选址。

启用申博市民代表袁鸣做诚恳的介绍，现身说法谈上海发展为人类提供实现价值的环境，以情动人，形式创新生动。

（2）2001 年 11 月 30 日国际展览局举行第 130 次成员国代表大会，时任上海市市长徐匡迪做了申办陈述。

瑞士罗氏制药有限公司总经理以一名外资商人角度谈自身在上海的投资回报，证实了中国政府的承诺是可以信任的。

（3）2002 年 3 月 10 日—16 日，中国作为申办国之一，第一个接受了国际展览局代表团的考察，通过一系列的陈述报告、实地考察，与各界人士交流沟通，国际展览局充分了解到上海的优势、能力、举办条件和各项准备工作。

（4）2002 年 7 月 2 日国际展览局举行第 131 次成员国代表大会，时任国务委员吴仪、外交部长唐家璇、上海市市长陈良宇、中国贸促会会长俞晓松等做了申博陈述。唐家璇部长代表中国政府承诺我国将投入 1 亿美金支援发展中国家和地区前来参展。对参展国建立永久性展馆，中国政府还将给予建馆资金 25% 的补贴。此外设立用于大会各项评奖的奖励基金。

（5）2002 年 12 月 3 日国际展览局举行第 132 次大会，时任国务院副总理李岚清、国务委员吴仪、上海市市长陈良宇进行最后一次陈述，再次肯定了中国政府对于承办 2010 年世博会的信心与态度。会上以一部充满上海市民热切期盼的实地拍摄申博记录片充分展示了上海的无限魅力。

当日国际展览局成员国对 2010 年世博会主办国进行投票表决，中国获得 2010 年世博会的主办权。

五、项目评估

活动影响：

· 韩国 YTN 电视台在新闻报道中高度评价中国申办成功，认为这显示了中国经济发展的实力，提高了中国在国际社会上的威望和地位。

· 香港贸发局认为，上海世博会将为港带来商机。

· 西班牙《世界报》把上海定为 2002 年世界最知名城市，其中成功申办 2010 世博会作为其中关键一条。

· 法国《世界报》发评论认为："中国拿到 2010 年世博会主办权是众望所归。"

· 国际展览局官员评论："今天世界诞生了一个伟大的希望。"

有了北京申奥的成功经验，上海申博活动开展得相当好，整个申博过程中，政府牵头的国际公关为上海赢得了不少加分。

首先在国际展览局成员国会议上的 4 次陈述形式有重大突破，给成员国代表以耳目一新的感受。其次 1 亿美金援助基金的提出也是史无前例的，充分表示了中国政府的诚意以及表达了上海努力办好国际性世博会的意愿。最重要的是，公关活动抓住了上海的五大优势展开，扬长避短，展示了上海开放、包容的鲜明个性，最终吸引了世界的目光。

——整理自：曾琳智主编《新编公关案例教程》（第二版），复旦大学出版社，2010 年版.

案例思考题：

1. 中国申博前做了哪些公共关系调查？又设定了什么公关策划目标？
2. 你认为中国申博成功的因素有哪些？

第二章 体育公共关系的构成要素

本章要点

- 体育公共关系的构成要素
- 体育公共关系的客体分类
- 体育公共关系的从业人员素质要求

"你会坐吗?"

——一次公关部长聘任考试

一家公司准备聘用一名公关部长，经笔试筛选后，剩下8名应试者等待面试。面试限定他们每人在2分钟内对主考官的提问做出回答。当每位应试者进入考场时，主考官说的是同一句话："请您把大衣放好，在我面前坐下。"

然而，在进行面试的房间中，除了主考官使用的一张桌子和一把椅子外，什么东西也没有。

有2名应试者听到主考官的话以后，不知所措，另有2名急得直掉眼泪；还有一名听到提问后，脱下自己的大衣，搁在主考官的桌子上，然后说了句："还有什么问题?"结果，这5名应试者全部被淘汰了。

剩下的3名应试者，一名听到主考官发问后，先是一愣，旋即脱下大衣，往右手上一搭，躬身致礼，轻轻地说道："这里没有椅子，我可以站着回答您的问话吗?"公司对这个人的评语是："有一定的应变能力，但创新开拓不足。彬彬有礼，能适应严格的管理制度，可用于财务和秘书部门。"另一名应试者听到问题后，马上回答道："既然没有椅子，就不用坐了。谢谢您的关心，我愿听候下一个问题。"公司对此人的评语是："守中略有攻，可先培养用于对内，然后再对外。"最后一名考生的反应是，听到主考官的发问后，他眼睛一眨，随即出门去，把候考时坐过的椅子搬进来，放在离主考官侧前约1米处，然后脱下自己的大衣，折好后放在椅子背后，自己就在椅子上端坐着。当"时间到"的铃声一响，他马上站起来，欠身一礼，说了声"谢谢"，便退出考试房间，把门轻轻地关上，公司对此人的评语是："不着一词而巧妙地回答了问题；性格富有开拓精神，加上笔试成绩佳，可以录用为公关部长。"

第一节 体育公共关系的主体

尽管人们对公共关系的学科归属问题还没有取得完全一致的意见，但居延安教授所概括的“公共三要素”已成为中国公关界的共识。构成公共关系，必须有3个基本要素：社会组织、公众和传播与沟通。在3个要素中，体育公共关系的主体主要是体育组织，客体是公众，而体育传播与沟通则是中介和手段。这3者之间的联系就是体育组织与公众之间通过传播、沟通、协调形成的信息的双向交流。

一、体育公共关系的主体构成

社会学意义上的社会组织是指人们为了实现自己的目标，按照一定的领属关系，有计划、有意识地建立起来的具有相对独立性的社会群体。作为体育公共关系主体的社会组织，主要包括体育组织和体育公关主体中的社会性个人——体育明星。

（一）体育组织

所谓体育组织，是指人们为了共同的体育目标，为了完成共同的体育任务按照一定的规则，通过一定的形式集合所形成的一种体育机构。

以体育为内涵来开展体育活动，这是体育组织与其他社会组织相比最根本、最显著的区别，也是体育组织的本质特征。

此外，体育组织也具有一般社会组织的共同特征：（1）有明确的组织目标；（2）组织成员间具有较强的协作意愿；（3）组织内部具有规范性；（4）须具有一定的物质基础；（5）组织与外界有广泛的信息联系。

体育公共关系中所涉及到的体育组织是一个含义广泛的概念。而不同类型的体育组织其目标是截然不同的。因此，要搞好体育公共关系工作必须要了解体育组织的分类情况。总体来说，体育组织大致可分为3类：（1）行政管理型体育组织：主要指各国政府中与体育活动相关的各种职能部门和民间体育组织以及国际体育组织，如我国国家体育总局，地方各级政府的体育局和中华全国体育总会等；（2）经营管理型体育组织：主要指各种以赢利为目的的生产经营类体育组织和经营服务类体育组织，如生产体育健身器械、服装、鞋帽的企业和各种体育服务公司、中介公司、咨询服务公司以及体育职业俱乐部等；（3）公益服务型体育组织：主要指以国家及社会公众的整体利益为目标的公益性体育组织，包括体育院校、各级业余体校、少年体校、运动康复中心、社区或群众体育活动中心等等。[1]

（二）体育明星等社会性个人

在体育公共关系中，社会性个人是指那些代表体育组织形象和作为体育组织形象一部分的个人，如体育组织中的领导人、体育明星、体育产品品牌的形象代言人等。在今天，体育社会性个人在许多体育组织中存在，如前国际奥委会主席萨马兰奇，他的个人形象往往代表了国际奥委会的组织形象。

除体育组织领导人以外，体育明星和体育产品品牌的形象代言人往往也变成了对体育组织形象产生重大影响的社会性个人，如姚明、刘翔等不仅代表着中国运动员的形象，还代表着中国体育的形象。

有时，为了完成一个体育信息的传播，其他非体育的社会性个人也有可能成为体育公共关系的主体。2001年6月23日晚，昔日皇家禁苑中乐声翩翩、弦歌阵阵，世界著名三大男高音歌唱家在紫禁城午门广场联袂演出，在"6·23国际奥林匹克日"掀起北京申奥活动的高潮。时任国务院副总理李岚清和数万热情的中外观众一同观赏了这场精彩的演出。享誉世界乐坛的三大男高音歌唱家帕瓦罗蒂、多明戈和卡雷拉斯都曾分别在中国举办过个人音乐会，此次首次共同在紫禁城演出，成为今年世界音乐舞台和中国对外文化交流的盛事。3位音乐家在中央歌剧院交响乐队和合唱队的伴奏下，演唱了《今夜无人入睡》《月亮河》等脍炙人口的歌剧选段或歌曲。中国女高音歌唱家王霞、幺红、马梅和他们同台演出。李岚清副总理和全场观众对精彩的演出报以阵阵热烈的掌声。演出期间，三大男高音歌唱家对北京申办奥运会表达了他们的支持。此次音乐会由北京奥申委、中央电视台、中国贸促会等单位主办，中国文化艺术有限公司、香港东风网络电视承办。音乐会电视直播可覆盖全球110多个国家和地区的33亿观众。[2] 东方建筑的神韵与西方艺术经典在这里

---

〔1〕 肖焕禹．体育传播学［M］．北京：人民体育出版社，2011：306.

〔2〕《6-23北京申奥掀高潮三大男高音午门绕梁（图）》．原载于北京青年报．新浪网［EB/OL］．［2001-06-24］．http：//ent．sina．com．cn/c/i/47918．html.

得到了完美的交融，改革开放的中国以一场东西文化交融的音乐盛会，向世界展示他们积极走向世界的宽阔胸怀，也拉开了中国申奥的帷幕。

二、体育公共关系的职能

公共关系的职责是指公共关系在组织的行政管理或经营管理过程中的工作范围及其应当承担的责任。其最基本的职责如下。

（一）收集信息

公共关系首先要履行收集信息、监测环境的职责，以帮助组织对复杂、多变的公众环境保持高度的敏感性，维持组织与整个社会环境之间的动态平衡。

（二）传播推广

公共关系通过信息性、传播性、协调性、支持性和辅助性的服务使组织内部运转得更加顺畅、协调，使组织外部环境更加和谐、良好。公共关系在组织经营管理中履行传播推广的职责，提高组织及其产品、人员的知名度和美誉度，为组织创造良好的社会舆论，树立良好的社会形象。

（三）协调沟通

公共关系是组织与社会环境之间的一种协调沟通机制，是组织与各类公众交往的桥梁，为组织的生存、发展创造“人和”的环境。

（四）辅助决策

公共关系在组织的经营管理决策过程中，要协助决策者考虑复杂的社会因素，平衡复杂的社会关系，从社会公众和整体环境的角度主人决策的社会影响和社会后果，使决策目标能够反映公众的利益，使决策方案具备一定的社会适应力和社会应变力，使决策实施的效果有利于树立组织的良好形象。

三、体育公共关系的从业人员素质要求

我国对公关人员的职业定义是：专门从事组织机构公众信息传播、关系协调与

形象管理事务的调查、咨询、策划和实施的人员。公关人员也称为公关员。在欧、美国家，对公关人员的称呼有 PR Practitioner（公共关系从业人员）、PR Man（公关人员）、PR Officer（公关官员）。

公共关系是一门职业，公共关系的职业化道路是发展公共关系事业的必由之路。行业调查报告显示，至2002年止，从事公共关系的专业人员已近10万人，公关行业存在着潜在的巨大市场。1995年5月，我国劳动部与社会保障部正式将“公共关系”作为一项职业纳入国家职业分类的大典中。2000年3月被国家列入90个持证上岗的职业。2000年11月起，在全国开始了每年两次的全国公关员职业资格统一考试。在全国32个省市自治区设立了近60个培训中心，负责职业资格的初、中、高三级培训。至2002年已进行了全国统一鉴定的人数近3万人，其中包括许多著名专业公关公司总经理，并有许多人获得了相应级别的公关员资格。

（一）注重舆论、主动沟通的公共关系意识

公共关系人员首先要有自己的意识：（1）塑造形象的意识，是公共关系意识的核心；（2）服务公众的意识；（3）真诚互惠的意识，是公共关系的功利意识；（4）沟通交流的意识，实际上也可以说是一种信息意识；（5）立足长远的意识；（6）创新审美的意识。

（二）自信、热情、开放的职业心理素质

公共关系人员要有良好的心理素质，具体而言，是要有自信的心理、热情的心理和开放的心理。公共关系从业人员的素质，首先是一种现代人的全面发展的素质；其次，结合公共关系职业的特性，它专指以公共关系意识为核心，以自信、热情、开放职业心理为基础，配之以公共关系专业知识结构和能力结构的一种整体职业素质。

（三）体育公共关系从业人员的知识结构

1. 公共关系的基本理论知识

（1）公共关系的基本概念；（2）公共关系的由来和历史沿革；（3）公共关系的职能；（4）公共关系活动的基本类型；（5）公共关系的三大要素，即社会组织、

公众、传播的概念和类型；（6）不同类型公共关系工作机构的构建原则和工作内容；（7）公共关系工作的基本程序等等。

2. 公共关系的基本实务知识

（1）公共关系调研的知识；（2）公共关系活动策划知识；（3）公共关系活动实施和评估的知识；（4）公众分析的知识；（5）与各类公众打交道的知识；（6）社交礼仪知识等等。

3. 体育方面的专业知识

体育公共关系从业人员必须掌握体育专业的基础知识，包括体育的一些基本概念和术语、主要运动项目的历史沿革、竞赛规则、设施器材的主要数据、体育锻炼和运动解剖学、生理学、心理学机制以及体育社会科学知识等。

4. 其他相关方面的知识

对公共关系人员来说，掌握相关学科和行业的知识对他们处理相关业务具有重要意义。相关学科知识主要指以下几类。

（1）文化基础学科知识：包括马克思主义基础理论、语文、数学、逻辑、历史、美学和伦理学等。这些知识是学习其他科学知识的基础，也是学习公共关系知识和搞好公共关系工作的基础。

（2）专业基础学科知识：主要有市场学、经济学、营销学、社会学、管理学、心理学和民俗学等。这些知识是公共关系专业的基础学科知识，对于创造性地运用公共关系知识具有互补作用。

（四）公共关系从业人员的能力结构

公关人员所具有的能力结构是从事公关工作的基础，美国学者认为，公关人员应具备3项重要能力，即写作、研究和创造能力。具体说，能力结构包括较强的文字和口头表达能力、良好的组织能力、健全的思维和谋划能力、敏锐的观察能力、很好的自制自控和灵活应变的能力、善于与他人交往的能力和掌握政策、理论的能力。

根据我国国家劳动和社会保障部于1999年5月出版的《国家职业分类大典》中对公关职业规定要求，能胜任公关工作，必须具备以下几方面的能力。

1. 创新能力

发现新问题，提出新创意的能力。公关工作在某种程度上讲是一种创造性、创新性和开拓性的工作，要求公关人员思维活跃，激情勃发，只有不断地设计出与众不同、别具一格的活动方案，才能把握工作的主动权。

体育公关中，同样的赛事和经营活动在不同时间、不同地点要有新的形态呈现在公众面前，才能给公众带来新鲜感，吸引公众关注，激发其对未知结果的渴求欲望。2008北京奥运既学习借鉴了历届奥运会的经验，同时办出了中国的特色，有创新和突破，称得上是一届“无与伦比”的奥运会。因此，组委会打出的口号是“绿色奥运、科学奥运、人文奥运”在理念上实现了创新。

2. 表达能力

公关活动是一种信息的传播沟通活动，所以公共关系的形成、维系和改善，必须依赖信息的传递和交流。

（1）口头表达能力——口才是公关工作中实现信息交流最主要、最直接、最迅速的传递手段，包括演讲，即特定场合对公众发表讲话，以争取公众，创造和引导舆论的形式；为争取组织利益而与其他组织采取的谈判形式；在人际交往中与个别公众面对面沟通，进行解释、说服等。公关人员要掌握口头表达的规律和艺术，充分发挥面部表情和动作体态等辅助语言的作用，增强口头表达能力的说服力、亲和力和感染力。

（2）书面表达能力——写作能力、文字能力。公关人员在工作中涉及写作的范围非常广，从日常的信笺、公文告示到公关计划强调报告和总结报告、新闻稿和演讲词广告语、公关策划书等，都需要公关人员要有熟练的文字功夫和写作技巧。公关人员要熟练掌握包括新闻、信息、计划、总结、分析、报告等各种文体，同时要注重严谨的逻辑思维和朴实流畅的文风。

3. 协调能力

协调是组织内部结构合理、目标一致、凝聚力强，组织与外部公众联系密切，信息畅通，关系融洽。协调能力，指公共关系从业人员为了促使组织与内外公众之间形成适应与和谐的状态，在工作过程中表现出来的能力。由于中国体育公共关系所面临的工作常常涉及不同地区和不同部门，对时效性有较高要求，协调能力就显得非常重要。如果要举办一次大型运动会，城市的公安、交通、电力及服务行业均需要相互配合，任何一方面差错或效率不高都将影响运动会的质量和主办单位的形象。

4. 组织能力

组织能力，是指在开展公关活动中，通过计划、调动、控制、调整等方式，使面对的人和事物都具有一定的系统性和整体性的活动能力。任何一项具体的公关活动都需要经过调查、策划、实施和评估等步骤。因此，公关活动需要有准备、有组织、有计划、有步骤地进行，才能取得预期效果。而组织能力强的公关人员能够将千头万绪、杂乱无章的复杂工作安排得主次分明、井然有序，而组织能力差的人面对纷繁复杂的局面可能束手无策、无可奈何。

5. 应变能力

应变能力，是指公关人员善于运用自己的知识、经验和智慧，随机应变、当机立断，妥善处理意外事件的能力。在公关工作中常会遇到各种意外事件，遇到有特殊要求的公众，就要求公关人员必须具备良好的应变能力。而在实际公关工作中，应变能力是基于对可能出现的情况事先预测的，即在公关活动开始前，先对公关对象、环境等进行充分的调查研究，掌握信息资源的发展方向，并制定出相应的对策和各种行动方案，以达到控制局面，使事情朝着组织预定的目标发展的目的。

6. 社交能力

社交能力，即与人交往的能力。这是公关人员必不可少的能力之一。公关人员工作的大量内容是直接面对各种社会公众，与他们建立有效沟通，获得他们的认同和合作，这就要求公关人员必须要有较强的与人沟通的能力，才能在各种社交场合从容应对，广交朋友，赢得广泛的支持与合作，为组织赢得更多的发展机会。

一个出色的公关人员，其能力结构应该是多种能力的有机结合，除以上基本能力外，还包括预测能力、决策能力、自制能力、分析问题与解决问题的能力等。

有效的体育公共关系实践通常都需要有良好的媒体技能基础，包括良好的写作能力、与他人沟通的能力、公众演讲的能力、设计出版物的能力和网络工作能力。

相关链接　　**体育公共关系的基本技能**

体育公共关系有其行业的基本技能，这些技能是本书中所描述的比较高级的技能的基础，我们推荐学生在这个领域可以进一步发展这些基本技能。

写作技能

体育产业领域专业化的工作方式显示了写作技能的极端重要性。从新闻发布稿到出版物到网站文本等各种信息传播渠道里，学生应该抓住一切机会提高写作技能。除了考虑学习写作的强化训练课程，为学校的出版物写作能提供难得的经历，也可以作为志愿者在体育公共关系职员身边工作。

公开演讲能力

公共关系人员需要经常发言，他们作为组织的发言人通常要组织新闻发布会或其他专题化的活动。更重要的是，他们要应组织的重要成员的要求来指导他们提高自身在公开场合演说的能力。很多体育公共关系职员又在广播电视媒体做过报道者、比赛播音员或解说员甚至主持人的工作背景。

制作各类印刷文本的能力

很多体育公共关系职员制作印刷材料，比如新闻发布稿、小册子、传单、媒体指南、赛事计划、海报等。版面规划和设计技能是其中的必备能力。很多大学和学院开设台式印刷系统或桌面出版系统课程，这应该是立志从事体育公共关系行业的人需要学习的课程。除此之外，还可以提高内文设计、网页制作和 Photoshop 的能力，学习相关软件的使用指南。

互联网相关能力

在公共关系的规定技能中，互联网相关能力正显示越来越突出的重要性。公共关系职员通常需要具备数据库管理、制作和更新网页的能力。《网络上的公共关系》(Public Relations on the Net) 一书则是很好的学习资源。

人际沟通技能

体育公共关系的最后一项关键技能是人际沟通能力。拥有喜欢与人互动、能在没有特殊强调时面临复杂任务、能在敌对情势下保持镇定的个性的人，更容易在体育公关领域取得成功。学生要达成这样的品质可参考《高效能人士的七个习惯》(The Seven Habits of Highly Effective People) 一书。

——（根据《体育公共关系：组织传播管理》一书相关材料改编而成）

第二节 体育公共关系的客体——公众

如果说公共关系是一种传播活动，公共关系过程是一个传播过程，公共关系是传播学的一个重要应用领域，那么，体育公共关系则是一个既有公共关系传播共性，又有体育公共关系传播个性的应用领域。

一、公众的含义

公众，是指与特定的社会组织发生联系，并对其生存发展具有影响的个人群体或组织的总和，是公关传播沟通对象的总称。

在公共关系中，公众特指任何被共同利益或共同关心的问题联结在一起的个人、群体和组织，这些个人、群体和组织与公共关系主体有相关的利益，对公关主体有着重要的影响。图 2－1 为常规情况下，一个社会组织与其相关公众的示意图。

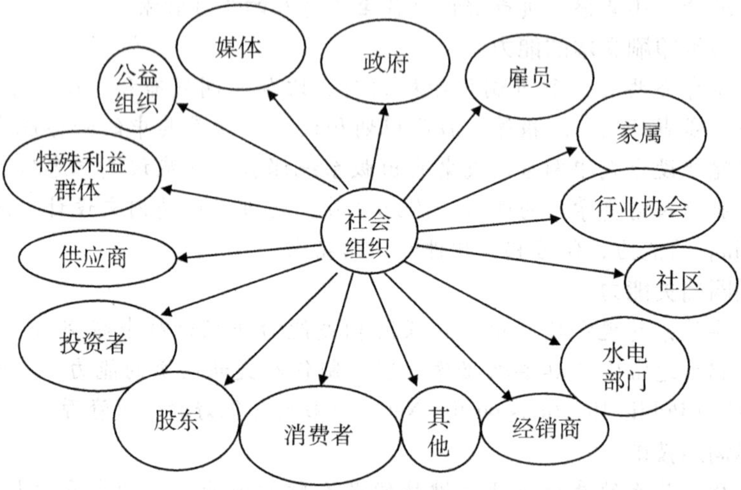

图 2－1　一个社会组织与其相关公众示意图

二、体育公众的分类

体育，正以其独特的魅力，赋予体育媒体“受众聚居”与“受众分散”的双重特点。如何兼顾大众与分众，既在面上保证共性的所需，又在点上满足个性的选择，看来也将是体育公共关系将着力解决的问题。

社会组织的形象是由公共关系的客体——公众来评定的，故公众也是公共关系中最重要的概念之一。体育公共关系中公众的同质性表现在他们之间具有一些共同点，比如有共同的体育利益、共同的体育需求、共同的体育问题、共同的体育兴趣、共同的体育背景等，从而使一群人或一些团体构成了体育公共关系所面临的公众。

（一）按归属关系划分

按照公众与组织有无归属关系，可将公众分为内部公众和外部公众。体育公共关系中的内部公众是指归属于体育组织的内部成员，主要包括球员、教练员、裁判等和体育企业内部员工。内部公众与体育组织利益关系最密切，是体育组织实现“内求团结”目标需要协调的主要对象。外部公众是指不隶属体育公共关系主体组织的其他组织、群体或个人，如新闻媒介、政府机构、社区居民、服务对象、竞争对手、合作伙伴、社会名流等，是实现“外求发展”目标需要协调的重要对象。

（二）按发展过程分类

美国公共关系学者格鲁尼格和亨特按照一般公众的发展过程，把公众分为 4 类：（1）非公众：非公众是指在特定的社会环境中，与组织无关，其观点、态度和行为不受组织的影响，也不对组织产生作用的公众群体，然而提前对非公众有一定的认识可以帮助公共关系工作减少盲目性；（2）潜在公众：潜在公众是指那些已经面临由组织行为引起的共同问题，但他们自己尚未意识到或察觉到这一问题存在的公众，所以争取这一部分潜在公众，尽量让潜在公众迅速转变为知晓公众非常重要；（3）知晓公众：知晓公众是由潜在公众发展而来，指那些已经知晓自己的处境，明确意识到自己面临的问题与特定组织有关，迫切需要进一步了解与该问题有关的所有信息，并开始向组织提出有关的权益要求的公众，所以知晓公众一旦形成，体育公共关系活动则应该更积极地开展，以便同公众交流信息以达到相互了解和合作的目的；（4）行动公众：行动公众是由知晓公众发展而来，指已采取实际行动，对组织构成压力，并迫使组织相应采取行动的公众群体，所以面临行动公众，公共关系工作更要加紧进行，展开补救，变被动为主动，变不利为有利。

而当一个组织遭遇不利的社会舆论，那么这个组织便要设法延缓“知晓公众”转化成“行为公众”的这一过程，避免过多的舆论、抨击或者行动让情况变得更糟。

（三）按舆论指向划分

根据舆论指向，即公众对体育组织的态度，可将公众划分为 3 种：（1）顺意公众：顺意公众是指对一个体育组织奉行的政策、采取的行为，持赞赏、支持、合作态度的公众，因此协调并改善与顺意公众的关系，保持和扩大顺意公众的数量，是体育公共关系工作的主要内容；（2）逆意公众：逆意公众也叫反对公众，是指对体育组织奉行的政策或采取的行为持反对态度的公众，所以转化逆意公众的态度也是一项重要的体育公关工作；（3）独立公众：独立公众也叫中立公众或不确定公众，是指对体育组织奉行的政策和采取的行为持中立态度，或尚未明确表示态度的公众，故独立公众是组织需要争取的重要对象。

鉴于顺意公众和逆意公众已经具有相对的稳定性，争取独立公众应该是开展体育公关工作的重点工作。而体育组织之间的竞争实质上就是争夺独立公众的竞争。

三、认定一个体育组织的关键公众

认定一个体育组织的关键公众非常重要，而这些关键的公众群体包括体育传媒、体育组织内部的成员，以及体育公司职员、消费者、捐赠者和投资者等凡与体育组织相关的人员。以奥运为例，我们来探讨与其高度相关的本国关键公众，见图2－2。

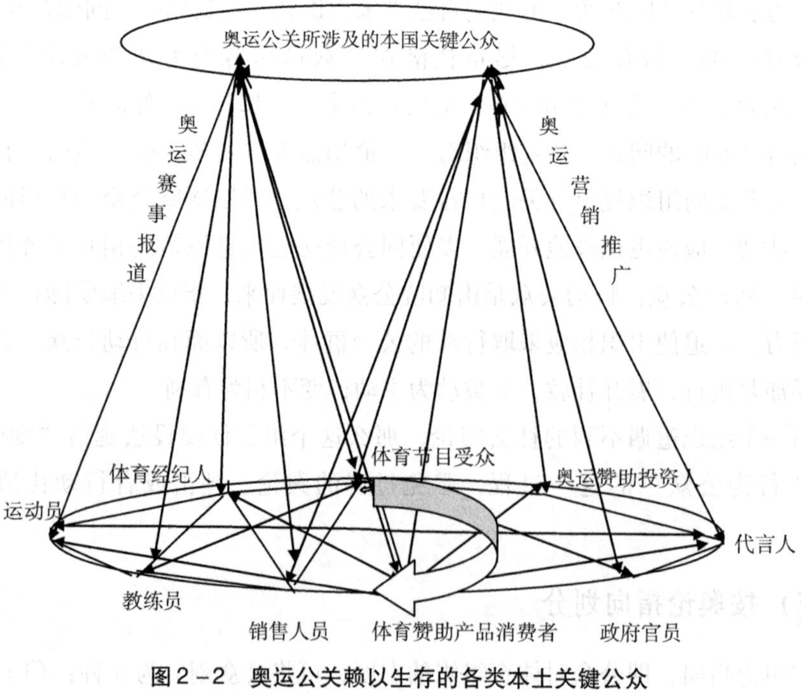

图2－2　奥运公关赖以生存的各类本土关键公众

根据奥运赛事报道和奥运营销推广的两大传播主线，我们看到一个极其丰富的公共关系公众层面。我们可以把总的奥运公关人群分为两大部分：一个以运动员和体育节目受众为核心，其关键公众包括运动员、体育节目受众、体育经纪人、体育赞助商和教练员等等；另一个以赞助产品的销售人员和赞助产品消费者为核心，其关键公众包括赞助产品销售人员、赞助产品消费者、奥运赞助投资人、政府官员等等。其间，奥运公关与媒体的关系密不可分，体育节目的受众常常是赞助产品的消费者，体育赛事的赞助商，其本身又往往是体育产品的投资人。其他奥运公关的关键公众也是互相联系和制约的，并形成网织状。

第三节　体育公共关系的手段——传播与沟通

有的学者强调公关传播这一要素的重要性，认为对传播过程和模式的研究是公共关系的主要内容，甚至觉得离开了传播、沟通，就无法界定公共关系。这种观点当然有一定的道理，但当我们把公共关系作为一个整体、一个系统来考察时，就会发现传播和公众、组织一样，都只是公共关系这个大系统的一个要素，传播只是使组织和公众之间建立关系的一种手段，传播媒介则是实现这种手段的工具。只有这两者有机结合、共同作用，才能产生整体大于部分之和的协同效应，才能使组织的公共关系活动得以顺利开展，使组织得以在公众面前建立和维持良好的公共关系形象。

公共关系中的传播是指组织传播媒介向公众进行信息或观点的传递和交流。这是一个观念、知识或信息的共享过程。其目的是通过双向的交流和沟通，促进公共关系的主体和客体（组织和公众）之间的了解、共识、好感和合作；其手段主要有人际传播、组织传播和大众传播等形式。

一、体育公共关系传播的媒介

体育公共关系的传播与沟通是指社会组织利用体育作为媒介与公众进行沟通、争取理解和信任的过程。

（一）体育公共关系传播的层次

根据体育公关活动传播信息对受众的影响层次不同，我们可以看到体育公关传播也有 4 个层次的表现：（1）信息层次：公众对公关传播信息的直觉感觉等原始性反应，是对传播信息反应的表层效果，也是最低层次的传播效果；（2）情感层次：公众通过对信息的分析、判断和取舍，是公众对信息的自主、理智的选择表现形式；（3）态度层次：公众在接到信息后所产生的对体育公关主体的态度的变化；（4）行为层次：通过公关传播引起公众态度变化，最终导致公众按照传播者的意愿采取行动，这是传播最高层次的效果。[1]

（二）体育公共关系传播的媒介

体育公关传播所运用的媒介即传播载体，粗略地说有 4 种：（1）大众新闻媒介，如各种类型独立于体育组织外的体育专业报纸、杂志、体育广播、电视和网站；（2）小众图文媒介，如路牌、体育赛事现场招贴栏、宣传栏以及场地广告等；（3）自控媒介，如赛事宣传手册、体育产品使用说明书、组织内部印刷品等各种宣传资料以及体育组织自办的网站、广播站、队报等；（4）各类公关活动，如赞助商出席运动员的颁奖仪式、精心准备的新闻发布会、体育产品订货会或者展销会等[2]。也正是凭借网站内容和赛事秩序册等各种有效的媒介手段，有效的体育公共关系才成为一个能产生品牌意识和品牌联想的强有力的营销手段。

有时不同类型的赛事也能成为体育公共关系传播的媒介。“阿迪达斯”品牌十分热衷于赞助重要的大型体育比赛，如奥运会、欧洲足球锦标赛、世界杯足球赛等，通过这种传播策略，把品牌形象与最激动人心的体育盛会联系起来，向全世界的人们传达着阿迪达斯追求卓越、积极参与、振奋人心的品牌精神。

“阿迪达斯”组织街头挑战赛，无疑是它争取年轻一代公众关注的有效策略。几个身穿阿迪达斯穿着和独特标记的鞋子和参赛选手们在球场上你争我夺，动感十足，表现了一种生机勃勃的青春、活力和重在参与的体育精神，对于年轻人有巨大

---

〔1〕 潘肖珏. 体育公共关系［M］. 上海：复旦大学出版社，2005：30－31.

〔2〕 肖焕禹. 体育传播学［M］. 北京：人民体育出版社，2011：309.

的吸引力。

事实证明，阿迪达斯这种针对不同媒介进行传播的策略是十分成功的。它使得阿迪达斯的品牌形象在全世界范围内深入人心，成为最具有影响力的体育产品品牌之一，堪称体育公众的成功典范。所以，进行一次有效的体育公关活动，体育组织应充分考虑各类公众的需求，谨慎选择、灵活运用最佳的传播媒介进行传播。

二、公共关系沟通的五要素

根据《大英百科全书》，公共关系的主要任务是发布新闻，安排记者招待会，回答公众的投书，规划对社区活动的参与，准备电影、宣传资料、雇员刊物、给股东的报告以及标准信件，规划广告项目，策划展览会和参观访问，调查公众舆论。美国公共关系学会教育委员会则对公共关系专业人员提出过8项基本工作，包括资料的写作、编撰和散布、公关计划的策划和执行、演讲和宣传等等，这些工作全部与媒体运作息息相关。那么，体育公共关系从业人员需要注意哪些沟通要素呢?

“沟通”是公共关系沟通的核心概念。无论采用哪种模式，都要从沟通的过程、媒介、对象、环境和效果等5个要素考察，才能透过纷繁的公关现象，抓住事物的本质。公共关系沟通5要素都有其特定的评判标准：（1）沟通过程：是否有创意，能引起公众的足够注意力？（2）沟通媒介：是否覆盖面广，能轻松到达目标消费者?（3）沟通对象：是否有针对性，有的放矢地影响公众?（4）沟通环境：是否具备天时地利人和的优势，能在时间和空间上都达到公关目标?（5）沟通效果：是否在短期形成广泛的影响力，长期形成一定的社会效益?下面通过一个对比的案例，我们可以看出其公共关系沟通的优劣。

相关案例：薄薄一片纸　浓浓几多情

——邮电公关案例

邮电部在1991年12月1日开办了“中国邮政贺年有奖明信片”新业务。第一次发行有奖明信片，牵涉到策划、设计、印刷、运输、销售、兑奖等诸多环节，2亿张小卡片能否卖得出去，让人们手心里都捏着一把汗。

上海邮政局最先推出了贺年明信片拜年专送业务。此招一出，百万明信片10天告罄。从1月15日起，上海市区各邮电支局前就热闹起来。“让您的亲朋好友在大年初一收到一张邮政贺年有奖明信片”，“即日起到农历小年夜，无论什么时候投入明信箱，邮局负责大年初一投送到您本市亲友家里。”不少市民群众被这横幅标语和张张加印着“拜年专送”字样的明信片所吸引。短短10天工夫，120万张春节明信片已发售完毕。

在南京，一篇新闻报道产生了令人难以置信的轰动效应。1991年12月18日，南京《扬子晚报》刊载了题为《加盖对称邮戳莫失良机》的文章。文中说：1991年这个年份的数字是左右对称的。在南京若想盖上一枚对称的邮戳，最好的去处是雨花台邮局，该邮局邮政编码是210012，邮戳的最佳时间是12月21日。顾客若在贺年明信片上加盖1991年12月21日和210012的邮戳，融通信、兑奖、集邮于一体，将有一种特殊的收藏纪念意义。于是，南京雨花台邮局沸腾了。1991年12月21日，几条巨龙般的队伍蜿蜒盘旋，仅一天时间就销售5万余张明信片，盖戳15万个。在偌大的南京城，一个只有清明扫墓时人们才偶然经过的小小邮局，竟成了明信片的畅销点。

从以上对比的案例可以看出，要想读懂一个公共关系现象，我们必须围绕这5个沟通要素展开。

相关链接

新北京，新奥运

——北京成功申办2008年奥运会

2001年7月13日，是全国人民永远难忘的日子。随着国际奥委会主席萨马兰奇的一声“Beijing”，全中国都沸腾了，举国上下成为一片欢呼的海洋。中央电视台随即在屏幕上打出了4个大字“我们赢了”，各地也举办了多种多样的庆祝活动，可以说北京申奥的胜利也是中国政府公关的胜利。

北京申奥过程是经过精心策划和实施的。公关主体是中国，是北京。李岚清副总理在申奥报告陈述时说：“在过去20年改革开放的过程中，中国已成为世界上经济发展最快的国家之一。我们将继续保持政治稳定、社会进步和经济繁荣。”国际奥委会执委何振梁则说：“选择北京，你们将把奥运会第一次带到世界上拥有1/5人口的国家，让十几亿人民的创造力和奉献精神为奥林匹克服务。”任职国际奥委会主席长达21年之久的萨马兰奇卸任时最大的心愿就是把奥运会带到世界人口最多，又有巨大经济潜力的中国。正如刘淇市长在申奥成功报告会上所说：“北京申奥成功是因为有了日益强大繁荣的祖国作后盾。”由此可见，中国已经成为受世人关注、有重要影响力的大国。

北京申奥成功的一个重要原因是具有最高的民众支持率。95% 支持北京申奥的民众和受中国奥运情绪感染的国际奥委会委员，这是北京申奥最重要的目标公众。挪威籍国际奥委会委员乔恩奥拉夫感慨万分地说：“北京申奥给我印象最深的是来自中国民众的支持。就我个人来说，我从北京得到的申奥信息是其他 4 个城市之和的 2 倍。所有这些信息里都包含着同一个主题，那就是给正在腾飞的中国再一个全面腾飞的机会吧！”

北京奥申委确定了“新北京，新奥运”的申办口号，提出了“绿色奥运，科技奥运，人文奥运”的申办理念，提供了一部长达 500 页、涉及 17 个主题的申办报告，并把“95% 的公众支持率”的调查结果写进其中，还制作了精美的北京申奥宣传片。投票前夕的新闻发布会上，北京奥申委秘书长慷慨陈词：“我们有信心创造历史。这将是奥运会第一次来到有近 13 亿人口和 5000 年文明史的东方大国。”在 2008 年奥运会期间，各国媒体可以享受百分之百的新闻报道自由。

2001 年 4 月 4 日，是申奥揭晓倒计时 100 天，北京奥申委提出了 4 月 4 日为全国支持北京申奥统一行动日的倡议。这个倡议得到了全球华人的积极响应，申奥热潮风起云涌。5 月 8 日，全球华人支持北京申奥联合委员会在德国杜塞尔多夫市举办了以“全球华人心连心，齐心协力申奥运”为主题的系列活动。6 月 16 日，中华全国体育总会和中国台北田协共同举办了“北京奥运炎黄之光”海峡两岸长跑活动。6 月 23 日，美国西部华人在雄伟的居庸关举办了祝北京申奥成功的“奥运龙——大地艺术作品展示”活动。所有这些都是加强内部公共关系行为的体现。

2001 年 6 月 12 日，北京奥申委派代表参加了在肯尼亚举行的非洲国家奥委会联合会第 9 次大会。6 月 23 日晚上，古老的紫禁城飘荡起世界三大男高音帕瓦罗蒂、多明戈和卡雷拉斯激昂高亢的歌声，全世界都为这种中西文化合璧之美而赞叹，这是一个难眠的“623”奥林匹克之夜。作为国际奥委会副主席、北京申奥代表团顾问的何振梁，从 2001 年 2 月以来的 5 个多月里，他就有 69 天在国外和飞机上，出访 11 次，走了 20 多个国家和地区。所有这些都是为发展外部公共关系而做的努力。

北京奥申委吸取了悉尼申奥的成功经验，“不要光自己说，更要让人家看。”为此，北京奥申委主动与西方媒体广泛接触，邀请外国记者来华访问，让世界了解中国、了解北京。2001 年 2 月 21 日，以海因维尔布鲁根为主席的国际奥委会评估团一行17人，对北京进行了为期4天的考察。维尔布鲁根说："评估团看到了一个真实的北京，北京申办奥运会得到了政府和民众的大力支持，北京奥申委的工作是积极有效的。"7月13日北京申奥团陈述报告一结束，立刻就有各国奥委会委员轮番提问，涉及环境、场地、语言、运动设施、反兴奋剂、资金盈余等问题。代表团成员用英语一一作答，列出了令人信服的事实数据。正如北京申奥代表团助理所说："提问多是一件好事，说明大家对北京特别关注，很想知道详细情况。"

北京申奥团的陈述与众不同。它包含了3个基本方面：一是坚实的保证，二是明确的优势，三是调动国际奥委会委员的情感。在看似平淡中隐含着"玄机"，那就是中国人民的真诚、朴实和实在。难怪美籍国际奥委会委员德弗朗茨女士在投票结束后说："很多委员都被何先生的真诚所感动。"2000年9月9日，国家主席江泽民致信国际奥委会主席萨马兰奇，表明中国政府完全支持北京申办2008年奥运会。2001年7月13日，北京申奥代表团第一个出场陈述的李岚清副总理庄严承诺："如果此次奥运会发生盈余，我们将用它来建立一个奥林匹克友谊基金，来帮助发展中国家的体育事业。如果发生赤字，将由中国政府承担。"这不仅增强了国际奥委会委员对北京办好2008年奥运会的信心，而且激发了国际奥委会委员对中国的好感和敬意。这为中国塑造了良好的公众形象。

任何组织的发展和成功都有赖于良好的公众环境，都需要得到公众舆论的认可和支持。北京奥申委秘书长在申奥投票前的新闻发布会上，陈述了北京能够申办成功的6点理由：第一，北京市民对申办的支持率达到95%。北京奥运会的确代表"人文奥运"；第二，近20年来，越来越多的北京市民参与到文化与体育交流中，渴望成为国际体育大家庭中的一员……北京在申奥投票第二轮就以56票的绝对优势胜出，其中很多票源自亚非拉国家。因为中国政府力所能及的帮助，使这些国家中部分国家的体育基础设施状况有了极大的改善。不仅如此，中国政府还承诺用奥运会所得来发展这些国家的体育事业，这些国家虽然不大，影响力有限，但在国际奥委会大家庭中却享有平等投票权。中国奥申委的这一系列举措，使这些国家的成员们大为感动，所以支持北京申奥也就成了理所当然。

正由于中国有这种良好的公众关系，才确保了北京申奥的成功。

社会组织往往借助各种传播手段实现与公众之间的双向沟通，在双向沟通中达到双向的信息传递。由著名导演张艺谋执导的北京申奥宣传片《新北京新奥运》，成功地在短时间内把北京辉煌的成就、迷人的风采和中国人民对奥运的期盼表现得淋漓尽致。由于国际奥委会委员中至少有一半未来过中国，该片除了从运动员、运动会角度展现外，还从历史的角度来展示中国的历史和现状，来展示北京的历史和现状，从而满足了国际奥委会委员对中国、对北京深厚的心理文化需求，使他们对中国、对北京更加了解，更为中国、北京的变化所惊叹，深深地被中国、被北京所吸引，起到了很好的宣传效果。正如澳大利亚籍国际奥委会委员高斯帕说："和中国申办2000年奥运会相比，中国的变化真是太大了，这种变化将会带动体育的发展。"高斯帕毫不讳言自己的一票投给了北京。

——节选自曾琳智主编《新编公关案例教程》（第一版），复旦大学出版社2006年版

案例思考题：

1. "申奥"是公关活动吗？为什么？

2. 中国申奥有哪几种公众？它们有什么不同？

3. 中国政府在申办2008年奥运会的过程中，运用了哪些公关手段来塑造良好的公众形象？它们之间是一种怎样的关系？

第三章　体育公共关系的主要公众关系

本章要点

- 体育公共关系的内部公众
- 体育公共关系的媒体公众
- 体育公共关系的球迷公众

IBM 公司的“金环庆典”活动

美国 IBM 公司每年都要举行一次规模隆重的庆功会，对那些在一年中做出过突出贡献的销售人员进行表彰。这种活动常常是在风光旖旎的地方，如百慕大或马霍卡岛等地进行。对 3% 做出突出贡献的人所进行的表彰，被称作“金环庆典”。在庆典中，IBM 公司的高层管理人员始终在场，并主持盛大、庄重的颁奖酒宴，然后放映由公司自己制作的表现那些做出了突出贡献的销售人员工作情况、家庭生活，乃至业余爱好的影片。在被邀请参加庆典的人中，不仅有股东代表、工人代表、社会名流，还有那些做出了突出贡献的销售人员的家属和亲友。整个庆典活动，自始至终都被录制成电视（或电影）片，然后被拿到 IBM 公司的每一个单位去放映。

IBM 公司每年一度的“金环庆典”活动，一方面是为了表彰有功人员，另一方面也是同企业职工联络感情，增进友情的一种手段。在这种庆典活动中，公司的主管同那些常年忙碌，难得一见的销售人员聚集在一起，彼此毫无拘束地谈天说地，在交流中，无形地加深了心灵的沟通，尤其是公司主管那些表示关心的语言，常常能使那些在第一线工作的销售人员“受宠若惊”。正是在这个过程中，销售人员更增强了对企业的亲密感和责任感。可见，更多地开展企业内部的公共关系活动，可以增强组织内部的感情联系，创造出良好的内部公共关系氛围。

联络感情、增进友情，除了可以举办像IBM公司这样的庆典活动之外，还可以采用诸如组织全体职工开展文体活动，利用各种有意义的事件（如厂庆日，新产品投产和新设施的剪彩等）和有意义的节目（如新年、元旦、国庆节、五一节以及职工的生日等）举办各种形式的工作聚餐会、周末、文化沙龙、知识竞赛以及其他联谊活动。

第一节 体育公共关系的内部公众

在现代运动会的申办和赛事组织中，公共关系的运用普遍存在，甚至“公共关系在体育组织中也许比在任何其他领域中都要重要”。以拥有世界上最成熟和完善的体育王国的美国为例，“美国四大联盟所属俱乐部中从事公共关系相关岗位的人员占总工作人员的15%左右”[1]。

内部公众是指组织内部的全体成员，包括领导、管理人员、员工和股东，与外部公众相比，具有相对的稳定性。内部公众主要指员工公众和股东公众。

一、体育组织的员工公众

员工公众具有以下主要特点：（1）联系密切。员工公众之间几乎每天都有接触的机会，除工作、生活的联系以外，还有千丝万缕的感情联系。员工公众密切联系，一是增加了组织的家庭气氛，二是加快了信息传播。（2）相互作用。员工公众相互作用表现为个体之间的相互作用和个体与组织之间的相互作用。员工公众与组织间的相互作用是经由群体实现的。因为员工公众中的每一个人都不是简单的个体，都有其群体归属感，而个人对组织的影响作用往往通过群体中的领袖人物反映出来。员工公众对组织的作用在于精神上的满足。（3）不同角色。员工公众并不都是一样的，他们各自扮演着不同的角色，大致分为支配者、建议者、协调者、评价者、跟

[1] [美] G. Clayton Stoldt，Stephen W. Dittmore & Scott E. Branvold. 体育公共关系：组织传播管理[M]. 易剑东，王晓禹，谢敏，等. 译. 沈阳：辽宁科学技术出版社，2008.

随者、设置障碍者等。

处理员工关系是公共关系活动中的日常工作之一，它直接影响到员工公众对组织的信任、组织的凝聚力以及社会组织给外部公众的印象和信誉。

热情周到地做好内部员工关系的工作，可以给外部公众留下一个良好的第一印象，为社会组织与公众进行信息沟通、情感交流和行为影响奠定良好基础。

相关案例 **“微软”的女秘书**

创业之初的微软公司没有正式的办公室，后来因为新人不断加入，盖茨才在亚帕克基市中心租了一套四个房间的办公室，里边还是空荡荡的，什么家具也没有。但是，为了接待即将来访的惠普公司人员，盖茨马上动员刚刚加入微软公司的几个新人，连夜去寻找办公设备。他则亲手安装终端设备，几天之后微软公司算是有了一间正规的办公室。

创业之初的微软公司基本上是一批精力充沛、敢闯敢干的年轻人。他们搞业务、搞推销都是一把好手，可是干起内务和管理方面的杂事，却没有人能有耐心。而当时的秘书是个年轻的女大学生，她除了自己份内的事情外，对任何事情都是一副不闻不问的样子。这样，盖茨就不得不经常分心去处理许多内务性的工作，影响了他在业务上的开发。这使得盖茨深深感到对公司这些粗粗拉拉、风风火火的年轻人来讲，应该有一位热心肠、把后勤工作都能揽下来的总管式的女秘书。于是，盖茨便要求总经理立即解雇现任秘书，并限时找到他要求的那种类型的女秘书。

一时间，盖茨对公司里年轻漂亮的女性好像都感到有些害怕，有时甚至躲得远远的。不久，总经理拿了一叠年轻女性的应聘材料给盖茨挑选。盖茨都很不满意。他要求女秘书干练、稳重，而不需要花瓶式的当摆设的年轻女性。“难道就没有比她们更合适的人选了？”盖茨很失望地责问总经理。总经理犹犹豫豫地拿出一份资料递到盖茨面前；“这位女士做过文秘、档案管理和会计员等不少后勤工作，只是她年纪太大，又有家庭拖累，恐怕……”没等总经理说完，盖茨已经迅速地看完了这份应聘材料。“只要她能胜任公司的各种杂务而不厌其烦就行。”就这样，42 岁的露宝上任了。

露宝有 4 个孩子，她出来应聘时并没有寄予太大的希望，只是在长年操持家务后她希望重新走向社会，重新寻找自我价值。当她被微软公司录用时，她甚至觉得有些不可思议。因为一般的公司都喜欢请年轻漂亮、身材苗条的女性，而自己这么大的年龄居然得以录用，真是有些奇怪。带着这样的疑虑，露宝开始了在微软公司的工作。

上班没几天，露宝坐在自己的位置上，看到一个大男孩子直闯到董事长办公室，经过她面前只是“嗨!”地打声招呼，像孩子对母亲似的自然，然后就摆弄起办公室的电脑。因为先前总经理特别提醒她，严禁任何人进入盖茨的办公室操作电脑，于是她立即通知总经理说有个小孩闯进了盖茨的办公室。谁知她却被告之，这个“小孩”就是公司的董事长，只有21岁。这让露宝陷入了沉思，一个给人如此稚嫩印象的董事长办实业，遇到的困难肯定不少。她下意识地感到，作为一个成熟女性在这个娃娃公司里承担的责任和义务是多么重要。

露宝发现微软公司不同于其他公司，尤其是盖茨，行为颇异于常人。他们通常是中午到公司上班，一直工作到深夜，每周7天。假如偶然要在第二天早上会客，他们就在办公室睡到天亮。这样，关心盖茨在办公室的饮食起居，成了露宝日常工作的一项内容，这使得盖茨感到了一种母性的关怀与温暖，减少了远离家庭而带来的种种不适。盖茨也像对母亲一样对待这位雇员，没想要再聘用他人。

为扩大市场，盖茨经常到外地出差。尽管微软公司所在地离机场只有几分钟的车程，但为了使工作尽可能满负荷，他往往在办公室处理事情到最后时刻才开车飞速前往机场。沿途经常超车，甚至闯红灯也时有发生。每次他都是急急忙忙把轿车驶进停车场放好后，打电话让露宝到机场取回。因为超速驾驶，盖茨也收到不少法庭的传票。等他进入机场，跑到飞机下边的时候，经常是地勤人员已经开始收拾登机扶梯了。面对这样的事情，露宝不免为盖茨担心，请求盖茨提前15分钟去机场。每逢盖茨要出差，她便亲自督促，盖茨对露宝的执着与认真表示无奈，也只能服从。

由于盖茨非常年轻，所以在会见陌生的客户时，常使人感到怀疑。他们伺机打电话到微软公司核实，以便确认与他们谈判的是否是真正的董事长。遇至这样的情况，露宝总是和蔼可亲地回答：“请您留意，他是一个长一头金发，戴眼镜的男孩子，如果见到这样的形象，准没错，自古英雄出少年嘛。”露宝的话化解对方心头的疑虑，使得盖茨的谈判得以顺利进行。

露宝不仅对董事长如此关心和细致，她对公司的每个员工、对公司的工作都有一份很深的感情，把微软公司看成一个大家庭。她成了微软公司的后勤总管，负责发放工资、记账、接订单、采购、打印文件等等，甚至包括办公室的清洁工作。有一次，一位软件工程师突然从办公室里嚷着冲出来，板起脸孔看着露宝，质问她有没有把他的程序扔掉。这令露宝大惑不解。经过露宝仔细询问才知道，是清洁工把这位软件工程师放在电脑旁、写在废纸上的一叠程序当作垃圾扔了。看着这位工程师痛苦的样子，露宝对他充满了同情。自从这件事后，露宝订了制度，在微软公司的办公室里，清洁工只能清除垃圾桶里的东西，其他地方的东西一律不准移动。可是问题又来了，程序师把喝完的饮料罐随手放在电脑桌上，清洁工也不敢去碰。没有多久，办公室里的空罐就堆积如山。露宝不得不向清洁工解释，哪些东西是有用的，不能碰，哪些东西是垃圾，应该清除。

就这样露宝成了公司的灵魂，给公司带来了凝聚力，盖茨和其他员工都对露宝有很强的依赖心理。当微软公司决定迁往西雅图，而露宝因为丈夫有自己的事业不能走时，盖茨对她依依不舍，留恋不已。公司的高层领导联名写了一封推荐信，信中给予露宝的工作能力高度评价，使露宝凭着这封推荐信，可以轻而易举地找到新工作。临别时，盖茨动情地对露宝说："微软公司留着位置，随时欢迎你。你快点来吧。"

3 年后的一个寒夜，当盖茨在浓雾笼罩下的西雅图的办公室里为找不到得力的人手而发愁时，一个熟悉的嗓音伴着一个熟悉的身影来到盖茨面前。露宝终于动员丈夫举家迁到了西雅图。她对朋友说："一旦你和盖茨共事过，很难长久地离开他。他精力充沛，平易近人，你可以无忧无虑，很开心。"

正因为盖茨从露宝那里得到了信赖，露宝从盖茨那里得到了尊重，两人相辅相成、默契配合，才促进了微软公司的高速发展。

——改编自《王者之风：亿万富豪的脾气性格》，《钱江晚报》

二、体育组织的股东公众关系

股东公众是组织的投资者，是以集资和认股的形式向组织提供资金以求获取利润的个人或团体。股东是股份公司股票的持有者，他们是组织的投资者，依法享有一定的权利和义务。我国最早的体育上市国内公司仅有“中体产业”和“北方五环”两家，截止2002年底又发展了3家：“西藏圣地”“海南环岛”及“黑龙集团”。这5家体育公司分布在我国东南西北中，目的是充分开发和利用我国的自然资源，发展体育旅游产业[1]。良好的股东关系可以为组织赢得更多的投资者，保持公司股价的稳定和上升，还可以通过广大股东的“口碑”作用，扩大组织的知名度和信誉度，在更大范围树立良好的组织形象。

在股份制组织里，董事会是公司的常设权力机构和最高决策机构。公司总经理是由董事会任命的，全权负责组织的生产经营。总经理掌握除战略决策以外的经营权。董事关系是股份公司与公司董事会之间的关系，它是股东关系的重要组成部分。

（一）持有不等股份的股东

他们人数众多，是组织的真正所有者，是组织各种权力之源、资金之源。股东也是真正与组织同甘共苦的公众，他们关心组织的经营状况，希望组织兴旺发达；一旦组织经营不善，他们受到冲击也最大。

（二）董事会

董事会成员一般是占有较多股份的个人、组织或社会名流，他们通常是由股东大会选举产生，并代表股东行使对组织的管理权。

（三）金融舆论专家

这些公众影响很大，以他们的观点、评论、意见影响甚至左右股东们的行为。

建立良好股东关系的目的是为了稳定已有的股东队伍，获得股东的信任与支持，创造出有利的投资环境和融洽气氛，争取新的投资者。组织应该按照相关法律的要

[1] 刘德佩，石岩. 体育公共关系［M］. 北京：高等教育出版社，2005：61.

求，最大限度保护股东权益，通过及时召开股东大会、发布组织年报、加强与股东沟通，听取股东意见和建议等方式，鼓励股东关心组织事务，全面了解组织情况，提高组织及领导在股东心目中的地位和威望，为组织发展奠定良好的内部公众基础。

第二节 体育公共关系的外部公众

如果说公共关系是一种传播活动，公共关系过程是一个传播过程，公共关系是传播学的一个重要应用领域，那么，体育公共关系则是一个既有公共关系传播共性，又有体育公共关系传播个性的应用领域。

一、消费者公众关系

随着市场经济的发展，对大多数现代组织来讲，消费者关系都是组织市场经营的生命线，其重要意义比过去任何时候都显得更为突出。因此，消费者公众是组织组织公共关系对象中利益关系最直接、明显的外部公众。

（一）消费者公众关系的概述

消费者公众也称顾客公众或用户公众，是指购买与使用本组织提供的产品或服务的个人、团体或组织。消费者公众是组织经营活动中最重要的公众之一。组织与顾客之间存在着相互依存的关系，组织为顾客提供所需的物质产品、精神产品或服务，而组织的生存和发展离不开顾客的信赖和支持，良好的顾客关系是组织发展的“原动力”。

（二）处理好消费者公众关系的关键

1. 为组织营造一个良好而和谐的消费环境

在影响顾客消费选择和消费行为的市场传播过程中，公共关系日益成为企业青睐的市场传播手段，用多元化的传播沟通方式去疏通渠道、理顺关系、消除障碍、联络感情、吸引公众、争取人心，为产品的销售营造一个良好的气氛和和谐的环境，必然会给企业带来直接的利益。

2. 树立组织正确的经营观念和行为

一个企业组织应该把顾客的利益和需求摆在首要位置。企业的所有政策和行为必须以顾客的利益和需求为基础。只有获得顾客的信任与好感，企业才可能较好地获得自己的利润。可见，正确的经营观念和行为必然表现为良好的顾客公共关系。

3. 打造顾客持久度

顾客持久度是在顾客中培养长期忠诚度的过程，提高 5% 的顾客持久度能够提升 25% ~95% 的利润。这是由一系列因素导致的，首要原因就是与顾客建立了关系就更有可能使他们再购买。（1）根据顾客的价值和需求为公司建立顾客分类：这个过程要求有一个准确跟踪每个顾客的购买行为及其对公司的终身价值的数据管理系统。（2）启动顾客关系管理项目（CRM）：该项目将会发送促销品或服务，进行忠诚回报以及建立个人关系来维持顾客。（3）跟踪你的顾客的反馈：这有助于你向着更加针对顾客需求的方向精简以后的促销活动，从而维持他们的忠诚度，增加利润。（4）使用多种渠道提高顾客持久度：通过多种渠道接触公司的顾客比只有单渠道的顾客显示出更大的忠诚度。这意味着要通过直邮、电子邮件、网络和电话等多种渠道来与顾客联系。

二、政府公众关系

（一）政府公众关系概述

社会组织是社会整体运行的一部分，当然免不了要与政府发生关系，所以政府公众关系是任何社会组织都无法避免的一种公众关系。良好的政府公众关系对社会组织的发展将产生一定的影响，有时甚至会决定商业投资的成败与否。

（二）处理好政府公众关系的秘诀

在进行体育公关活动的过程中，组织应该如何与政府建立良好的关系呢？

1. 积极赞助体育赛事或体育健儿

大型企业往往都不惜花重金成为政府举办的大型比赛的合作伙伴，以此建立良好的政府公众关系，特别是外资企业借此开拓中国市场。如可口可乐，1990 年中国首次承办亚运会，可口可乐成为首批在中央电视台播广告的外企。其分布各比赛场馆的免费品尝活动，伴随着亚运赛事的报道走进千家万户。随后，可口可乐对中国体育赛事的关注更加密切。2001 年由于积极支持中国的申奥活动，可口可乐成为北京奥运会中国境内被授权可以使用五环标志的 10 家企业之一。可口可乐对中国运动员、运动队的赞助也不遗余力……通过一系列体育赞助，可口可乐建立起了良好的政府关系，表现了自己的核心价值，使其在中国的路越走越顺[1]。

2. 热心政府为民办事的公益事业

瞄准政府为民办实事的公益事业，也是与政府建立良好公共关系的机会，而且能获得很大的社会效益。麦当劳在 2000 年所做的“麦当劳圆筒献爱心”活动，就是在当时中国提出的西部大开发战略正在受到全社会的普遍关注，西部的发展成为热点话题的大背景下提出的，所以捐助的方向首先确定为中国西部贫困地区的 100 所希望小学。然而新世纪，希望工程开始转移战略重点，即从扶贫救困转向希望小学的后续发展，根据麦当劳全球奥运合作伙伴的特点以及当时预计的可能筹款 100 万元的金额，最终此次活动决定将向 100 所希望小学各捐助价值 10 000 元的体育器材。这不仅为中国体育事业的普及和发展做出了贡献，而且体现了作为全球的奥运合作伙伴，麦当劳愿与中国共同发扬和传播奥运精神。由于这次活动为政府所想，故也为自己树立了良好的组织形象。

三、媒介公众关系

（一）媒介关系的含义

媒介关系，又称媒体关系，是组织机构与报纸、电视、电台、杂志等大众传播媒介的关系，主要是与新闻界的关系。良好的媒介关系可以把组织机构需要输出的信息最大限度地传播出去，同时，又从媒介方面获取组织需要的信息。

媒介关系是公共关系工作对象中最敏感、最重要的一部分，也是一种传播性质最强、公共关系操作意义最大的关系。

（二）媒介关系的重要性

建立良好的媒介关系有着重要的意义，主要表现在两个方面：（1）良好的媒介

[1] 肖焕禹. 体育传播学［M］. 北京：人民体育出版社，2011：313.

关系能够为组织带来良好的舆论环境。新闻媒介报道的热点，往往成为公众的舆论话题，直接影响着公众的舆论。因此，社会组织公共关系的一项重要的任务就是努力建立一个良好的媒介关系。(2) 建立良好的媒介关系是为了更好地运用大众传播手段，与公众建立一个良好的沟通渠道。组织的信息能否被大众媒介所报道，以及报道的时机、频率、角度等，决定权不在组织的公共关系机构，而在专业的传播界人士如记者、总编那里。因此，与新闻界人士建立广泛良好的关系，是成功利用大众传播媒介争取新闻界对本组织的了解、理解和支持的最佳途径。

（三）建立良好体育媒介关系的关键

在进行体育公关活动的过程中，组织该如何与媒介建立起良好的关系呢?

首先，要确认对本组织有影响的媒体及媒体人员，在组织活动中服务好他们。体育公关人员经常打交道的有新闻记者、专栏作家和电视节目主持人等，于是很多媒体人员参与组织的活动来获得用于报道该组织的第一手资料，同时组织也要尽可能为媒体人员安排好新闻采访的证件、席位、先进设备及舒适的工作空间。

其次，组织需要制定一套高水准的媒体策略（media strategy）才能博得媒体关注。高水平的媒体策略，包括确定组织新闻发言人和形象代言人，开诚布公地与媒体人员保持持续、友好的交往，并和媒体人员共同确定采访的最佳时机。

最后，将媒体良性曝光尽量最大化是媒体策略的关键。这就需要体育公关人员主动与媒体人员沟通，使公关活动具有一定的独特性，并进行一定的包装和定位。[1] 良好的媒体关系形成了一定的社会舆论影响，品牌赛事的示范作用也实现了媒体曝光的最大化。

四、社区公众关系

（一）社区公众关系概述

社区是一个社会学的概念，是指由共同生活于一定区域的人们因利益关系紧密而构成的一种社会集体。具体地说，居住于一定区域、具有共同联系并彼此交往的

〔1〕 肖焕禹. 体育传播学［M］. 北京：人民体育出版社，2011：311.

人们，就构成了一个社区。社区公众是指组织所在地的区域关系对象，包括当地的管理部门、地方团体组织、左邻右舍的居民百姓。社区关系亦称区域关系、地方关系、睦邻关系。社区是一个组织赖以生存和发展的基本环境，是组织的根基。

社区关系直接影响着组织的生存环境。社区如同组织扎根的土壤，没有良好的社区关系，组织就会失去立足之地。地方性组织的活动直接受社区的制约，需要依靠本地的资源来发展自己，因此社区关系便直接影响着组织其他各方面的关系，如员工家属关系、本地劳动就业关系、本地顾客关系、地方媒介关系、地方政府关系等。社区关系还直接影响着组织的公众形象。社区公众涉及当地社会政治、经济、文化、教育等各个方面和阶层，类型繁多，涉及面广，对组织客观上存在着各种不同的要求和评价。

（二）处理好社区公众关系的方法

1. 树立公民意识

从社区公众的角度来看，不论组织的性质、规模等方面如何，但有一点是共同的，那就是每个组织都是社区的一员。因此，组织应自觉遵守社区的各种规定，服从社区公约、行为规范，承担为社区应尽的各种义务。

2. 为社区体育建设尽职尽责

组织在社区，还需要为社区体育建设尽职尽责，充分利用自己的技术、资金、人才、设备等方面的优势，积极支持社区体育的全面发展和建设，多为社区提供无偿的服务，如更新社区的全民健身器材、举办一些利于健康的体育活动、资助建设社区的健身场所等。

3. 维护社区的生态环境

随着全球对环境危机的日益关切以及政府对环境的重视，生态环境问题已成为当前组织所面临的一项重大问题。组织应当树立公众利益优先的思想，在生产经营过程中应树立环保的新形象。为此，组织应花大力气改革传统的工艺流程，减少各种污染，包括水污染、空气污染、恶臭、噪音等，并积极参加绿化工程，开发绿色（环保）产品，适应绿色消费，通过各种活动来保护环境。

4. 开展健康讲座或活动

定期在社区开展健康知识讲座，灌输给社区公众健康的生活方式，让社区公众感受到企业对他们的关心。2003 年，继“非典”之后海尔推出了旨在播撒“健康生活方式”种子的公益活动——活力中国风，海尔健康行。这次活动以海尔健康操大赛为主体，从 7 月 17 日开始，海尔通过 42 个工贸公司，海尔人在全国各中大城市深入社区，开展了为期近两个月的健康操的推广活动。作为活动的“套餐”，海尔还在活动期间广泛宣传健康生活知识、家电产品使用常识等“健康生活方式”，并向购买海尔健康家电产品的消费者赠送“希望花种”大礼包，包括花卉种子、小花盆、栽花小铲子、健康光盘和健康手册等。这一活动深得人心，海尔在社区公众心目中的形象更好了。

五、球迷公众关系

（一）球迷公众关系概述

这是体育公共关系所独有的公众关系。水能载舟也能覆舟，没有球迷的支持，球队的运动成绩好，但并不一定受欢迎。据 ESPN 中文网，国际足球历史和统计联合会（IFFHS）公布了 2010 年新一期全球俱乐部排行榜。上期“三冠王”国际米兰和西甲豪门巴萨同积 297 分并列榜首，拜仁 257 分排名第 3，不莱梅、切尔西和罗马并列第 4，马竞排名第 7，里昂排名第 8，上赛季获得欧联杯亚军的富勒姆排在第 9，曼联位列第 10。其他豪门，阿森纳排第 11，皇马排第 20，利物浦排第 26，尤文图斯和 AC 米兰则分别排在第 41 和第 52 名。

非体育组织，若充分利用好球迷公众关系，也会有无限商机。2004 年亚洲杯前夕，作为亚洲杯的官方赞助商，爱普生公司就抓住 7 月 17 日亚洲杯首次在中国举行这个契机，在工人体育场北门入口专门搭设展台，在中国队比赛期间为球迷免费提供数码摄影及现场照片打印服务，并向球迷赠送小喇叭、扇子、亚洲杯珍藏 T 恤等小礼物。一系列针对球迷的公关活动，为爱普生公司赚足了人气。

（二）处理好球迷公众关系的秘诀

在进行体育公关活动的过程中，组织又该如何与球迷建立良好的关系呢？

1. 诚恳对待球迷

球迷的力量是巨大的，对球迷态度要诚恳。2006 年 2 月由云南省《生活新报》

举办的“免费送云南人去德国看世界杯”活动，原定幸运儿为最终获胜6人，但最终只有其中2位选手成行，其余人因为主办方的操办失误没能实现梦想。经过多次与报社协商都未能和解，报社提出每人5 000元作为赔偿，而球迷参加活动的初衷是为了能亲身去感受世界杯的激情和完成作为一名球迷的最大梦想，并且报社方在没能6人成行的情况下，依然将6人获胜那天的照片用电脑更换了背景之后刊登了出来，未能如愿去德国看世界杯的球迷忍无可忍，将《生活新报》告上法庭。可见，不要欺骗球迷，否则后果将不堪设想。

2. 积极举办球迷互动活动

2002年11月12日，ATP大师杯总决赛在北京开打。为满足球迷在观看大师精彩表演后能模仿一下大师动作的愿望，浦东网球中心和著名体育商务网站第一运动网联手为大师赛的球迷举办了一场“ATP球迷大聚会”活动。活动由中聚文化体育发展公司全程推广，在上海最新的拥有10片室内网球场的浦东网球中心进行。通过这次球迷互动活动，浦东网球中心和第一运动网都拉近了与球迷之间的距离，可谓一举两得。

案例研究

麦当劳圆筒献爱心

——麦当劳体育公益企业形象案例

一、项目背景

当世界的目光投向2000年悉尼奥运会，麦当劳公司作为全球奥运合作伙伴，则在中国为了推动西部贫困地区儿童体育事业的发展与中国青少年发展基金会推出了一项大型公益活动——“麦当劳圆筒献爱心”。在奥运期间，麦当劳中国发展公司推出“中国赢，我们赢”的产品促销活动。普利思公关接受麦当劳中国发展公司的委托，全面负责这一公益活动的策划以及在全国的宣传与推广活动。

二、项目调查

普利思公关为了这一体育公益活动的设计与策划首先进行了广泛而细致地调查。根据多方的比较与协商，普利思公关首先决定合作的公益机构为中国青少年发展基金会，捐助其组织的希望工程，以具有相当的新闻价值与切实的社会意义。

确定了合作伙伴，普利思公关开始与中国青少年发展基金会协商决定捐助的内容与方向。截止2000年3月，希望工程已募集资金累计逾18亿元人民币，为贫困地区援建了8 000多所“希望小学”。因此在新世纪的开始，希望工程开始转移战略重点，即从扶贫救困转向希望小学的后续发展。根据麦当劳全球奥运合作伙伴的特点以及当时预计的可能筹款100万元的金额，普利思公关决定此次将向100所希望小学各捐助价值10 000元的体育器材。这不仅将是希望工程接受的首次大规模的体育设施方面的捐助，而且对于号召全社会关心希望小学的后续发展具有重要的意义。由于当时中国提出的西部大开发战略正在受到全社会的普遍关注，西部的发展成为热点话题，因此最终捐助的方向确定为中国西部贫困地区的100所希望小学。

三、项目策划

1. 公益活动主题：麦当劳圆筒献爱心。

2. 公益活动方式。

从2000年9月1日到2000年9月30日，麦当劳从售出的每只圆筒冰淇淋销售额中捐出2角钱，为中国西部贫困地区100所以上希望小学购置体育设施，每所希望小学将获得价值10 000元的体育设施，包括篮球架、乒乓球台和球拍、单双杠、足球、篮球和排球以及跳绳、象棋、军棋等。

3. 公关宣传目标：塑造麦当劳支持奥运、关心中国体育发展的公益形象。

4. 公关目标群体：社会大众和国内媒体。

5. 传达关键信息。

麦当劳是全球奥运合作伙伴，在全球范围内积极支持奥林匹克运动。

麦当劳非常关心中国西部青少年体育的发展。

麦当劳的宗旨是“取之于社会，用之于社会”。

6. 公关宣传策略。

前期通过平面媒体的新闻宣传进行铺垫和预热。

在9月活动期间，在北京、上海、广州3个主要大城市举行记者招待会，吸引当地主要媒体的宣传报道和广大消费者的关注。

第一批捐赠器材运抵希望小学时，派摄影师及摄像师现场拍摄，为此后捐赠仪式的新闻宣传提供丰富的素材。

筹款结束后，举行大型捐赠仪式，邀请有关领导、受捐赠的师生代表及在京的全部主要媒体参加，进一步深化其社会意义及影响以提升麦当劳的公益形象。

四、项目实施

麦当劳圆筒献爱心活动从2000年2月开始积极筹划，工作成员包括麦当劳中国发展公司市场部、普利思公关和中国青少年发展基金会。普利思公关在这一项目中负责公益活动的整体策划与协调、公关宣传活动的策划、组织与实施。

1. 前期工作投入

组织捐赠器材。

精心选定拟捐赠的体育器材清单，以保证器材的优质、易用和安全。

落实捐助对象。

选编麦当劳圆筒献爱心希望小学体育运动手册。

针对希望小学体育教材严重缺乏的情况，普利思公关特意选编了麦当劳圆筒献爱心希望小学体育运动手册，以图文并茂的形式介绍了捐赠器材的使用方法及安全注意事项，寄发给各个受助学校。

设计制作宣传海报及捐款箱。

前期新闻资料发放。

2000年8月底，向国内主要媒体发新闻稿介绍即将开始的麦当劳圆筒献爱心活动。

2. 活动中期

广州/上海/北京记者招待会。

普利思公关分别于9月7日、9月14日和9月21日在广州、上海和北京邀请当地的主要媒体举行记者招待会，中国著名的女子举重运动员邢芬、世界跳高冠军朱建华先生、国内足坛前辈年维泗先生分别出席了三地的记者招待会，他们不仅致辞，同时纷纷慷慨解囊，以现场团购圆筒冰淇淋及捐款的方式表达他们对活动的支持。

拍摄照片以及纪录片。

以拍摄希望工程系列照片蜚声海内外的摄影师解海龙，记录下一幕幕动人场面，同时摄像师拍摄并制作一部7分钟的纪录片，记录这些受助小学的孩子的欢欣雀跃。根据麦当劳著名广告语“更多选择，更多欢笑”，这部纪录片被命名为“共同的欢笑”。

邀请师生代表来京。

捐赠仪式。

10月20日，捐赠仪式在庄严的人民大会堂香港厅举行。本仪式邀请了50家在京平面媒体、7家电视媒体、新华社中新社及2家网站参加，同时邀请了全国人大常委会副委员长程思远、共青团中央书记处书记赵勇等出席，传达政府对该活动的支持。

3. 活动后期

安排另外15套体育器材的捐助。

跟踪媒体发布情况。

撰写总结报告。

五、项目评估

此次麦当劳圆筒献爱心宣传活动的反响相当强烈，不仅筹款超过预计目标，达到115万元，公关宣传方面也是成效显著。截止2000年11月15日止，公关宣传方面共获得平面媒体报道132篇，电视媒体报道15条。新华社与中新社均在10月20日仪式当天发布了图片以及文字新闻，北京教育报更是为此刊发了正版新闻及活动介绍。直至2000年12月，中国青少年发展基金会仍不断传来大量来自受助小学的感谢信，不论学校还是当地政府，都对此项活动表示了高度赞扬。

（资料来源：郭惠民《中国优秀公关案例选评（之五）》，复旦大学出版社2003年版）

案例思考题：

1. 分析该体育公关活动包含哪些公众关系？
2. 麦当劳本次体育公益活动的组织实施有哪些特点？
3. 请对其公关实施情况进行评估。

第四章　体育公共关系的不同类型

本章要点

- 体育组织的分类
- 行政管理型体育组织公共关系的形式
- 经营管理型体育组织公共关系的形式
- 公益服务型体育组织公共关系的形式
- 体育公共关系的传播模式

中国电信成大运会全球合作伙伴

截至目前，深圳第26届世界大运会已与11家企业签订了合作协议，其中包括4家全球合作伙伴、4家赞助商、2家独家供应商和1家供应商。

刘玉浦在会见中代表深圳市委、市政府，对中国电信签约深圳世界大运会表示欢迎。他说，中国电信集团公司是我国特大型国有通信企业，连续多年入选“世界500强”，大运会执行局能够与这样优秀的企业合作，既有利于保证大运会的成功举办，同时也为2011年世界大运会增添光彩。

许宗衡在签约仪式上说，第26届世界大学生夏季运动会是深圳承办的第一个国际性、综合性体育赛事，对深圳未来的发展具有十分重要的意义。中国电信集团公司正式签约成为深圳大运会的全球合作伙伴，标志着大运会市场开发再上新的台阶，也意味着中国电信与深圳的合作进入了一个新的阶段。

王晓初表示，举世瞩目的第26届世界大学生夏季运动会将在深圳举行，这是世界各国年轻人释放激情、传递友谊的国际盛会，是对深圳改革开放30年成果的集中检阅，将进一步提升深圳的城市形象和国际影响力。投身大运会通信全业务服务、支持深圳信息化建设，是中国电信责无旁贷的社会责任。中国电信将助力“数字深圳”建设，助力推进《珠江三角洲地区改革发展规划纲要》和《深圳市综合配套改革总体方案》的实施，为深圳新一轮跨越式科学发展做出贡献。

——改编自《中国电信成大运会全球合作伙伴》，2009年6月4日，新浪网

第一节　行政管理型体育组织的公共关系实践

体育组织大致可分为行政管理型体育组织、经营管理型体育组织和公益服务型体育组织。各类体育组织由于其性质不同、目标不同，对象也不同。因此，在开展公共关系工作时，应根据自己的特性，确定公共关系的内容，采取不同的方式方法。

一、行政管理型体育组织公共关系活动的原则

（一）行政管理型体育组织的定义

行政管理型体育组织主要指政府体育行政机构，它们维系着体育整体的协调稳定，在各类体育组织群众中处于较为特殊的位置。

这类体育组织由于其特有的权威性，容易忽视自己的组织形象，其公共关系意识也较为薄弱。因此随着管理体制的深化改革，我国体育行政管理部门在实施“全民健身计划”“奥运争光计划”的过程中，应加强公共关系管理环节的工作，努力树立自己的良好公仆形象。

除权威性，行政管理型体育组织公共关系活动的特点还有服务性和公正性。行政管理型体育组织是各类体育公众共同利益的保护者和代言者，特别是我国的各类行政管理型体育组织，需要把人民服务放在首位，所开展的体育活动应注重追求社会效益，而不把赢利作为自己追求的首要目标。作为不同利益追求的社会团体、公众的协调人，因而必须超然于各类社会公众与团体组织之上，建立一个公正廉洁的社会形象。

（二）行政管理型体育组织公共关系活动的原则

同经营管理型体育组织和公益服务型体育组织相比较，行政管理型体育组织的公共关系活动有着自身的原则：（1）诚信原则：由于行政管理型体育组织执行着全体体育公众所赋予的管理权力，因而其政策、行为，向社会和体育公众发布的信息，向社会和体育组织的许诺，一定要兑现；（2）公开透明的原则：行政管理型体育组

织进行公共关系活动时，要自觉把自己置于体育公众和社会舆论的监督之下，有义务采取公开透明的方式，与各类群体和组织保持畅通的信息联系，满足体育公众的知情权；（3）平等原则：行政管理型体育组织作为体育管理的组织机构，所以要注意克服“唯我独尊”“居高临下”的特权思想，在对内对外的公共关系工作中，与广大体育公众保持平等地位，以达到政令通畅、民众拥护的目的。

二、行政管理型体育组织公共关系活动的主要形式

行政管理型体育组织作为体育管理的组织机构，由于其特定地位决定了它所开展的公共关系活动不同于其他体育组织，主要形式有新闻发布和建立沟通机制两种。

（一）新闻发布

通过定期性的新闻发布制度和紧急情况下的信息公开制度，由各行政管理型体育组织的新闻办公室、新闻发言人向大众传播媒介发布各类信息，而新闻发布会、记者招待会、专访报道则是主要的信息发布形式。

（二）建立沟通机制

协助建立稳定的双向沟通渠道与机制，通过双向沟通，达到倾听民众呼声、了解公众舆论、咨询体育政策以更好服务体育公众的目的，其公共关系活动的主要方法有公开办事制度与程序、开设热线电话、建立举报监督电话、现场办公制度、专家咨询等，以期在体育公众心目中建立一个公开、诚信、高效、廉洁、服务的社会形象。

第二节　经营管理型体育组织的公共关系实践

一、经营管理型体育组织公共关系工作的作用

（一）经营管理型体育组织的定义

经营管理型体育组织又称为体育产业组织或者体育企业，是指通过向特定的体

育公众提供经营与服务而合理获取利润的体育组织。经营管理型体育组织，按照简单的分类法可划分为健身娱乐业、竞赛表演业、体育中介业、体育用品业、体育彩票业等几大类。可以说，凡是以市场机制为基础，向消费者提供体育劳务和服务产品，以追求利润为目标的体育组织机构都属于经营管理型体育组织，即体育企业组织。

（二）经营管理型体育组织公共关系工作的作用

首先，公共关系能帮助经营管理型体育组织获得一个突出的公众形象。公关工作的直接目标在于获得公众的好感和称赞，即提高组织的知名度、美誉度，使自身在公众中树立良好的形象。而体育公关，名利双收。“健力宝”饮料公司就是通过体育公关，即积极赞助体育事业而名声大振。该公司的第一项主要赞助，是为参加1984年奥运会中国体育代表团提供专用饮料，而在这届奥运会上，中国队一举夺得15枚金牌，实现了零的突破。中国运动健儿的成绩受到普遍赞誉，而伴随运动健儿走向世界的“健力宝”饮料，则被记者们称为“中国人的胜利奥秘”“中国魔水”，一夜之间，家喻户晓。之后，“健力宝”公司继续实行“体育公关”的策略，如为中国女排等运动队提供常年训练饮料和部分经费，为亚运会和全运会提供赞助饮料等，这一系列公关活动，在公众中树立起良好的企业形象。

其次，公共关系能帮助经营管理型体育组织创造一个和谐且“双赢”的环境。经营服务类体育组织包括各种体育健身休闲俱乐部、职业体育俱乐部、体育旅游服务公司、体育中介、咨询服务公司等及与该类体育组织关联度极高的社会组织。随着我国经济的发展，这一类体育组织在我国有巨大的发展潜力，通过体育公关更好地找到组织与各类公众间共同利益的结合点，从而创造一个和谐的社会环境。而且上述体育组织的首要问题是经营，而体育公关在组织中最重要的任务，就是与体育投资者和体育消费者建立良好的关系，以促使经营效益的提高，并形成体育企业与公众相互支持、相互信赖、共同合作、共同发展的“双赢”战略关系。

二、经营管理型体育组织公共关系工作的形式

经营管理型体育组织公共关系的工作形式与其所针对的对象公众有紧密的联系。针对不同的外部公众的公共关系，常采取不同的公关方式，有顾客公关、社区公关、

政府公关和新闻媒体公关。

（一）顾客公关

体育企业组织经常通过新闻发布会、刊登或播发广告、召开座谈会、展览会、公共关系调查等方式和渠道来完成组织的顾客公共关系任务。

（二）社区公关

社区公共关系工作的方式主要是经常参与社区共建活动，从而为社区发展提供帮助，如定期邀请社区公众参观本组织，向社区消费者提供本组织优惠的产品和服务，举办各种公益性活动，通过多种人际化的个体和群体公共关系传播活动建设良好的共生关系。

（三）政府公关

经营管理型体育组织对政府公共关系工作的手段和方式有各类公共关系类的会议，与政府官员一起共同举办社交联谊活动，各类请示与汇报的公共关系文件等。

（四）新闻媒体公关

新闻媒体公共关系工作主要包括及时向各新闻媒体提供与本组织有关的富有新闻价值的信息、举行各种新闻发布会、安排记者参观本组织的生产经营场所、安排记者完成对组织领导者的专访活动、邀请记者采访与报道组织所策划的社会公益活动、配合新闻媒体完成有关本组织的新闻采写活动、在新闻媒体刊登或播放各类公关广告等各种与新闻媒体宣传活动的合作。

火炬传递是历届大型综合性运动会不可或缺的重要组成部分，也是大型综合性运动会的一个亮点，是一项具有广泛群众性和深远影响的重要活动，可谓万众瞩目。十运会火炬传递活动，是集全社会力量办好十运会火炬传递活动的重要体现，更是宣传十运会、扩大十运会影响的客观需要，让全社会更加广泛地关注十运、支持十运、参与十运。下面对华帝 2005 年“十运火炬”事件营销的整个策划事件进行全面回顾[1]，来探究寻求赞助、签约合作伙伴和新闻媒体公关在华帝“十运火炬”这个体育公关活动中的应用。

相关案例　　**十运会签约华帝　点燃十运火炬**

继独家研制并捐赠九运会火炬后，2004 年 11 月，华帝股份（以下均简称为“华帝”）凭借雄厚的企业综合实力，在强手如林的十运火炬竞标中脱颖而出，承担了十运会火炬接力活动所需的火炬、火种盒、点火器等器材的研发和生产任务，并以火炬等产品折合人民币 192.3 万元捐赠十运会筹委会，华帝股份获得十运会特殊标志使用权，成为十运会合作伙伴。

首先，恰当的全国性新闻发布会是整个事件传播的主轴，即一个声音。2005 年 6 月 23 日，华帝股份在南京召开“独家研制及捐赠十运火炬、火种盒新闻发布会”，在会上，华帝向十运组委会倾情捐赠其独家研制的火炬器材，包括价值 200 万元人民币的高科技火炬、火种盒与采火器等火炬器材。

随着神秘的华帝十运火炬揭开面纱，发布的新闻稿重点传播了华帝低氮燃烧、计算机仿真技术、智能控制、防熄火保护等行业高端企业技术，借此塑造自身品牌形象、树立企业文化，在企业与消费者之间建立情感关系，赢得更广泛地支持。8 月 16 日，国内厨卫业巨头——华帝在北京召开了十运火炬纪念版珍藏版上市新闻发布会。在发布会上，华帝隆重推出零售标价达 10 000 元的十运火炬珍藏版纪念灶。相比市场上其他品牌的灶具产品的价格，华帝此番推出的“珍藏版纪念灶”可谓是“天价灶具”。此灶一出，立即在厨卫行业内部以及媒体中间引起了极大地轰动。2005 年 8 月 17 日，十运会江苏体育代表团合作伙伴（华帝）新闻发布会暨金火炬捐赠仪式在南京举行。华帝股份此次除了赞助江苏体育代表团 60 万元外，还精细打造了 24K 纯金火炬 100 枚用于奖励江苏代表团在十运会上获得金牌的选手。

〔1〕 解密华帝“十运火炬”整合营销传播案例. 中国公共关系网 [EB/OL]. [2007－7－27]. http://www.17pr.com/viewnews－10590.html.

随着人们对十运会的广泛关注，华帝“十运火炬”由华帝独家成功研制到火炬的捐献、到火种的采集、到火炬接力，贯穿科普新闻、体育新闻、经济新闻等三条新闻路线，通过频繁的新闻发布会，不断制造新闻亮点，发布不同类型的新闻，满足了媒介对十运的宣传需求，同时，华帝也达到了宣传企业形象的目的，可谓实现了共赢。

其次，利用科学合理的媒介展开全方位传播。华帝此次的传播媒介覆盖互联网、平面媒体、销售终端、广播电视、户外公交等可利用的媒介，根据各类媒介的特点，实施不同的传播计划。网络方面，围绕十运有奖竞猜专题，华帝在新浪网、中华网、搜狐网等门户，发布“华帝创意科技，点燃十运火炬”的广告信息。在与新浪网的合作中，主要采取了以下合作方式：硬广告和新浪十运会专题赞助合作。参加“华帝十运会有奖竞猜”的网民，就有机会获得由华帝股份送出的丰富奖品。投放频道均是新浪网的强势频道，如新浪首页、新闻中心、体育频道、女性频道等，广告形式有通栏、擎天柱广告、专栏赞助、Button、文字链接等。据第三方数据显示，华帝在新浪投放的广告平均每天至少有1 000万次的曝光数量，5 000多人次主动点击了解广告内容。华帝品牌的受众和十运会关注人群网上互动，在推广期间，通过硬广告投放，同时配合十运专栏的赞助、有奖竞猜等广告形式吸引了20万人次的关注，minisite的设计采用专题的版式，给网民一种真实性和新闻性，并在内容上提供大量的资讯，以吸引网民停留的时间。有奖活动的形式，吸引了6万多人注册，提供了网民自身的数据资料，收集了有效的名单，为华帝与网民的沟通平台建立了良好的基础。据统计，华帝品牌在本次项目推广中，总体曝光机会达到1.6亿次，总点击数达到215 347次。

平面媒介的利用，主要体现在硬广告及相关新闻的传播上。项目推广期间，分别在《数字家电》《广州日报》《信息时报》等主流媒体发布了公益广告。同时，相关华帝十运火炬新闻传播覆盖《光明日报》《科技日报》《中国青年报》《中国证券报》等中央区媒体；《北京青年报》《山西日报》《京华时报》《包头日报》等华北区媒体；《上海证券报》《东方早报》《杭州日报》等华东区媒体；《广州日报》《羊城晚报》《南方日报》《南方都市报》等华南区媒体；另外，西北区、西南区、华中区、北北区媒体的报道也较为活跃。其中，配合华帝金火炬重奖东道主江苏代表团十运冠军事件，与《南京晨报》合作，独家赞助了《江苏金牌选手专访》栏目；与《扬子体育报》合作，独家赞助江苏十运军团金牌榜。

销售终端的宣传主要有十运火炬传递及展示、万元灶陈列、主题海报张贴、大型路演等方式。其中，十运会开幕式前夕、十一黄金周期间，珠三角的“华帝圣火南粤激情传递”、汕头的十运火炬展示仪式、湖南的“传炎帝圣火、燃万家欢乐”、湖北襄樊的“火炬义卖助学子”及万人跑活动影响力巨大。以在广州人民北路广东电台广场启动的十运火炬传递为例，活动吸引了包括广东卫视、广州电视台、南方电视台、广东电视台体育频道、南方日报、羊城晚报、羊城交通广播电台在内的十多家媒体对此次活动进行了采访报道，活动支持媒体单位羊城交通广播电台还对启动仪式进行了同步直播。同时，奥运冠军王军霞和葛菲亲自领跑，在广东珠三角掀起了一股全民运动的热潮。

广播电视的传播也较为活跃。2005 年 11 月 2 日，央视《新闻联播》报道了十运火炬的特点，还播报了华帝竞标 2008 北京奥运火炬研制权的消息。7 月 1 日、7 月 15 日、8 月 1 日分别在南京、河南商丘、北京三地举行采火活动，央视《新闻 30 分》等新闻栏目也做了报道。8 月 12 日的全国火炬传递启动仪式，从中央到地方的各类电视台均对此做了报道。国庆期间，汕头电视台制作的专题片播放后，在当地也引起较大反响；在江苏电台投放的四个版本广告也获得了良好的传播效果。

户外、公交等传播媒介方面，深圳华强路牌户外广告面积达三十多平方米，江苏南京 100 多辆的公交拉手广告也很好地传达了华帝独家研制捐赠十运会火炬的信息。[1]

可见，体育公关是基于品牌战略和营销战略基础之上，有别于企业表面营销方式的一种营销手段，也是大企业国际化道路的手段之一。该案例给我们最大的启发就是如何通过品牌或产品共性建立联系，从而在企业与消费者之间建立情感关系，达到一种体验营销概念。华帝正是将企业技术与体育项目建立技术合作关系来赢得媒体及大众的关注和肯定。从中可见，华帝精心进行此番通过体育公关进行整合营销传播的好处。

〔1〕 解密华帝“十运火炬”整合营销传播案例［EB/OL］. http：//www. cnele. com/CN/mod – new_ act – item_ aid –21645/21645. html.

第三节　公益服务型体育组织的公共关系实践

一、公益服务型体育组织公共关系策划的作用

（一）公益服务型体育组织的定义

公益服务型体育组织包括3类：非政府机构性质的体育公共组织，如中华全体体育总会和单项体育协会等；体育院校、各级业余体院、体育学院、专业运动队、运动康复医院和体育活动中心、体育基金会等体育教育研究类组织；以及各种体育爱好者协会，如球迷协会、登山爱好者协会、探险协会等。

（二）公益服务型体育组织公共关系策划的作用

这种体育组织的公众对象最广泛，涵盖各行业、各阶层。这类组织是由体育爱好者在共同的兴趣爱好基础上自觉自愿组织起来的，追求的是组织内部各成员的共同利益和共同目标，在公关方面应重视、加强组织本身的凝聚力和本组织内部成员的归属感，建全组织内部的沟通网络，是为整个社会的公众谋求利益的，是为全社会服务的机构，提高整个社会的体育运动水平，提高全民的身体素质和科学健身水平等。

二、公益服务型体育组织公共关系工作的方式

公益服务型体育组织外部的公共关系对象公众，主要有政府主管部门、新闻界、赞助商和社会一般公众等。由于这类体育组织的目的单一，所从事的活动却具有很大的社会公益示范效应，因而需要通过积极的对外公共关系沟通与交流来达成本组织的宗旨。

公益服务型体育组织一般没有固定的经济来源，这使得它所开展的许多活动都需要得到企业家的赞助，所以开展与社会各界赞助者的公关活动就成为公益服务型体育组织公共关系的一项特别的重要工作。

（一）寻求赞助

公益服务型体育组织与赞助者的公共关系首先表现在公关赞助活动的举办上。为了获得赞助，首先，公益服务型体育组织所制定的公关活动必须能赢得赞助单位的认同，这就需要公关人员进行有效的沟通，在制定赞助活动方案时考虑到赞助者的喜好。其次，赞助活动需要能够给赞助方与体育组织双方都带来好处，这就需要在实施赞助方案时确保公共关系宣传非常到位，使得赞助者给予有力的支持。第三，赞助活动最好能形成规模和系列，为公益服务型体育组织与较为固定的赞助者之间建立一种互利互惠的长期合作。

（二）签约合作伙伴

2010 年 11 月，亚运圣火在广州点燃，许多企业充分利用亚运契机，展开了丰富多彩的公共关系实践。2010 年 6 月，广州亚运会高级合作伙伴加多宝集团与亚组委正式签约，成为广州 2010 年亚运会火炬传递活动特约合作伙伴。王老吉和广州 2010 年亚运会组委会联合举办了“举罐齐欢呼，开罐赢亚运”活动，这是公众参与度最高的一次亚运主题活动。公众只需在官方网站上传“举罐欢呼”的照片，或购买王老吉亚运促销装产品，就可以赢取包括免费精彩亚运游在内的各种亚运奖品。

为向亚组委选送合格的亚运火炬手，“加多宝（王老吉）广州 2010 年亚运火炬手选拔”活动于 7 月 15 日正式启动。王老吉拟拿出 25 个名额，面向社会公益人士招募亚运火炬手，以鼓励他们为社会公益事业做出自己新的贡献。面向社会公益人士招募亚运火炬手，不仅是王老吉的骄傲，也是加多宝公司为大众提供的一个参与亚运的平台，是王老吉在亚运舞台上继续其公益理念的又一举措。王老吉的负责人表示，无论是文化、体育、娱乐界的公益楷模、热心社会公益的慈善家，还是在各自领域取得不凡成就的行业代表，均可参与王老吉亚运火炬手选拔。此次选拔亚运火炬手，必将进一步激发全民喜迎亚运的热潮。

第四节　体育公共关系的传播模式

一、战术型公关模式

在确定公关活动项目类型时，有以下常见的几种战术型公共关系活动模式可供借鉴。

（一）宣传型公共关系

宣传型公共关系是运用大众传播媒介和内部沟通方法，开展宣传工作，树立良好组织形象的公共关系活动模式。其特点是主导性强、时效性强、传播面广、推广组织形象效果快。宣传型公共关系活动模式的活动项目有记者招待会、竞赛活动、庆典活动、展览会、信息发布会、印发宣传资料、制作视听资料、宣传橱窗、新闻报道、专题采访、经验介绍等。

（二）交际型公共关系

交际型公共关系是在人际交往中联络感情、广结良缘、深化交往层次、建立社会关系网络的公共关系活动模式。其特点是节奏快、灵活性强、人情味浓。交际型公共关系活动模式的活动项目有招待会、座谈会、工作晚餐会、宴会、茶话会、联谊会、会晤、信函往来、开放日活动等。

（三）服务型公共关系

服务型公共关系是一种以提供优质服务为主要手段，获得公众信任与好评，树立良好组织形象的公共关系活动模式。其特点是为公众提供实实在在的服务。服务型公共关系活动模式的活动项目有咨询服务、售后服务、消费教育、消费指导、优质服务等。

（四）征询型公共关系

征询型公共关系是通过舆论调查、民意测验的办法采集信息、分析研究信息，为组织决策提供参考意见的公共关系活动模式。其特点是长期性、复杂性和艰巨性。征询型公共关系活动模式的活动项目有：公关调查、民意测验、征集意见、征集方案等。

（五）社会型公共关系

社会型公共关系是组织利用举办各种社会性、公益性、赞助性活动塑造组织形象的公共关系活动模式。其特点是公益性和文化性。社会型公共关系活动模式的活动项目有节日庆祝活动、公益赞助活动、慈善活动等。

二、战略型公关模式

在确定公关活动项目类型时，有以下常见的几种战略型公共关系活动模式可供借鉴。

（一）建设型公关

建设型公共关系是指社会组织为开创新局面而在公共关系方面所做的努力，它适用于组织的开创时期，推出新产品、新的服务项目时期，如开业庆典仪式、剪彩活动和开业广告等。

（二）维系型公关

维系型公共关系是指社会组织在稳定发展之际来巩固良好形象的公共关系活动模式，适用于组织机构稳定、顺利发展时期。它有两个特点：一是采取中低姿态，用渐进的方式向目标公众施加影响，从而达到期望的目标和要求；二是利用公众的心理特点，使组织的形象慢慢渗透到公众的心目中，这种经过长期形成的观念，一旦发挥效能是不会轻易改变的。

（三）进攻型公关

进攻型公共关系是指社会组织采取主动出击的方式来维护和树立良好形象的公共关系活动模式，适用于组织与环境发生某种冲突、摩擦的时候。其特点是以较高的姿态、较强的频度、进攻的方式开展工作。

（四）防御型公关

防御型公共关系是指社会组织为防止自身的公共关系失调而采取的公共关系活动模式，适用于组织出现潜在的公共关系危机的时候。其特点是以防为主，防患于未然，避免矛盾尖锐化，同时防御与引导相结合。

（五）矫正型公关

矫正型公共关系是指社会组织在遇到问题与危机，组织形象受到损害时，为了挽回影响而开展的公共关系活动，适用于组织的公共关系严重失调、形象受到严重损害的时候。其特点是及时发现存在的问题或潜伏的危机，并通过努力改变或消除这些东西，重塑组织形象。

相关链接　　2009 年中国汽车成功体育公关营销案例

《信息时报》自 2005 年成功举办首届“中国汽车营销榜”评选活动至今，一直在努力不懈地寻找汽车行业中创造精彩的事件和人物。一个个成功的案例，使中国车市热闹非凡，把新出的车型一步步推向王者的宝座，甚至影响到中国车市的发展格局，这就是公关的力量。2009 年中国车市呈爆发式增长，《信息时报》从全国数个营销案例中，经专家评选和市场检验，评选中国车市最成功的十大营销公关案例，这些案例为精彩纷呈的中国车市注入无限活力，其中新车与体育的结合层出不穷。下面选取几则精彩的策划案例，以期给公关行业甚至汽车行业的有心之士提供借鉴。

东风悦达起亚福瑞迪：“体育+明星”营销

起亚一向有体育营销的习惯，此番东风悦达起亚结合体育与名人的效应，给年度新车的宣传可谓下了“双保险”。或许为了体现福瑞迪的运动特质，起亚特地邀请奥运冠军林丹作为其品牌代言人。林丹的精湛球技、凌厉球风，与福瑞迪科技动感、时尚激情的形象相得益彰。

点评：让体育明星代言无疑是看中了其高超的运动能力和竞技品质，看来福瑞迪这次是想要将运动进行到底了。

东风本田思铂睿：定位高端运动型轿车

9 月 5 日，东风本田高端运动型轿车思铂睿在全国上市。作为东风本田的第三款车型，思铂睿于 7 月 27 日发布后，引起消费者的广泛关注和热切期待。高端运动型轿车的全新定位是中国车市以前没有的，思铂睿力图开拓这一空白市场，继续创造类似 CR－V 的销售神话。立足这一定位，东风本田为思铂睿进行了一系列的品牌推广，从销售情况看已初获成效。

点评：全新定位的思铂睿走豪华与运动兼备的路线，极大的区别于同级其他车型。毫无疑问，差异化是东风本田的营销法宝。

长城新哈佛：越野是性能的最完美代言

由于汽车与生俱来的运动元素，与体育竞技的内涵非常吻合，所以，很多知名汽车企业都在体育营销上大做文章。2009 年，在全国越野场地锦标赛中，由长城新哈佛组成的长城汽车东方赛车队，包揽了前 3 站的俱乐部冠军。

点评：这种将赛场作为“试验场”，在越野赛的各种极端路况上对产品品质进行严格检验，并在过程中不断改进、进而提升市场竞争力，不仅是简单的营销策略，更反映出企业对社会负责的态度。

——改编自中国公关网

案例思考题：

1. 东风悦达起亚福瑞迪和东风本田思铂睿是怎样开展体育公共关系的？
2. 如果让你为做公关推广，你会采用哪些模式？

第五章　体育公共关系的工作程序和原则

本章要点

- 体育公共关系调查的内容
- 体育公共关系策划的七要素
- 体育公共关系的评估方法
- 体育公共关系的原则

中国足球化解危机的公关

1997年11月8日凌晨，世界杯亚洲区预选赛十强赛卡塔尔、伊朗之战终场哨响，预示着中国足球队新一轮冲击世界杯再次失利。民众的疑惑、失望、愤恨、痛苦溢于言表，外在化、激情化的言辞、行动不断出现有各种媒体上。中国队的能力受到极大的怀疑。“给民众一个说法”已是大势所趋。

11月13日，中国足球队在大连东方大厦举行记者招待会。足球常务副主席王俊生为主要发言人、国家体委宣传司司长何慧娴为主持人，戚务生等教练组成员、范志毅等运动员代表也出席会议。会上发布中国队致全国球迷的一封公开信《擦干眼泪，奋起直追》。百余名记者参加了此次记者招待会。

进入2007年，中国足球一如既往风波不断，其中以中国女足的危机最为密集和多发。3月兵败阿尔加夫之后，中国足协绞尽脑汁想出两招——“硬招”是快速启动全球选帅机制，敲定多曼斯基女足的世界杯之旅主帅；“软招”是从《中国体育报》借调拥有广泛人脉资源的资深记者孟洪涛出任女足新闻发言人。

为女足球队配备专门的新闻发言人开创了中国足球的先河。中国足协希望能改进与媒体之间看似紧张的关系，甚至引导主流媒体舆论导向，为女足备战世界杯创造更为有利的舆论环境。经过几个月的公关，几乎所有舆论都给予了这支球队以鼓励，甚至早想借世界杯失利向中国足协兴师问罪的媒体也改变了风向。男足国奥队借鉴了女足经验，7月份也同样借调了一位媒体记者担任新闻官。

——改编自《中国足球报：2008 中国足球呼唤危机公关》，2008－1－3 新浪网

第一节 体育公共关系的调查

公共关系一般遵循“四步工作法”：调查研究、策划创意、方案实施和评估反馈。其中，调查研究是前提，策划创意是关键，方案实施是重点，总结完善靠评估。体育公共关系的工作程序基本也是按照这 4 步来走。

一、体育公共关系调查的内容

我们这里先讨论体育公共关系调查。公共关系调查是社会调查的一种，有狭义、广义之分。狭义的公共关系调查是为搜集有关组织公共关系状况、公众需要和社会环境等方面信息而进行的调查。如果从“大公共关系”的概念出发，以国家为组织主体，一切社会调查又都可称为是公共关系调查。我们提倡以“大公共关系”视角来认识社会、来看待公共关系学的学科地位和作用，但是，一般情况下所说的公共关系调查是指狭义的公共关系调查。

通常情况下，一次体育公共关系活动要取得显著成效，公关活动进行之前，往往会经过详细的调查和周密的计划。

（一）体育公共关系调查的内容

公共关系调查是社会组织根据某种需要，运用科学合理的方法，为准确地收集

有关信息而进行的专项活动，这种调查活动的目的是认识自己、了解公众意愿，把握社会环境的发展趋势，为组织开展公共关系活动提供条件和基础，为组织制订公共关系计划提供科学依据。对公共关系调查研究的要求一般有3点：（1）要有明确的目的；（2）要有科学的态度和诚实的精神；（3）要善于对待社会制约问题。

一个完整的体育公共关系调查应该包括下列内容：调查的目的及意义、调查的内容及要求、调查对象、调查方式方法的选择、调查时间与步骤安排、调查的组织与领导、调查的工作制度和规范、调查人员的选定、经费和必要的物质保证等等。一般而言，一次成功的体育公共关系调查至少应该包括如下5个方面的信息。

1. 公众心理

即公众的偏好、认知、态度、情绪等基本的心理倾向。

2. 主要竞争对手信息

即主要竞争对手的产品信息、销售信息、广告信息和已有的公关策划信息。

3. 政策法规

即咨询体育组织的法律顾问或查阅相关文献资料，以确保将要进行的策划在政策允许的范围之内。

4. 体育组织内部状况分析

主要明确体育组织的内部资源状况和制度设施，是否可以满足将要进行的公关策划活动。

5. 体育公关活动环境调查

即在策划之前要对可能选择的活动场所进行熟悉，检查是否适合开展公众活动，是否存在安全隐患。这一点十分重要。

（二）体育公共关系调查的基本原则

1. 全面性原则

全面性原则要求根据“大数定律”，调查应做到大量观察，必须使观察的量所代表的样本与总体数所表现出来的平均值接近。

2. 代表性原则

必须使每个个体的抽取都应该得到“均等抽取”“随机抽取”的机会。

3. 客观性原则

调查实务操作必须要有一个统一的标准尺度，要有自身相对的独立性；在问卷设计中，对每一个问题、每一个概念都要进行具体的、确切的涵义规定；在同等条件下重复测量能获得相同的结果，

4. 定量化原则

定量化原则要求调查过程中运用数学也就是运用定量方法来分析和显示认识结果。

二、体育公关调查的方法

访谈法和问卷调查法是进行体育公关调查最常用的两种方法。

（一）访谈法

访谈法是指通过与被调查者的直接接触，借助交谈手段，依靠被调查者的回答来收集研究素材和信息的方法。根据不同的分类标准，可将访谈分成几种类型。

1. 结构性访谈和非结构性访谈

结构性访谈是研究者围绕某一主题提问，按照事先设计好的调查提纲，对被调查者进行访问的一种访谈形式。提纲上的问题都是经过充分详尽的分析研究之后拟订出来的，所有问题与研究者研究主题应具有较高的关联度。

非结构性访谈是一种自由度较大的访谈。但研究者必须有明确的目的，并善于及时进行引导。

2. 一次性访谈与跟踪访谈

一次性访谈又称横截面式访谈，指对被调查者在某一时间内对某一事物的态度或处于某种状态等进行的调查。其结果只能说明被调查者在某时对某事的态度反应。如街头的记者采访路人对其突发事件、政府某项改革措施、管理措施的态度等。

跟踪式访谈叫纵向式访谈，对某一特定的调查对象，或针对某一特定的研究事件，所进行的多次访谈。根据访谈的结果，围绕研究主题提供动态的、纵向的信息资料，但这个需要较大的时间跨度，适用于较大规模的调查。

3. 集体座谈和个别采访

开座谈会是最常见的集体座谈方式，其优点是在短时间内能与更多的被调查者

沟通，并且被调查者可能互相受到启发和提醒，避免遗漏某些信息。但缺点是被调查者可能相互干扰、影响，造成心理暗示，湮没某些真实情况。举行座谈会时应注意：（1）议题不宜太多；（2）人数不宜太多；（3）代表的选择；（4）主持人对气氛和议题的控制；（5）时间控制；（6）倡导文明的会风。

个别采访是研究者与被研究者进行的面对面的交谈，它不受时间地点的限制，易受外界干扰，但被调查者较多，常常需要较长时间才能完成一次调查。

（二）问卷调查法

这是广为流行的一种社会研究方法，某种程度上是一种书面的、规范的方法。

1. 问卷的种类

（1）开放型问卷：调查者在问卷上提出问题，没有可供选择的答案，由被调查者根据自己的情况自由回答。其优点是被调查者可以畅所欲言，能从中了解到许多问题和现象形成的真正原因。缺点是调查结果难以做量化统计，难以取得预期效果。

（2）封闭型问卷：调查者在问卷上不仅提出问题，而且提出一系列可供被调查者选择的答案，问与答构成一个封闭的交流链。其优点是减轻被调查者的负担；简便明了易于操作；结果容易做量化统计和比较。但缺点是问卷上如果没有适合被调查者的答案，可能造成其不负责任的乱选或不选，最终导致调查失败，预先设计好答案，难以再发现新情况。

（3）综合型问卷：是开放型和封闭型互补的问卷形式。其优点是，既可对问卷中的部分材料进行量化处理和比较，又可对所调查的课题进行进一步的探索性研究。

2. 设计问卷该注意的问题

（1）问卷设计必须主题明确，切忌含糊不清。主题明确有两层含义：一要使被调查者明确调查者的意图，一般通过问卷上的说明来解决；二是研究者本身必须把握住研究的主线，使所设计的每个问题都与主线保持联系。

（2）问题要明确，文字要简练，语言要通俗，适合被调查者的接受能力。

（3）问卷上不宜出现敏感、忌讳的文字

（4）问题排列要先易后难，令人感兴趣的问题列前，一般性枯燥乏味的问题列后。

第二节 体育公共关系的策划

体育公共关系策划是体育公共关系工作过程中的核心。策划的好坏直接影响着公共关系的成败与否，也影响着组织的生存和发展。

一、体育公共关系策划的准则

（一）公共关系策划的定义

所谓策划，其科学内涵是指在人类社会活动中，人们为了谋求达到某种目标或某项事业的成功而自发地设想以及创造性思维的过程，是确保实现决策、计划而进行的有科学程序的谋划、构思和设计过程。

公共关系策划是公共关系与策划两层含义的组合，是策划概念在公共关系领域中的延伸。其特定含义是对公共关系活动项目的形式和内容出谋划策与设计行动方案的泛指，是公共关系人员根据组织形象的现状和目标要求，分析现有条件，谋划、设计公关战略、专题活动和具体公共关系活动最佳行动方案的过程[1]。

公共关系策划是一项系统工程，包含很多层次的内容和步骤。公共关系策划通常可分为两个阶段：调查分析阶段和制订计划阶段。公关策划，又可分为广义和狭义之分。广义的体育公共关系策划，包含调查分析阶段和制订计划阶段。而狭义的体育公共关系策划，特指制订公共关系工作人员在调查研究的基础上，确定与细分体育公共关系实务活动的特定公共关系目标和筹划，使这些目标得以实现的具体工作方案的系列工作。

（二）体育公共关系策划

策划是体育公关工作的中心环节，在市场经济条件下，一个体育组织能否持续有效地开展体育活动，经营体育产品，树立起组织的良好形象，在很大程度上取决

〔1〕 刘佳环. 公共关系实务［M］. 广州：广东高度教育出版社，2006：102－103.

于公关活动开展得好坏，而公关活动开展得好坏又取决于策划的成功与否。体育公关策划必须遵循一定的原则——实事求是。

二、体育公关策划的七要素

制订体育公关计划包含以下 7 方面内容。

（一）确定公关目标

体育公关人员进行公关策划，要综合分析公关调查中收集的信息资料，对组织进行诊断，分析组织面临的公关问题，这是确立公关目标的前提条件。公关目标是社会组织在一定时期内通过公共关系活动要达到的目的。公关目标是公关策划的首要内容，任何公关策划都必须确立公关目标以控制公关活动全过程。

公关目标是社会组织策划、开展各种类型的公关活动所追求和渴望达到的一种公关状态；公关目标是在一定时期内能控制社会组织公关活动全过程的总目标和指导实施方案的分目标，社会组织的各项公关工作都要围绕公关目标而开展；公关目标是公关工作完成任务的标准及努力的方向，因而它也是检验公关工作成效的标尺。

在 2002 年世界杯开战的过程中，七匹狼与海尔形成了“世界杯策略联盟”，在零售终端推出了“买七匹狼 T 恤，得海尔彩电，品国足精神”。2003 年 8 月，在“皇马”中国行之际，七匹狼又付出了 400 万元的赞助费，成为“2003 皇马中国之旅”的唯一指定服装的赞助商，并且拥有了皇马球队集体形象的使用权。可见，七匹狼借 2002 年中国队打入世界杯决赛圈，塑造了“高端品牌”形象。随后人们再看见“皇马”七大巨星，就会联想到七匹狼，看见“七匹狼”就会联想到国际七大巨星，品牌的男性阳刚定位得到了形象理解和广泛传播，品牌形象再一次得到了提升。可见，七匹狼的这两次体育公关策划都有明确的公关目标。

（二）确定目标公众

在体育公关策划中，确立了公关目标后，接下来就要确定目标公众。

一个组织的公众往往是多方面的，任何一个社会组织，其公众环境中都有几十种公众。但一次公关活动则要有所侧重，面面俱到是不现实的。因此，在策划公关活动方案时，就需要根据公关活动的目标选择目标公众。目标公众是指与特定的社会组织开展的某项公共关系活动相互联系、相互作用的公众。也就是说，目标公众是特定的公共关系活动所针对的具体工作对象。

确定组织公关活动针对的目标公众是公共关系策划的基本任务。只有确定了目标公众，才能确定如何使用有限的经费和资源，确定工作的重点和程序，科学地分配力量；只有确定了目标公众，才能更好地选择传播媒介和工作技巧；只有确定了目标公众，才能有针对性地搜集既能被公众接受，又有实效的信息。

（三）确定活动主题

在公关活动的策划中，公关活动主题的创意也是至关重要的。客户在审阅公关活动策划方案时，首先进入其眼帘的就是公关活动主题，活动主题的好坏，将在很大程度上决定案子的好坏，因为活动主题给客户的是第一印象。那么，如何才能创意出好的公关主题呢？

在公关活动的策划中，主题的创意要与品牌定位相切合。我们必须对客户的市场情况、品牌情况进行充分调研，了解客户的市场成长阶段，掌握客户品牌的定位与目标受众，只有这样才能符合客户的胃口。其次，还要把握热点，与社会大势相切合。借势和顺势，这也是公关活动策划中的重要策略，在目前的市场环境下，只有“顺大势”的企业才能更好更快地发展，尤其是要积极响应国家的重要政策和发展方向。

一个好的活动主题，一般要考虑4个因素：（1）表现公共关系目标：公关活动主题必须与公关目标相一致，并能充分表现目标，一句话点出活动的目的。（2）突出活动信息特性：公关活动主题要用新颖独特、个性鲜明的语言，凸现公关活动的信息特性，使之具有强烈的感召力。（3）切中目标公众心愿：公关活动主题要适应公众心理需要，既富有激情，又贴切朴素；既奋发向上，又可信可亲；既符合客观实际，又切中公众心愿。（4）简明扼要，易传易记：公关活动主题应力求做到简洁明了、形象生动、亲切感人、新颖别致和语句流畅。如果辞句过长、晦涩难懂，不仅不易传播、难以记忆，还可能使人厌烦或产生歧义。

（四）选择公共关系活动的模式

国内外的公共关系专家对各类社会组织开展的公共关系活动进行分析和研究后，

归纳出许多种公共关系工作方法系统，即公共关系活动模式。这些模式为公共关系人员提供了可供选择的各类方法，对公共关系活动的开展具有指导意义。但是，我们应牢记：任何模式的选用都应充分考虑组织的具体特点，决不能生搬硬套，而是应根据组织的特点、组织发展的特定要求、社会环境所提供的具体条件以及公众的不同类型和不同要求，创造性地选用不同的模式，或在原有模式基础上创造出更有效的公共关系工作方法。

（五）选择公共关系活动的媒介

公共关系工作对象的复杂性和公共关系内容的广泛性，以及传播形式的多样性，都决定了公共关系传播媒介的整合性。从语言到文字，从声音到画面，从形体到实物，从表情到服饰，从印刷技术到电子技术到新媒体，从亚运会到奥运会，从体育赛事到运动员，无一不可称为公关传播媒介，关键看我们能否“善假于物”。

谁都不会想到，10 年前是韩国本土企业的三星电子会成为全球的电子巨头，三星电子出人意料地成为世界瞩目的一匹“黑马”，在世界著名的品牌调查公司 Interbrand 公布的 2003 年度世界品牌价值排名 100 强名单中，三星排第 25 位，“三星”品牌价值高达 108 亿美元，连续两年成为全球品牌价值上升最快的公司，成为亚洲第二大品牌。三星成功的“秘笈”是什么？它选择了赞助奥运会。

1997 年，三星电子高层领导就是否值得花巨资赞助奥运会发生激烈地争论。当时的三星受到了亚洲金融危机的沉重打击、债台高筑，三星内部许多高层领导对其高昂的花费和无法预测的收益持怀疑态度。但是，三星会长李健熙高瞻远瞩、力排众议，坚持争取这个赞助机会。三星电子先后赞助：2000 年悉尼奥运会、中国体育代表团；2002 年盐湖城冬奥会、中国体育代表团；还赞助其他一些国家的体育代表团和一系列的国际、洲际赛事等，三星每年为各国体育事业的赞助高达 4 亿多美元。三星，10 年前仅仅是为日本三洋公司生产帖牌产品的电子公司，如今一跃成为世界顶级品牌。正是各种各样的体育赞助，将三星的名字一次次与这些国际顶级体育赛事绑在一起，步步接近消费者的心灵。

（六）选择活动的时间和空间

公关策划要讲究时机。时机稍纵即逝，公关策划中不迅速看准和抓住时机，事后即使花数倍的精力和金钱，也无法收到时机之效。

公关策划的时机可分为4大类：（1）固定时机：常见的有固定节日、重大纪念日和其他有规律的节假日，其他有规律的节假日如洛阳的牡丹花会、哈尔滨的冰灯节、广州羊城花会、内蒙古的那达慕赛马节、新疆的古尔邦节等。（2）常规时机：常规时机是指每隔一年或几年一次的各种文化体育活动，如亚运会、奥运会、锦标赛、博览会、展览会、电影节、青年歌手大赛等，这些常规性机会，是组织塑造良好形象，开拓发展的良好机遇。（3）偶然时机：偶然得到的机会，常是一种真正的大好机会，公关人员只要具有强烈的公关意识，又善于观察发现，就可以不失时机地借用事件策划公关活动。充分利用它，能获得意想不到的效果。（4）组织营运过程中所蕴含的时机：组织营运过程中所蕴含的时机包括两类：一是组织重大事件发生的自然时间，如某工程奠基之时、落成之时，组织创办之际，企业推出新产品或新服务之时，企业销售额达到一个大的整数之时等；另一类是一些具有隐蔽性的时机，需要公关人员慧眼察觉，如组织运营过程中，可能会出现差错而造成组织形象受损，或者由于信息传播障碍而引起公众误解，或者由于外部某种原因可能引起公众关系恶化等等。

在德国只有1.7万人的一个小镇上，有一家世界最大的体育用品公司——阿迪达斯公司。1936年前，阿迪·达斯勒只有一个不出名的中型鞋厂。1936年奥运会来临前，阿迪·达斯勒发明了短跑运动员用的钉子鞋。这种鞋能否一举成名，关键看穿它的运动员能否在比赛中取得好成绩。他派人打探参赛运动员的情况，当他得知美国短跑名将欧文斯很有希望夺冠的消息后，便无偿将钉子鞋送给欧文斯试穿。欧文斯果然不负众望，在比赛中获得4枚金牌。于是欧文斯穿的钉子鞋便一举成名。此后，阿迪达斯公司屡屡使用这种方法。不久，他们又发明了可以更换鞋底的足球鞋，并把新产品无偿地送给了大有希望夺冠的德国足球队。1954年世界杯足球赛在瑞士举行，不巧，比赛前下了一场雨，赛场上十分泥泞，匈牙利队在场上踉踉跄跄，而穿阿迪达斯鞋的联邦德国队员却健步如飞，并第一次获得了世界杯冠军。由此，阿迪达斯名震海内外。

（七）经费预算

成功公关策划的经费预算，应在最经济的条件下去争取最好的传播效果。1996

年山东秦池集团投标3.21亿元，为当年企业全部利润的6.4倍，显然违背了经费预算的这一原则。

公共关系经费预算具体构成为：(1) 行政开支：包括劳动成本（公共关系人员工资、福利、奖金及补贴）；(2) 管理费用：如房屋租金、固定资金折旧、办公用品、差旅费、交际费等；(3) 设施费用：包括各种影视器材、电脑、复印机、打印机、传真机、印刷品等；(4) 项目开支：指实施公共关系专题活动所需的费用，如记者招待会费用、广告费、赞助费、重大庆典费、专家咨询费、大型调查费和影视制作费等。另外，还要考虑因发生对组织不利的危机事件而准备的费用。

第三节 体育公共关系的实施与评估

一、体育公共关系的实施步骤

（一）体育公共关系计划实施过程

体育公关策划方案实施过程主要包括3个环节：(1) 准备阶段：包括设计实施方案，制定对各类公众的行动，沟通计划，确定实施的措施和程序，建立或组成实施机构，训练实施人员；(2) 执行阶段：实施部门按照已经设计好的几套程序，落实各项措施； (3) 总结阶段：做好活动总结，为下阶段的效果评估做好相应的措施。

（二）体育公共关系策划方案实施的特点

体育公关计划在实施过程中，体现这几个特点：(1) 动态性：体育公关策划方案的实施是由一系列连续活动构成的，是一个思想和行动都需要不断调整的过程，因为一方面，任何一项公关计划无论制订得多么周详，设计者都不可能穷尽所有的材料，而总是会与实际情况存在或多或少的差异；另一方面，随着时间的推移，实施的进展，各种环境条件以及人的因素会不断发展变化，在实施过程中也就会不断遇到新情况、新问题。所以，不断地改变、修正或调整原定的实施方案、程序、方法、策略等都是实施活动中不可避免的现象，注意考虑社会环境的发展所引起的案件蔓延，注意动态性、灵活性，在调整时，既要考虑组织自身，也考虑公众的利益。(2) 创新性：由于策划方案的实施是一个动态过程，会面临各种变化，需进行相应的、及时的调整。因此，实施者需要依据整个实施方案及具体的条件环境来确定自己的实施策略，而任何公关策划方案的实施绝不是简单地照章办事的过程，而是一个由实施者充分发挥其主观能动性，对原计划进行艺术再创造过程，也是不断丰富公关实务经验的过程。(3) 广泛性：一项公关计划的实施，会对各类公众及社会产生广泛的影响。具体表现在：其一，对众多的目标公众产生深刻的影响，一项公关计划成功实施后，常常会使该组织的异己力量变为自己的合作者或者支持者；其二，公关计划的实施有时还会对整个社会的文化、习俗产生深刻的影响，如全民健身计划的实施，使健身休闲逐渐成为人们的一种生活方式，对提高我国全民健康水平起了重要的推动作用。

二、体育公共关系的评估方法

(一) 体育公关评估的概念

体育公关评估，是指体育组织或有关的专家、机构运用科学的标准和方法，对体育公关关系工作的整体策划、准备过程、实施情况以及实施效果进行测量、检查、评估和判断的活动过程。

公关效果评估是体育公关工作程序中的一个重要步骤，对于体育公关工作具有特殊的重要意义。因此，主体在制度公关工作活动计划，确立活动目的时，就必须对公关活动的效果进行预测，在活动过程中要对活动的全过程进行检验和评估，以保证活动顺利进行，而在活动结束后，则必须对活动的效果进行评估。

(二) 体育公关评估的意义

评估的重要性，不仅在于它能够检验公关活动计划的实施情况，是否达到活动组织者预期的目的，还在于它能帮助公关主体总结经验，分析还会为今后的公关工作提供借鉴，从而不断促进公关工作的提高。

具体而言，公关效果重要性表现在以下几方面。

1. 改进公关工作的重要环节

任何组织及其公关活动不仅有近期目标，也有长远目标。因此，公关活动计划是否切实有效，活动是成功还是失败，计划实施过程中有哪些经验和教训，都必须加以认真总结和评估，使之成为下一步公关工作的借鉴。

2. 开展后续公关工作的必要前提

从公关工作的连续性来看，任何一项新的公关工作都是以原来公关工作的效果及其经验为背景的，因此在制订新的体育公关工作计划时，都应对前一项公关工作从策划方案的制定到实施，从效果到环境变迁等进行系统的评估分析。这样不仅可以不断改进体育公关工作，而且可以为体育组织及相关部门制订后续的公关工作计划提供必要的决策依据。

3. 一种激励体育组织内部公关的有效形式

一般说来，由于看问题的角度不同，体育组织内部成员往往很难对公关工作及体育组织的长远利益有全面深刻的认识。而这对公关效果的评估则可以帮助体育组织内部公众充分认识公关工作的重要性，认清体育组织近期目标与长远目标的关系、显示目标和潜在目标的关系、局部利益与整体利益的关系，自己把体育组织的长远目标和自己本职工作结合起来，把整体利益与自己的个人利益结合起来，无疑有助于公关主体培养组织积极向上的团队精神。

（三）评估人

评估人是公关工作的主体，必须具备一定资格或条件。一般应在公关活动实施之前要确定评估人，以便让他们尽可能全面地了解公关工作的整体过程，从而得到更客观、全面的评估报告。评估人通常包括以下几种。

1. 公关活动的主办者

主要有公关活动的组织者、策划者或实施人员。他们从当事人的角度总结自己工作情况。

2. 公关活动中的公众

他们从参与者角度评估公关活动的组织者、策划者或实施人员的工作效果。其特点是他们的评估往往是一种直接体验，更多带有主观色彩，但对于公关活动的评估具有重要的参考价值。

3. 公关专家

主要来自专业咨询公司或学校、科研机构的专家、学者。其特点是他们是专业的公关评估师，具有比较丰富的专业知识和技术，往往从专业角度评估公关活动的绩效，因而比公关活动主办者和公众的评价更具科学性和理性。

（四）对公关过程的评估

对整个体育公关活动的评估可以分为准备过程、实施过程和活动效果3个阶段评估。每个阶段的评估都有不同的重点和不同的步骤。对准备过程的评估包括对背景材料的评估、对信息内容的评估和对信息表现形式的评估；对实施过程的评估包括评估发送信息的数量、统计信息被新闻媒体所录用的数量、测量信息接收的数量和评估注意到信息的公众数量等4方面；对活动效果的评估包括了解信息内容的公众数量、评估改复观点和改复态度的公众数量、评估实施期望行为的公众数量、评估重要期望行为的公众数量和达到的目标和解决的问题等5个方面。

1. 背景材料评估

这一阶段公关活动尚未开展，因此评估的主要任务就是：检验前几个程序中资料是否充分，分析和判断的准备性如何。重点是及时发现在环境分析中被遗漏的、对公关工作有影响的各种因素。例如，在确定公关活动的目标公众时是否遗漏了重要公众；新闻界所需要的材料是否准备充分等。这些分析研究是公关活动的组织者和实施者在公关活动计划实施前的行为投入。而这种行为投入量是否充分，关系到体育公关活动是否能顺利进行，能否达到预期的目标，所以它是对准备过程进行评估的重要指标。

2. 信息内容评估

对信息内容的评估必须紧紧围绕“体育公关活动是否符合形势要求”而展开。这里的形势主要是指组织所面临的公众环境、社会环境、内部环境等。

3. 信息表现形式的评估

这一步是对公关活动组织者专业技能的检验。主要目标是检验有关信息资料及宣传品设计是否合理、新颖，是否引人注目，给人以深刻印象。具体包括语言数字的运用、图表的设计、图片及展示方式的选择等，如北京奥运会的会徽等。

4. 评估发送信息的数量

具体的评估形式是直接计称在某一特定的时间内，参与该活动的公关关系人员撰写了多少新闻稿和特写，寄发了多少信息和其他宣传材料，以及新闻发布的数量等。重点是检查所有传播信息资料的数量。

5. 统计信息被新闻媒体所录用的数量

公关主体的宣传材料具有被媒体所录用，才能被目标公众接触，并对其产生影响。因此，通过统计信息被媒体采用的数量，就能测量、分析出它所产生的实际影响。通常可以通过报刊索引、剪报、广播电视记录、展览等进行统计。

6. 测量信息接收的数量

即从理论上推测有多少目标公关接受了体育组织所传播的信息。可以从报纸的发行量、广播电视的覆盖面和收视率等方面推断出来。例如，一份发行量为30万份的报纸，如果每份报纸平均有3个读者，那么理论上受众就有90万人。

7. 评估注意到信息的公众数量

与上一步不同的是，这一步所要了解的是实际接受到信息的公众数量。一般说，实际接受信息的公众数量少于理论上接受的数量。

8. 了解信息内容的公众数量

体育公关活动的目标之一就是增加目标公众对于体育组织的认知、了解和理解，进而使他们对组织的态度发生某种期待中的变化。而目标公众对体育组织传播的信息内容是否了解、了解的程度如何，会直接影响他们对体育组织的态度和可能采取的行动。

9. 评估改复观点和改复态度的公众数量

通常用“水准基点研究”来衡量公众的观点和态度在某项公关活动前后的变化。而评价一个人的态度，要根据他在一段时间内对所有有关组织问题上的立场和观点来判断，而不能仅凭一时一事来判断一个人的态度是否发生变化。

10. 评估实施期望行为的公众数量

即在公众活动及其传播影响下，有多少公众做上了活动实施者所期望做上的行为。评估方法有自我报告法、直接观点法和间接观点法。

11. 评估重要期望行为的公众数量

这一步着重评估的不是有多少人做了什么事，而是有多少人重复做了什么事。

所以，最有效的公关活动应当不仅能改变人们的某些行为，而是能改变人们的行为习惯，这也是公众工作的长远目标之一。

12. 达到的目标和解决的问题

这是公关活动效果评估的最高标准。应注意的是，有的时候公关活动的结果与计划目标并未完全一致，但这些结果同样是积极的，同样有助于组织扩大自身的影响。因此，这些结果可以被看作是达到公关活动目标的其他表现方式。因此，也应作为评估公关活动效果的根据。

相关案例　　2010 中国大学生方程式汽车大赛签约首批合作伙伴

2010 年 9 月 28 日，中国大学生方程式汽车大赛（Formula SAE of China，简称中国 FSAE）战略合作伙伴签约仪式在北京隆重举行。中国第一汽车集团公司、上海汽车集团控股有限公司、东风汽车公司、重庆长安汽车股份有限公司和东风乘用车公司成为首批 2010 中国 FSAE 大赛的战略合作伙伴。

自 2009 年 10 月 19 日正式开启的中国 FSAE 大赛得到了社会各界多方关注，基于对汽车后备人才培养的高度重视，国内知名汽车企业纷纷踊跃赞助支持本次大赛开展。中国第一汽车集团公司、上海汽车集团控股有限公司、东风汽车公司、重庆长安汽车股份有限公司和东风乘用车公司不仅在资金上赞助此次大赛，并且共派出近百位汽车研发和试验的技术专家担当赛事裁判。由于这些企业的积极参与，使得该项赛事从技术到规则更具权威性、公平性。

参加此次签约仪式的有中国汽车工程学会代表闫建来、易车集团董事长兼 CEO 李斌、易车集团总裁邵京宁，中国 FSAE 组委会秘书长王升德、副秘书长肖蓉。同时，中国第一汽车集团公司及上海汽车集团控股有限公司、东风汽车公司、重庆长安汽车股份有限公司、东风乘用车公司等企业代表、参赛高校北京航空航天大学车队代表和全国 50 多家主流媒体记者参加了此次会议。

会上，中国 FSAE 大赛组委会秘书长王升德具体汇报了现阶段工作情况，据他介绍，中国 FSAE 大赛自成立之初，就得到了社会各界的广泛关注与支持，赛事从无到有，在全社会的共同努力下，组织工作进展顺利，到目前为止，大部分参赛高校车辆已经制造完毕。

组委会正在开展涵盖 16 个地区 20 所高校的校园巡展活动，借此活动结合当地影响力媒体，继续为大赛扩大声势。在赛事组织方面，通过前期的 2 次规则委员会会议和3次裁判委员会会议，组委会已经初步完成各项赛前工作，已万事俱备，只待决赛。伴随决赛的日益临近，全国20所参赛高校全力投入紧锣密鼓的赛事筹备，签约仪式上参赛高校北京航空航天大学车队代表对本校赛事筹备的综合介绍，从某种程度上印证了中国FSAE在汽车人才培养上的深远影响力。随后，中国汽车工程学会闫建来对大赛致感谢词，他指出，中国大学生方程式汽车大赛在汽车产业界中影响巨大，得到了各主流汽车企业的支持，尤其感谢中国第一汽车集团公司、上海汽车集团控股有限公司、东风汽车公司、重庆长安汽车股份有限公司和东风乘用车公司等汽车企业，他们为中国汽车产业技术能力的提升、为自主品牌汽车的发展、为大赛的顺利开展做出了杰出的贡献，为中国汽车产业人才培养做出了巨大的贡献，体现了主流汽车企业的社会责任感和技术实力。

仪式上，中国第一汽车集团公司及上海汽车集团控股有限公司、东风汽车公司、重庆长安汽车股份有限公司、东风乘用车公司等企业代表签署了《2010年中国大学生方程式汽车大赛战略合作书》并获得组委会颁发的战略合作伙伴荣誉证书。此次大赛更得到了全国200多家主流媒体的广泛关注与支持，累计发稿量达3850余篇。其中，《汽车周刊》、易车网、《职场》、新浪汽车、我乐网（56. com）、凤凰汽车、《21世纪经济报道》、中国大学生在线、车时代、汽车产经报道、车语传媒等成为大赛战略合作媒体，组委会代表向他们颁发了战略合作媒体荣誉证书。

至此，2010中国FSAE战略合作伙伴签约仪式完满结束。此次签约仪式为即将在上海举行的中国FSAE大赛起到了积极的推动作用，并为赛事的长远发展拉开了具有历史意义的战略合作序幕。

——摘自《大学生方程式汽车大赛合作伙伴签约仪式结束》2010年10月18日凤凰网

第四节　体育公共关系的原则

水可载舟亦可覆舟。体育组织要注重舆论，主动沟通。在沟通的过程中，还要秉承客观真实、双向传播、全员公关、互惠互利和开拓创新的五大原则。

一、客观真实原则

艾维·李倡导“说真话”，使公共关系进入了一个新纪元，随着公关实践的发展，人们越来越认识到客观真实不仅是“与广告区别”“与新闻联系”的利器，更是开展“有效公共关系的必要条件”。从内容上讲，公共关系的客观真实原则，具体表现在4个方面：（1）“信息真实”，公共关系面对现实，以事实说话而不是虚拟故事；公共关系面对媒体，是新闻来源，是同时代表组织利益和公众利益的公共领域代言人；（2）“态度真诚”，公共关系面对公众，处理各种组织—公众—环境关系时，要以真诚赢得合作，建立信誉；（3）“好事要出门”，公共关系强调“Do Good, Then Tell Them”，就是说公共关系不仅要做得好，而且要说得好；（4）“坏事要讲清”，公共关系面对危机，必须“双面提示”，既传播好消息，也要告知坏消息，一方面可以让公众感到组织是负责任的、有人情味的，另一方面也可以增强公众的“免疫力”，掌控局势，避免他人无意或有意地制造谣言，中伤组织。[1]

二、双向传播原则

公共关系的“双向传播原则”表现为社会组织应有强烈的传播意识和沟通欲望，自觉利用一切传播机会和传播媒介去影响公众、引导公众和争取公众，并善于运用双向沟通的方法去赢得公众的理解、信任和好感。

三、全员公关原则

公共关系的“全员公关原则”表现为领导者和管理者应高度重视公众的利益，且全体员工要将公众的意愿作为决策和行动的依据，将符合与满足公众的要求作为组织的价值追求，而不是说单靠公共关系专业人员，来塑造组织良好的组织形象。

四、互惠互利原则

公共关系的“互惠互利原则”表现为在交待与合作中，将平等互利、追求双赢作为处理各种关系的行为准则，将自身的发展与公众的发展联系起来，通过协助对

〔1〕 陈先红. 公共关系学原理［M］. 武汉：武汉大学出版社，2012：61.

方、满足对方来争取双方的共同利益。

五、开拓创新原则

我们说公共关系是一门科学，指的是它有客观规律可循，有相对稳定的操作程序；而我们又说它是一门艺术，指的是它有突破固定程序、追求创新的特点。“塑造组织良好形象的过程是一个组织不断创新审美的过程。”所以，唯有创新，才能塑造出有个性的组织形象，才能使组织在竞争激烈的社会中，永远立于不败之地[1]。

相关案例 **借势全民健身　演绎蒙牛激情**

——2006年蒙牛《城市之间》体育营销案例解析[2]

一、市场营销理念的确定

1. 背景分析

蒙牛作为乳业的后起之秀，短短几年，通过成功的营销手段和品牌理念的塑造，在市场中占据了一席之地，赢得了消费者的信任和关注。

2008年北京奥运会不仅是一场吸引全世界眼球的体育盛宴，众多企业也希望能乘着奥运的列车将企业载向发展和成熟的方向。于是，各行业开展了奥运赞助商的竞争。

由于与乳业龙头——伊利竞争的失利，蒙牛与奥运赞助商的称号擦肩而过。成为奥运赞助商的伊利，赢得了更大的营销舞台，获得了一笔珍贵的无形资源。对于蒙牛而言，营销舞台缩小了，但是还是有空间来策划的。如何选择合适的角度，找到明确清晰的定位，这个问题摆在了蒙牛的面前。

2. 找寻突破口

奥运会是全国人民都为之兴奋的盛会，如果错过这个主题和机遇，对于蒙牛，将是巨大的损失；同行借助奥运助势，无形中也给蒙牛施加了压力。

于是，作为非奥运赞助商的蒙牛从奥运的精神出发，把注意力放在全民健身上，既与奥运联系起来，也将营销的对象扩大到全国人民。

---

〔1〕 刘佳环. 公共关系实务［M］. 广州：广东高等教育出版社，2008：46.

〔2〕 精彩案例：借势全民健身　演绎蒙牛激情——2006年蒙牛《城市之间》体育营销案例解析［EB/OL］. http：//www.eeo.com.cn/2008/0616/103282.shtml（案例入选2007年度中国十大营销事件。）

2006年德国世界杯期间，蒙牛集团启用了一个全新的全民体育运动广告片：白色牛奶幻化成一个动感小奶人，与大家快乐地踢着足球奔跑。最后，足球变成一滴牛奶，飞溅到牛奶杯中，蒙牛的商标在动感十足的画面中被突出地表现出来。这一广告策略，构思独特，将世界杯与全民健身有机结合，可以看作是蒙牛全面启动体育营销战略的一个讯号。

3. 全民健身与体育营销

蒙牛选择全民健身的体育营销策略与伊利的奥运营销策略进行对抗，具有以下优势。

首先，国家体育总局一直都希望借助奥运会举办之机，将奥运的竞技精神推广延伸至大众体育，让全国人民都能享受到体育活动带来的健康和快乐，提高全民的身体素质。于是，国家体育总局倡导“全民健身，与奥运同行”，不断尝试让奥运精神落地。蒙牛打的全民健身牌与国家体育总局的期望不谋而合，这样双方进行合作的可能性大大提高。

其次，奥运会向来都是体育精英表演的舞台，普通百姓从中感受到的更多是精神层面的鼓舞和享受。而体育本身不仅仅是属于少数体育精英的，也属于任何一个热爱生命、热爱生活的人。全民健身能让最广大的民众参与，具有广泛的群众基础，这也符合了奥林匹克的重在参与的精神。

再者，蒙牛集团以“愿每个中国人身心健康”为企业愿景，一直努力寻找能让健康及快乐惠及每个中国百姓的机会。饮奶和运动是强健体魄的两大要素，多喝牛奶显然只是健康的一个重要方面，还需与体育锻炼结合起来才能收到更好的健身效果。

最后，全民健身作为一个营销理念，操作性很强，具有广泛的群众基础。全民的健身热情，只要有一个合适的平台，便会无限地释放，而蒙牛，就需要去创造这样一个机遇。

于是，打造一场全民参与的体育嘉年华，将上述四个方面的要素结合起来，成为蒙牛新的营销思路。

二、营销策略的平台选择

1. CCTV5——最佳的传播平台

CCTV5，作为央视体育频道，具有传播的广泛性和权威性，无疑是进行体育营销最佳的传播平台。取得与体育频道的合作，就把握了围绕2008年奥运会这场营销战争的“制空权”。基于对未来体育营销战略、奥运大背景及竞争对手的全面考虑，2006年6月8日，蒙牛乳业与CCTV5在京结成了战略合作伙伴关系。

（1）随着2008年奥运会的即将来临，CCTV5自然成为了各大奥运赞助商表演的舞台，而蒙牛作为非奥运赞助企业，争夺这一传播阵地则尤为重要，为奥运会之前及期间的营销战略积累至关重要的媒体资源。

（2）作为非奥运赞助企业，蒙牛的营销面临着巨大压力，而抢占体育媒体的制高点，并为蒙牛即将全面展开的线下活动找到线上的宣传出口，这显然成了蒙牛应对奥运赞助商们强大营销攻势的一招妙棋。

（3）蒙牛在《超级女声》的运作过程中与电视栏目深度合作的成功，积累了一定的经验。此次结盟CCTV5，蒙牛自然会将“超女”的核心运作理念复制过来，以期再现蒙牛新的营销奇迹。

2.《城市之间》——最有群众基础的活动平台

《城市之间》是法国电视台于1962年创办的趣味体育娱乐节目。其以群众为基础，以体育为平台，由两个或两个以上的城市参与，将体育看成是塑造大众精神健康的体现，有助于全民健身运动的开展。1998年，中央电视台首次将《城市之间》引入中国，包括香港、澳门在内的中国40多个城市都曾经走上这个大舞台。

《城市之间》的节目特点，使之成为蒙牛全民健身理念的最佳活动平台。为了使《城市之间》与蒙牛的营销策略更贴近，蒙牛与CCTV5对其进行了自创办以来最大规模的改版，“蒙牛《城市之间》，全国80城市全民健身展示活动”就这样诞生了。蒙牛《城市之间》积极响应国家体育总局提出的“全民健身，与奥运同行”的主题，并赋予这档栏目体育、娱乐、健康和国际元素，从而创造了电视栏目运作的新模式和企业冠名栏目的新思路。

3. 社体中心——最全面广泛的执行平台

按照《城市之间》的设计，每个城市将举行3场地面海选和1场晋级活动，在全国80个城市开展如此大规模的地面活动，这样的创举在国内是没有先例的。初次涉足大规模体育营销的蒙牛在酝酿阶段便碰到了一系列的难题，其中最大的难题便是《城市之间》的落地问题。

为了保证80个城市全民健身展示活动更顺利地落地和执行，蒙牛邀请了国家体育总局社会体育指导中心作为活动的主办机构之一。作为全民健身活动的对口主管机构，一直以来，社体中心都在积极倡导全民健身活动在全国的展开，而蒙牛《城市之间》的宗旨恰恰与社体中心的目标相符。

社体中心有遍布全国的网络，蒙牛和 CCTV5 有《城市之间》的宣传平台，三方合作可谓互补短长、多方共赢。在携手社体中心之后，《城市之间》活动获得了各地社体中心从场地、裁判、器材到保安的全方位支持与配合，80 个城市的地面活动得以顺利展开。

三、营销策略的推广

1.《城市之间》活动展开

首先，进行“城市海选”，由 80 个城市各自选拔代表队。每城市共进行 4 场路演，全国共 320 场，每城市 3 场初赛，1 场晋级赛，每城市共计 4 场，全国 80 个城市共计执行 320 场，3 场初赛每场选出 50 人，3 场共 150 人，最后 1 场晋级赛将选出 10 人（男女比例 6:4）。

其次，开展“区域复赛”，将 80 个城市分为 4 个区域，即南方 2 区域，北方 2 区域，每区域分为 20 个城市，南北各 10 个城市进入全国总决赛。

最后，“全国决赛”，南北两赛区共 20 支队伍，抽签分成 10 个组进行决赛 PK（二进一），最终决出 10 支代表队，作为中国代表队参加国外进行的 2007 年国际版《城市之间》赛事。

2. 宣传策略

（1）CCTV5 的宣传

国际版《城市之间》节目录制及播出；海选、复赛、决赛阶段宣传片制作及播出；海选、复赛、决赛花絮及节目精选报道；对赛事进展情况做相应新闻报道等。

（2）网络宣传

①主题网站

www. mengniumilk. com. cn 是蒙牛《城市之间》活动的主题网站。

主要功能：参赛城市网络资格票选；最新、最快地传达活动各阶段动态；活动赛程预告；《城市之间》活动及促销活动告知；城市人气积分投票等。

②门户网站及各大论坛

选择 Sina、Sohu、网易、百度等门户网适合活动的优势频道，进行不同形式的广告资源投放等。

（3）电台宣传

①中央人民广播电台

选择配合活动且收听率较高的时段及栏目进行不同形式的广告资源投放，主要形式为：同阶段的活动告知、活动动态新闻配合、听从互动等。

②活动城市地方电台

选择80个活动城市的地方电台收听率较好的时段及栏目配合活动告知。

(4) 报纸宣传

在报纸计划捆绑城市范围内，选择活动城市当地发行量相对较大的媒体配合活动告知；依活动城市海选路演排期（时间及地点）分批进行硬广投放。

(5) 广告宣传产品及包装

主题海报、空白海报、报名表、促销台、活动版内包装、活动版外箱等。

四、整合营销的创新性

在《城市之间》整体营销活动中，蒙牛整合了公益营销、事件营销、娱乐营销等多种营销方式。地面活动中蒙牛运用了最强大的执行模式——“超女模式”；媒体整合上运用成功的事件运作模式——“神五模式”；地面互动促销，则采用蒙牛一向擅长的“地毯式营销”。

1. 策略的创新

蒙牛通过《城市之间》进行非奥运营销，立足“全民健身，与奥运同行”这个最能亲近大众的主题，用体育赋予了品牌新的活力和内涵，可谓另辟蹊径、再出奇招。

2. 概念的创新

蒙牛给予体育新的诠释，为体育注入了娱乐、时尚和国际的元素，使全民健身这个曾经古老的话题有了新的内涵，变得生动和鲜活。

3. 资源整合的创新

《城市之间》是中央电视台一档普通的电视栏目，全民健身是国家体育总局一直所倡导的，也是许多企业在地面活动中宣扬的主题。蒙牛将两者有机整合，不仅使两者的价值发挥到最大，更重要的是通过蒙牛的执行力让它广泛地被百姓接受，并参与到活动中来，使之焕发出巨大的生命力。

4. 营销方式的创新

蒙牛对体育营销的运用并非单一模式，蒙牛的非奥营销是充分整合其所擅长的事件营销、娱乐营销以及公益营销等多种营销方式后，通过体育这一核心元素作为粘合剂，使之成为了一个有机的整体，从而实现营销效果的最大化。

蒙牛顺利地使活动完成并取得了预期的传播效果和社会效果，这与蒙牛一直以来拥有的强大的资源整合能力是分不开的。蒙牛在发展成长过程中一直在不断地进行着资源的整合，从获取摩根士丹利的风险基金到全球招聘总裁，从产品开发到概念的营销，从“神五”再到“超女”，蒙牛通过在具体运作过程中对资源的不断整合，进而在发展过程中保持快速的健康成长。在《城市之间》活动中，蒙牛整合了媒体的、终端的、主管机构的以及其他各种资源，通过他们之间的有机搭配和结合，使活动达到甚至超出了预期的效果，而蒙牛的资源整合能力在此次活动中得到了进一步的检验和提升。

五、成效评估

从2006年7—12月的5个多月时间里，共有十几万人以现场报名方式参加了320场城市海选、20场南北区域复赛以及10场全国总决赛，蒙牛《城市之间》将中国的城市居民带入了一场全民健身嘉年华活动。

中央电视台对复赛和决赛连续12天的实况转播引起了全国广大群众的浓厚兴趣，12天中共有近1.2亿人次（11 903万人次）观看了比赛，其中仅最后一场决赛的电视观众人数就达到近2 000万人（1 809万人）。

从2006年CCTV5所有栏目的收视率统计来看，蒙牛《城市之间》国际版单期最高收视率达到1.53，位居榜首，甚至超过了世界杯足球赛半决赛。连续12天的蒙牛《城市之间》复赛及决赛节目播出，在CCTV5取得了收视率及收视份额双第一的佳绩。

六、总　结

2006年，蒙牛主推创新体育营销路线，积极响应体育总局提出的“全民健身，与奥运同行”的号召，联合国家体育总局和中央电视台体育频道，立足“全民健身”这个最能亲近大众的体育主题，尝试用体育赋予蒙牛品牌全新的活力和内涵，让蒙牛品牌成为“让每一个中国人身心健康”和“创造优势生活”的象征。

蒙牛集团通过与央视《城市之间》栏目的合作，将全民健身这个曾经“老土”的项目引入了娱乐、国际以及流行元素，让所有参与的普通百姓更加感受到了体育带来的快乐和激情，极大地增强了消费者的参与力度，使得“全民健身”的号召真正落到了实处。

蒙牛着力打造的这一全民健身嘉年华，与蒙牛长久以来坚持走大众路线、公益路线的企业战略是相吻合的。在蒙牛看来，秉承民间路线和大众路线，坚持关注公众利益具有深刻的社会意义，这不仅符合蒙牛的品牌内涵，同时也契合建设和谐社会的时代主题，所体现的社会价值是多方位的。全方位、大规模地吸引普通百姓的参与，也真正实现了国家倡导和谐社会、倡导全民参与奥运、全民健身的要求，从而形成了各方多赢的社会局面。

现场陈述：

孙先红：内蒙古蒙牛乳业（集团）股份有限公司营销副总裁。

在蒙牛有一句格言：专心致志做牛奶，一心一意做雪糕。通过这几年专心致志的努力，蒙牛的市场占有率大幅提升。今天，我们需要解决的不是产品定位问题，不是渠道通路问题，也不是产品的价格策略问题，而是如何提高产品的美誉度和忠诚度的问题，这就是《城市之间》策划的由来。80 个城市，320 个广场活动，20 场复赛，还有 10 场国内决赛，还有 10 场 4 个国家参与的国际决赛，这是《城市之间》2006 年的数据资料。

2008 年北京奥运会是全世界共同关注的话题，蒙牛也在考虑如何借助这个机遇来塑造品牌的形象，在消费者心中奠定美誉度和忠诚度。从品牌的角度来讲，一般会提到功能利益和情感利益，我们一直在思考如何才能不断地提升消费者价值。围绕奥运这个中心点，通过运用与奥运品牌精髓的联系展开事件营销，是我们做这个案例的策略。作为牛奶品牌，与消费者最相关的利益便是营养健康。然而，乐观情绪、友谊和关爱，则体现了精神的健康。为了使企业的人文关怀形象进一步深入人心，充分调动全民的运动热情，丰富居民体育文化生活，于是蒙牛与奥运和健康联系在一起。

在人们看来，传统的体育竞技是少数精英的比赛运动，而《城市之间》运用创新的思维，将这种精英运动变成了全民都能参与的、近在身边的健身运动，而不再是单纯的体育比赛。70 多岁的老人和几岁的孩子，也可以成为活动的主角。这是创新的第一点；同时，生活本身就是一个运动场，不是只有去专业的场所才能直接参与运动，此是创新的第二点，就是我的栏目我参与。作为中央电视台的高端栏目，普通百姓能直接参与的机会相对较少，开心辞典也只是少数人可以参与。而我们的《城市之间》，可以让大多数人在体育场里广泛参与，更重要的是作为普通人，也有代表国家队参加国际比赛的机会；由于这个活动涉及面很广，将个人、家庭、朋友、社区及城市的荣誉感联系在一起，大家参与的积极性很高，推动了收视率的提升。这是创新价值的第三点，即 1 +1 +1 >3，将优势资源互补，打造更大的影响力。企业也有自身的媒体优势，我们有将近 100 亿的牛奶包装袋，这就相当于 100 亿张宣传单；我们的网络、平面及车体广告，也是重要的宣传资源。创新的第四点，是让奥运成果惠及全民，推动和挖掘全民奥运和全民健身的内涵，得到了国家体委的肯定和重视。

关于活动的效果，可以从两个方面来说。《城市之间》是中国最早，也是最大规模的全民健身活动。全民健身与奥运同行，推动了80个城市的奥运宣传，为政府提供一个极佳的平台来传扬奥运精神。至少活动每到一个城市，副市长以上的领导都参与，提升了蒙牛体育营销的美誉度。前不久的一个调查结果显示：被误认为奥运赞助商的企业中，蒙牛是误认率最高的非奥运赞助商。另一方面是收视率的表现。NBA的直播收视率以往在CCTV5是最高的，现在首次被《城市之间》超越。通过一年的活动，《城市之间》将CCTV5的男女人群的收视比例从差距很大变成现在的5.5:4.5。中央电视台对于收视情况相当满意，官方网站的流量也非常高，这就是多赢的方式。另外，这个活动也吸引了很多境外媒体的眼光，比如华尔街时报的关注及NBA全球业务总裁也来出席发布会等。

《城市之间》活动能够顺利展开得益于蒙牛的策划能力和执行力，整个营销活动方案都是事先设计好的，完全精确到每一场每一天。2006年初，蒙牛就用行动承担和实施了让奥运成果惠及全民的责任。

蒙牛《城市之间》，用实际结果说明，无论是否是奥运赞助商，关键是创新，关键是执行，关键是不断提升消费者的价值。

现场答辩：

答辩人：孙先红　内蒙古蒙牛乳业（集团）股份有限公司营销副总裁

提问人：吴　垠　零点研究咨询集团副总裁、研究总监、资深合伙人

范黎波　对外经济贸易大学国际商学院院长助理

陈一枏　香港管理专业协会理事

吴垠：我们说的体育营销，跟水饮料公司和品牌连接起来会产生双重的效果。蒙牛的产品是奶，而且你们强调的是一心一意做牛奶，一心一意做雪糕，这样的话就产生了一些矛盾，运动员在体育活动结束之后一般不喝牛奶。你们蒙牛有没有向矿泉水发展的战略呢？社会营销做品牌，你们动用的工具是社会营销和体育部分，通过社会营销使产品有很高的提升，这如何与牛奶直接联系起来呢？

孙先红：牛奶和体育有很大的关系，世界足球的前8强，牛奶饮用量在200公斤以上。美国NBA专门给美国的牛奶企业做公益代言，免费做广告。其实喝牛奶和体育两个最结合的地方，第一是长个，第二是强壮。这从产品的属性来说，完全是对通的。蒙牛《城市之间》最创新的地方，就是把运动的价值提升，最终目的为了快乐，为了和谐的家庭，为了健康的体魄，为了很好的优质生活，而不仅仅是为了运动之后的一杯水。而且蒙牛没有转向水饮料的打算。

范黎波：一般来讲，奥运是像可口可乐、百事可乐之类的碳酸饮料消费比较多，你们如何将牛奶和奥运结合起来？这次消费完了，下一步的消费打算是什么？

孙先红：运动需要提升体质，喝牛奶能够提升体质，我们通过赞助这种体育活动，和消费者拉近了情感的距离。品牌除了功能利益以外，附加值就是情感价值。奥运竞技场的活动，都是极少数人获得金牌的，体育竞技有时也是耐力的竞争。而大众也希望自己身体强壮，多喝牛奶能够增强体质。

陈一枬：平安保险和青岛啤酒做的也是全民运动，你们的项目和他们的有什么差别吗？

孙先红：国家体育总局希望推动全民健身体育运动，这是大企业的一种社会责任，不是一家企业能独立完成的。我们做了一个“每天一斤奶，强壮中国人”活动，通过这样的活动，拉动更多企业参与到活动中来。今年又有10个企业加入进来，包括微软等。NBA中国首席执行官陈永正个人出资10万元，购买蒙牛的牛奶用于帮助贫困山区的孩子；家乐福等一些外资品牌也加入进来。我们同样希望《城市之间》能带动更多企业加入全民健身运动中来。因此，我们都是为了一个共同的目标在奋斗，只是采取的活动策略有所不同。

竞争对手提问：中国杰出营销奖，强调营销的整个战略架构，而你们的案例似乎更像一个公共活动的案例。

孙先红：这完全是营销活动，而不是公共活动。我们的目标是产品美誉度和消费者忠诚度的提升，这与仅做产品的推广销售的境界是不一样的。蒙牛集团是全民健身最高举办单位，是国家体育总局的排他性合作伙伴，是CCTV5的排他性合作伙伴，80个城市体育局的排他性合作伙伴，也是全国妇联100个城市的排他性合作伙伴。从品牌的成长来说，消费者对产品的忠诚度、美誉度和依赖度，也是营销需要达到的目标，因此，蒙牛《城市之间》的营销活动是为企业的总的发展战略服务的。

裁判点评：

陈一枬：蒙牛的《城市之间》，开启了中国体育营销的新思路，作为中国民营企业中的营销先锋，蒙牛一直坚持走“全民路线”。从“全民娱乐”的经典之作——超级女声，到以“全民健身”为宗旨的《城市之间》，蒙牛在把牛奶营养带给千家万户的同时，也将运动、健康和快乐广为传播。值得祝贺！

案例思考题：

1. 蒙牛《城市之间》这个策划方案是怎样实施的？体育公共关系策划和一般策划有什么不同之处？

2. 如果让你为蒙牛做公关策划，你会怎么做？模拟该方案，写一个公关策划方案。

第六章　新闻发布会的策划与执行

本章要点

- 新闻发布会的特点
- 新闻发布会的3个阶段
- 新闻发布会策划的原则
- 新闻发布会执行的3大误区

“千里冰之夜”毛泽东诗词朗诵晚会

1990年10月10日，肥城啤酒厂生产的“千里冰”啤酒，在首届中国酒文化博览会上，被评为“最受中外消费者欢迎的产品”，荣获“长城杯”奖，并被亚运会组委会授予“亚运活动贡献奖”。1991年8月，山东肥城县“千里冰”啤酒厂又得了一个地区级金鸡奖，为了推广，这个名不见经传的小厂居然想到北京人民大会堂开新闻发布会，并邀请中央领导人出席，希望在首都有关报刊发消息。

这个主意在一般人看来，无异于开玩笑。但公关策略智慧的闪光却使这个玩笑变成了现实，轰动了整个京城。记者出身的铁流，深深了解传媒对公关成败的重大作用。要想成功地举办这样一次全国规模的大会，必须要制造新闻热点，吸引发行量大、影响范围广的报纸，刊发大会消息，造成声势。这位公关策划专家独具匠心，将新闻发布会的名称改为“千里冰之夜毛泽东诗词朗诵晚会”，正好与毛主席的著名词句“千里冰封，万里雪飘”相契合，而时间移至毛泽东诞辰98周年前夜12月25日晚上。

晚会上规定必须全盘“毛派”，唱毛主席的歌，跳毛主席的舞。当时中国正在兴起一股毛泽东热，“红太阳颂歌”以旧歌新唱的形式再次唱响神州。举行如此盛大、别具意义的晚会也正好迎合了时尚。被邀请到的中央领导人都欣然出席了晚会。这一年全国只有两处有纪念毛泽东诞辰周年的活动，一处是毛泽东的故乡湖南湘潭，另一处就是人民大会堂的“千里冰之夜毛泽东诗词朗诵晚会”。

人们无不惊奇，一个小小的乡镇企业居然能举办如此高规格约活动！而在惊奇之余，又不得不感叹公关策划的价值与威力。

第一节 新闻发布会的特点

为了树立或维护组织形象，更好地协调公共关系，主动地引导舆论倾向，社会组织会不定时地举办新闻发布会，以传递重要信息，以维持与公众的良好沟通。

一、新闻发布会的概念

新闻发布会是组织与公众沟通的例行方式。它是一种两级传播：先将消息告知记者，再通过记者所属的大众媒介告知公众。

（一）新闻发布会的概念

新闻发布会是社会组织为公布重大新闻或解释重要方针政策而邀请新闻记者参加的一种公共关系专题活动。它是组织传播各类信息、吸引新闻界关注、搞好媒介关系的重要手段。特别是组织遇到一些问题无法通过自身去向社会公众解释时，借助于新闻媒介传递真相、澄清事实，更有利于组织引导公众舆论、树立或维持形象。[1]

召开新闻发布会的基本程序为：（1）准备新闻由头；（2）确定会议主题；

〔1〕 潘肖珏．体育公共关系［M］．上海：复旦大学出版社，2005：155.

（3）确定邀请对象；（4）会前采购布置；（5）召开新闻发布会；（6）组织相关活动；（7）会后总结反馈。

（二）新闻发布会与记者招待会的区别

新闻发布会，也有人把它叫记者招待会，其实这两者是有区别的。

新闻发布会侧重于发布新闻，如企业做出了某项重要的决策、研制生产了某种新产品或推出了某项对社会有重要影响的革新项目。企业若想通过大众媒介把这些信息广泛地传播出去，就可以举办新闻发布会。

记者招待会则有所不同，它不一定有新闻要发布，它的主要目的是和新闻媒介公众进行沟通。任何企业在与社会各界公众的交往中，都会遇到很多错综复杂的问题，如本单位与外单位发生了法律纠纷，企业受到了顾客的批评、受到了社会舆论的谴责、受到了新闻媒介的公开指责、受到了某一其他社会组织的诬告等。当这些问题发生之后，企业为挽回影响并争取舆论界的支持，就有必要召开记者执行会。

当然新闻发布会与记者招待会也有以下共同特点：（1）形式正规、严肃隆重、格调较高；（2）信息传播在深度和广度上都较其他形式优越；（3）与会记者可以根据自己的立场、观点就感兴趣的有关问题进行提问，所以能够更好地发掘有价值的新闻；（4）要求发言人和主持人对与消息和组织有关的资料特别熟悉，反应迅速，思维敏捷，应变力强，口齿伶俐；（5）会场上还可以配合展出实物模型、示范表演或图表、录像带，亦可现场参观，然后由记者以大众传播的方式进一步将信息告知社会公众。所以，记者招待会或新闻发布会具有二级传播的特点[1]。

二、新闻发布会的特点

在体育领域，在重大赛事的前后，我们经常能见到新闻发布会，像世界一级方程式锦标赛之前一般都会举办新闻发布会。一般新闻发布会都具有以下特点。

（一）正规隆重，可信度高

与其他跟公众沟通的途径相比较，形式更正规，档次较高，地点都精心安排，

〔1〕 刘佳环．公共关系实务［M］．广州：广东高等教育出版社，2008：229.

邀请记者、新闻界（媒体）负责人、行业部门主管、各协作单位代表及政府官员等相关权威人士出席，所以容易取得公众的信赖，具有很强的客观性和较高的可信度。

（二）双向交流，沟通活跃

与其他跟公众沟通的方式相比较，新闻发布会的沟通更活跃，是一种双向互动的交流方式，经常是由社会组织先发布新闻，后请记者提问回答，所以这是一个广泛传播某一重要信息的有效方法，也是组织与媒体之间信息交流的一个很好的机会。

（三）二级传播，影响力大

新闻发布会由于请到许多新闻传播面广的媒体到场，通常包括报刊、电视、广播、网站等各类媒体，新闻发布较为集中，可以将预期准备好的信息较为迅速地扩散到公众中去，所以影响力比较大，成为组织迅速广泛传播信息的一种有效途径。

第二节　新闻发布会的三个阶段

新闻发布会是体育公共关系工作过程中的一个日常工作。策划和执行的好坏，直接影响着报道的好坏以及公共关系的成败与否，也影响着组织的生存和发展。

一、新闻发布会的策划阶段

在新闻发布会策划之前，有必要对新闻媒体议程（媒体的采前会、编前会）、新闻传播途径、新闻话题设置、公众舆论走向、媒体运作机制有深刻理解，同时对新闻发布会主办方所在行业背景、产业动向、竞争对手传播策略有着透彻的分析和把握，具备这些专业知识，才能策划出好的新闻事件，达到好的传播效果。但是，要吸引公众关注，首先在形式和内容上要引起媒体兴趣，可借势当前公众关注的新闻事件，迎合新闻热度，释放相关性话题。也可借明星、大腕助阵，结合宏观背景、产业背景、行业背景，为新闻发布会造势，为媒体提供更多新闻由头和报道角度。

在不违背新闻真实性的前提下，新闻发布会力求策划有价值的新闻事件，吸引媒介的注意，争取被媒介报道的机会，为树立组织形象服务。

（一）策划时新闻发布会标题要规范

新闻发布会一般针对企业意义重大，媒体感兴趣的事件举办。每个新闻发布会都会有一个名字，这个名字会打在关于新闻发布会的一切表现形式上，包括请柬、会议资料、会场布置、纪念品等。在选择新闻发布会的标题时，一般需要注意以下几点：（1）避免使用新闻发布会的字样。我国对新闻发布会是有严格申报、审批程序的，对企业而言，没有必要如此烦琐，可直接把发布会的名字定义为“信息发布会”或“媒体沟通会”即可；（2）最好在发布会的标题中说明发布会的主旨内容，如某某企业2005新品发布信息发布会等；（3）有时可以为发布会选择一个具有象征意义的标题，这时一般可以采取主题加副题的方式，副题说明发布会的内容，主题表现企业想要表达的主要含义，如“海阔天空　五星电器收购青岛雅泰信息发布会”；（4）通常情况下，背景墙（巨型海报或PPT投影）和邀请函则需要打出会议举办的时间、地点和主办单位，这个可以在发布会主标题下以字体稍小的方式出现。

（二）策划时确定最佳时间和地点

新闻发布会的时间通常也是决定新闻何时播出或刊出的时间。多数平面媒体刊出新闻的时间是在获得信息的第二天，会议时间保证在1小时左右，这样可以相对保证发布会的现场效果和会后见报效果。发布会应该尽量不选择在上午较早或晚上。部分主办者出于礼貌的考虑，有的希望可以与记者在发布会后共进午餐或晚餐，这并不可取。如果不是历时较长的体验式新闻发布会，一般不做类似的安排。有一些以晚宴酒会形式举行的重大事件发布，也会邀请记者出席。但应把新闻发布的内容安排在最初阶段，至少保证记者的采访工作可以比较早结束，确保媒体次日发稿。在时间选择上还要避开重要的政治事件和社会事件，媒体对这些事件的大篇幅报道任务，会冲淡企业新闻发布会的传播效果。

新闻发布会的场地可以选择户外（事件发生的现场，便于摄影记者拍照），也可以选择在室内。根据发布会规模的大小，室内发布会可直接安排在企业的办公场所或者选择酒店。为了体现权威性，也可在人民大会堂等权威场所举行。酒店有不同的星级，从企业形象的角度来说，重要的发布会宜选择五星级或四星级酒店，选择酒店的风格要注意与发布会的内容相统一。还要考虑地点的交通便利与易于寻找，包括离主要媒体、重要人物的远近，交通是否便利，泊车是否方便等。

发布方在寻找新闻发布会的场所时，还必须考虑以下的问题。(1) 会议厅容纳人数、主席台的大小、投影设备、电源、布景、胸部麦克风、远程麦克风、相关服务如何、住宿、酒品、食物、饮料的提供、价钱是否合理、有没有空间的浪费等；(2) 发布现场背景布置（酒店是否会代为安排）：主题背景板，内容含主题、会议日期，有的会写上召开城市，颜色、字体注意美观大方，颜色可以企业 VI 为基准；(3) 酒店外围布置（酒店是否允许布置），如酒店外横幅、竖幅、飘空汽球、拱形门等，及当地市容主管部门是否有规定限制等。

（三）邀请媒体和相关人员出席

媒体邀请的技巧很重要，既要吸引记者参加，又不能过多透露将要发布的新闻。在媒体邀请的密度上，既不能过多，也不能过少。一般企业应该邀请与自己联系比较紧密的商业领域记者参加，必要时如事件现场气氛热烈，应关照平面媒体记者与摄影记者一起前往。邀请的时间一般以提前 3 ~5 天为宜，发布会前一天可做适当的提醒。联系比较多的媒体记者可以采取直接电话邀请的方式。相对不是很熟悉的媒体或发布内容比较严肃、庄重时可以采取书面邀请函的方式。

一般存在以下几个影响媒体记者参加新闻发布会的主要因素。(1) 是否对口：综合性报纸和财经类报纸不是泾渭分明，有跨行业交叉报道的可能，但是对于大多数都市报的记者而言，这种对口性是第一要务；(2) 是否有贴近性：都市类媒体更愿意参加具有“本地性”新闻活动；(3) 是否有新闻性：中央级综合性媒体更注重报道倾向于大背景、大主题、大角度的切入，而都市类媒体更多的从易于被普通百度熟知和接受的小角度切入，故在准备新闻稿时最少要有 3 ~5 个版本，并且新闻素材要丰富；(4) 是否有新闻采访权：人民网、新华网等主流新闻网有采访权，而商业网站是没有采访权的，故为了让新闻发布会内容第一时间出现在网络上，邀请网媒记者出席时应区分清楚哪些能出席、哪些可以原发、哪些只能转载。

（四）准备好给媒体记者的资料

提供给媒体的资料一般以广告手提袋或文件袋的形式，整理妥当，按顺序摆放，再在新闻发布会前发放给新闻媒体。顺序依次应为：(1) 会议议程；(2) 新闻通稿；（3）演讲发言稿；（4）发言人背景资料介绍（包括头衔、主要经历、取得成就等）；（5）公司宣传册；（6）纪念品（或纪念品领用券）；（7）企业新闻负责人名片（方便新闻发布后记者进一步采访、新闻发表后寄达联络）；（8）方便记者记录的空白信笺、笔。

相关案例　　第五届中国最佳公关案例颁奖典礼在京举行

——北京申奥公关活动案例获中国杰出公关大奖

第五届中国最佳公共关系案例颁奖典礼今天在京举行。北京2008年奥运会申办委员会因其申办中的成功公关战略而获得本届大赛的最高荣誉——中国杰出公关大奖。上海通用汽车有限公司公关部报送的“2000年—中国家用轿车元年”公关活动案例获中国公共关系创意奖。成功处理中美史克“PPA事件”危机的中国环球公关公司等15家单位获得金奖。

“中国最佳公共关系案例大赛”是中国国际公共关系协会主办、中国公关届最具权威和最高层次的竞赛活动。该赛事始于1993年，每两年举办一届，其宗旨是：检阅中国公关业的成就，推动中国公共关系业职业化、专业化、规范化发展。

金奖获奖名单：

1. 媒介关系：媒体公关与政府公关的结合（凯旋先驱公司）
2. 政府关系：钱伯斯中国之行（思科系统公司）
3. 社区关系：英特尔电脑小博士工作室（英特尔公司）
4. 财经传播（海外）：中国未来的动力－源自海洋（万博宣伟公司）
5. 财经传播（国内）：软件巨擘资本骄子（蓝色光标公司）
6. 大型活动：寻找新生活的奥妙（上海视点公司）
7. 危机管理：从“危机”到“商机”（中国环球公司）
8. 新产品上市：时空安静－奥迪A8上市（罗德公司）
9. 营销公关：感性主题与策略传播（爱德曼公司）
10. 企业形象：眺望新世纪，锵锵三人行（宣亚智杰）
11. 高科技公关：全民液晶风暴（联想集团）
12. 医保公关：微笑洒一路，健康伴终生（广州高露洁）
13. 非盈利机构：咖啡的时尚魅力（伟达中联）
14. 整合营销传播：IMB PC“蓝星计划”（海天网联）
15. 品牌管理：巧打服务牌　顾客当总裁（创维集团）

——《第五届中国最佳公关案例颁奖典礼在京举行》人民网 2002－6－28

二、新闻发布会的发布阶段

新闻发布会的发布阶段要注意这4方面的内容。

（一）及时发布正规信息，力求反应迅速

社会上出现公众和新闻媒体关注的重大事件时，如果相关组织不能通过正式的新闻媒体传播渠道迅速向公众说明真相，就会造成传播中的信息真空。一旦主流信息缺失，公共媒体信息沟通不畅，公众就会用想象来填满所有的疑问，才使得非正常途径的信息在私下传播、交流，其中难免产生错误的诠释，甚至以讹传讹，生出各种各样的“小道消息”。所以，当公众急于了解真相时，社会组织必须在最短时间做出最快的反应，主动及时发布正规信息，避免流言与小道消息泛滥。

（二）遭遇危机时态度真诚，力求告知真相

从心理学的角度讲，人们的感觉胜于事实。人们感兴趣的往往并不是事情本身，而是当事人对事情的态度。危机发生后，一个组织如果有诚意，而且让公众感受到你的诚意，那么，公众和利益相关者或许会恢复对你的信任。真诚地告知媒介和公众事实以及社会组织的态度和措施，往往能平息公众的情绪，使原本愤怒、反感、恐慌的情绪逐渐平复。所以，遭遇危机发布时态度要真诚，力求告知真相，以获得社会公众和舆论的理解。

（三）必要时高层要出面，力求口径统一、信息权威

当社会组织要发布重要信息时，必须先明确怎样说，谁去说，跟谁说，内部要确定统一的发言人。特别在紧急关头，组织内部的人员很难立刻达成共识，所以必须明确组织中对外信息发布的唯一出口，第一时间传递出最适当的信息。在新闻发布会上，一般高层领导和专家出面讲话最有权威，就像邱吉尔曾谈到的经验那样：“在危机中，人们希望目睹领袖的容颜，直接接收他的指挥。”[1]

---

〔1〕 曾琳智．新编公关案例教程（第二版）［M］．上海：复旦大学出版社，2010：115－116.

相关案例　　　　“非典”时期的政府新闻发布会

2003年2月8日中午时分，“广州发生致命流感，春节以来在几家医院有数位患者死亡”的消息开始悄悄传播，手机短信和口耳相授是这个消息的主要传播渠道，此时恐惧开始滋生。这个时候，人们期待的官方信息始终没有出现，倒是在2月10日上午，有媒体“模糊”地报道：近期广州患“感冒”和“肺炎”的病人增多……10日中午，南方网谨慎地发布了官方信息：广东省部分地区先后发生部分“非典型性肺炎”病例，该病主要表现为“急性起病，以发热为首发症状，偶有畏寒……有明显的呼吸道症状……该病有一定的传染性”。预防措施包括保持空气流通、醋熏、勤洗手和谨慎接触病人。

掩藏的恐惧终于爆发：一时间，大半个广州都动起来了。“买药了吗?”和“买醋了吗?”成了广州人的见面语。板蓝根和抗病毒药物成为人们哄抢对象。从2月10日起，相同景象几乎同时出现在国内各大中城市，北京、武汉、长沙、海口……板蓝根、抗病毒药物、白醋热销。

2月11日，广州市政府和广东省卫生厅针对非典恐慌分别召开新闻发布会。会上主要是说明的确有一种病毒引起了“非典型肺炎”，并且公布了患病人数，总共有305例，其中广州226例，医务人员感染发病的有105例。在新闻发布会上，政府官员和传染病专家承认，病源和病因还没有分离出来，病原鉴定工作尚未能做出确切的结论，而且到目前为止，还没有特效药可以治疗，临床上采纳的主要是对症治疗，另外专家还介绍了一些预防措施和患病的特征表现等等。尽管这些情况并不算是好消息，但是通过这次电视直播的新闻发布会，广州市民对非典型肺炎的认识逐渐清晰起来。很快，高价的白醋不热销了，药店门口的长队自动消失，市民的生活趋于平静，整个社会的运转基本恢复正常。

（资料来源：《非典启示录：不懂危机管理的企业没有竞争力》，《中国经营报》2003年5月20日）

三、新闻发布会的报道阶段

（一）主题明确、集中、深刻的公关稿件才具备新闻价值

新闻发布会的策划要讲究时机，发布时机稍纵即逝，不迅速看准和抓住时机，事后即使花数倍的精力和金钱去做相关报道，也无法收到时机之效。

公关人员在一大堆事实材料面前，首先要解决的一个问题，那就是写这则新闻的主旨是什么？从哪个角度入手来表达这个主旨？这就涉及到一个新闻主题提炼的问题。提炼一个好的新闻主题从而具备新闻价值起码要做到 3 点：（1）主题明确：是指作者对新闻所报道的人或事，要有鲜明的态度，提倡什么，反对什么，赞成什么，批评什么，应当清清楚楚，毫不含糊，否则下笔千言，主题模糊，云遮雾罩，使读者不知所云。（2）主题集中：是指新闻主题要单一，要抓住要点不枝不蔓，把中心思想写深写透，切忌贪大求全，一则新闻只能有一个主题，写作时要始终围绕一个中心展开思路，把火力集中到一个目标上去，所谓“开口要小，挖掘要深”，“突破一点，以小见大”，都说明了这个道理，否则什么都想报道，结果什么也讲不清。（3）主题深刻：主题的提炼过程，实际上是作者对新闻事物的认识由感性上升为理性的一个飞跃的过程。如果准确地达到了对新闻事物全体的、内部规律的、完整的认识，抓住了事物的本质，那么，这个主题就深刻了；如果只停留在事物的表面现象上，那就只能就事论事，束缚于这样或那样的局限性之内，看不出事物的真正价值和它的普遍意义。

（二）新闻稿被采用之后，才能够实现公关目标

新闻稿被采用之后，报道阶段还需要监控媒体发布情况，整理发布会音像资料、收集会议剪报，制作发布会成果资料集（包括来宾名单、联系方式整理，发布会各媒体报导资料集，发布会总结报告等），作为组织资料保存，并可在此基础上制作相应的宣传资料，进一步评测新闻发布会效果，收集反馈信息。只有不断总结经验，才能提升公关水平，从而实现塑造良好组织形象的公关目标。

第三节　新闻发布会的组织原则与问答技巧

一、新闻发布会的组织原则

（一）计划周密，专人负责

新闻发布会的策划一定要计划周密，有专人负责，适当放大邀请名单，对重要人物实施公关和追踪，设计背板，布置会场，充分考虑每一个细节，如音响、放映设备、领导的发言稿、新闻通稿、现场的音乐选择、会议间隙时间的娱兴安排等。

（二）分工合作，再三确认

策划阶段，按照邀请名单，分工合作发送邀请函和请柬，确保重要人员不因自身安排不周而缺席发布会。回收确认信息，制定参会详细名单，以便下一步安排。

（三）尽量预演流程，预设备用方案

正式发布会前提前1~2个小时，检查一切准备工作是否就绪，将会议议程精确到分钟，并制定意外情况补救措施。购买礼品，选聘主持人、礼仪人员和接待人员并进行培训和预演。并预备备用方案，确保新闻发布会参与人的数量和质量。

二、新闻发布会的问答技巧

（一）问答时发言人和记者要把握风度和分寸

其实，一个新闻发言人成熟的标志就是在他的发言中能够把握风度和分寸，把他独特的个性魅力表现出来。新闻发言人通常所运用的语言多是实用语言，往往是周密、准确有余，而风趣、灵性不足。不少新闻发言人在一本正经之余，不失时机地添加一些幽默或故事来调剂气氛，这对于活跃气氛、调节节奏是有较大助益的。美国不少优秀的新闻发言人都是幽默高手，像白宫发言人麦克莱伦等，不仅反应敏捷、出口成章，而且幽默风趣、不失锋芒，这最能彰显新闻发言人的人格魅力。

对于丰田公司的“召回门”事件，CNN的记者是这么问的：“你觉得您的祖父（丰田创始人）看到这个事件会怎么说，他会有多失望？”“面对那些死去亲人的消费者，你想直接对他们说点什么？”“你觉得今天看完这个节目的消费者明天能很有信心地去店里买丰田车吗？”“你在怪那些人开车有问题吗？”“丰田会赔偿消费者的医疗和丧葬费用吗？”CNN的提问包含了“失望、死亡、购买、安全、赔偿”等关键词，虽然每句都很尖锐，但每个词都在提醒章男：丰田车的不安全严重影响了美国民众的日常生活，丰田必须要承担必要的责任并接受应有的惩罚。相对而言，CCTV的提问就比较大而化之：“从美国直接飞到中国，您最想对中国消费者说什么？美国听证会上被质疑，您觉得委屈吗？这次召回危机原因中，您觉得哪个最主要？您觉得在这场危机中，是否有政治因素的干扰？销往中国的是三流车吗？您如何保证中国消费者完全和美国消费者得到同样的服务？下一步您准备去欧洲吗？如果去，准备说什么？是否和对北京消费者说的一样？在您心目中，汽车行业的重新洗牌会发生吗？如果发生，未来全球汽车行业将是什么格局？此时此刻，您最想用哪几个汉字来激励自己？”如果说从提升语言沟通的有效性这个角度来说，记者提问应该首先真诚，具有一定的人文关怀。

（二）新闻发言人说话必须准确到位

新闻发言人说话必须准确到位。但要真正做到这一点相当不易，首先必须做到理解准确，这里的准确包括3个层面。

1. 对问题方向的把握要准确

这属于原则问题，不能有丝毫差池。请看上海市政府新闻发言人焦扬在回答记者提问时是怎样表现的。一位媒体记者问她：“海外一家媒体刊登消息说，上海有一位前副市长因周正毅案而受到牵连，请问这消息是否属实？”焦扬是这样回答的：“有关报道我确实看到了。近期海外一些网站，甚至有些比较严肃的海外媒体炒作什么上海前任副市长，或前任人大副主任因受到周案牵连而被监视居住。我可以确切地说，这是极不负责任的，也是毫无根据的。点名道姓对领导人进行人身攻击我认为降低了媒体的威信，同时也降低了记者的职业道德。这位当事人后来向这家媒体投寄信函，指出这不负责任的谣言，要求他们道歉。这家媒体还是有职业精神的，全文刊登了信函，并向这位领导道歉，有些媒体转载了。我觉得媒体应以客观、公正取信于民，对于捕风捉影的事情要打一个问号。”焦扬的回答有理有节、锋芒毕露。

2. 对问题内容的把握必须准确

再看焦扬的精彩表现：上海市的一家媒体记者问：“今年我们新增 40 万个岗位，过去 3 年是每年净增 10 万个，对于城镇失业人员来说，净增更有意义。请问今年净增是多少？今年出台一些措施保证高校毕业生就业，这些政策出台是否提高外省市毕业生进入上海的门槛？”焦扬是这样回答的：“今年没有过完，只有半年，今年到底净增多少，现在没法统计。新增与净增的概念是不同的，净增是实实在在的增加就业岗位，新增数量减去减少的数量。但是，如果只考核净增的数目，就难知晓什么地方增加了什么岗位，什么地方减少了什么岗位，很难体现经济发展与就业增长的关系。因此，新增的概念是增加就业状况的透明度，新增在哪些方面，增加了什么岗位，很清楚地描述，对社会的透明度的概念更加实在。”记者的提问是比较有质量的，也比较专业，但他对“净增”的理解有偏差。因此，新闻发言人首先要澄清“净增”与“新增”这两个关键性的概念，否则就不能准确地把她要说的话说清楚。

3. 关键细节的把握务必准确

美国道琼斯新闻公司记者问焦扬：“请问一下周正毅案件，你上次说有关部门继续调查这个事件，有什么进展，可以告诉我们这方面的情况吗？”这个提问比较敏感，回答起来难度很大。与焦扬对第一个提问义正词严的回答截然不同，她对这个问题的回答显得特别谨慎，措辞十分小心。她用了“市政府在积极配合有关方面调查”“我还没有得到权威部门的权威消息”这些语词进行表述。这些语词既表达了较多的弦外之音，但又没有把这些信息全部点破，分寸感拿捏得十分到位。再如，记者问焦扬：“最近上海国资委何时挂牌？地点在哪里？国资委挂牌后，许多政府部门今后这样转变会不会变成行业协会？”记者一股脑提出了一连串的问题，显然对新闻发言人的期待很高，希望有一个比较圆满的回答。但是，新闻发言人的回答显得比较吝啬：“上海国资委不久会挂牌，但时间及有些政府部门的职能变化，都有一个批准程序还没完成，因此我未被授权在这里发布。”当然，如此回答不是新闻发言人的意思，而是她背后的上海市政府或者说有关决策者的意图。[1]

（三）应对问题时要随机应变

新闻发言人在应对记者提问时，难免会遇到不少棘手的问题，这是新闻职业逻辑使然。布什总统的新闻发言人弗莱舍就是随机应变的高手，他除了清楚、准确地传达布什的政策之外，还严格遵守布什政府关于保密的原则。克林顿也是随机应变的高手。2003 年 1 月 10 日，克林顿在清华大学“AIDS 与 SARS 国际研讨会”演讲，之后回答了包括清华大学学生、媒体记者、医药公司代表以及一名艾滋病患者等在内的 9 个人的提问。清华大学新闻与传播学院的陆娅楠提问：“如果您现在是一名艾滋病病人，您有 3 个选择：A：权利，包括个人尊严、社会地位、被团体接纳、平等地被对待；B：爱人，包括您的父母和您的妻子、女儿以及知己好友；C：具体功能，包括感觉、知觉、运动能力、理性思维、记忆力以及性能力。如果您只能保留一项的话，您会选择哪一项，为什么？”克林顿略加思索地说：“如果我能够做出选择的话，我会选择第一项，A 权利，我要求别人尊重我，取得平等。”

第四节　新闻发布会执行中需要注意的问题

一、新闻发布会执行的三大误区

（一）没有新闻的新闻发布会

有些社会组织似乎有开发布会的嗜好。很多时候，企业并没有重大的新闻，但为了保持一定的影响力，证明自己的存在，也要时不时地开个发布会。造成的后果是，企业虽然花了不小的精力，但几乎没有收成。新闻性的缺乏使得组织者往往在发布会的形式上挖空心思、绞尽脑汁，热闹倒是热闹了，效果却未见得理想。如果过于喧宾夺主，参会者记住了热闹的形式，却忘记了组织者想要表达的内容。

〔1〕 张涛甫. 新闻发言人：技巧决定成败［J］. 决策. 2005（4）：49－51.

（二）新闻发布的主题不清

从社会组织的立场出发，主办者恨不得把它几十年的光荣史一股脑端上去，告诉人家什么时候得了金奖、什么时候得到了认证、什么时候得了第一、什么时候捐资助学。但是偏离了主题的东西在媒介眼中形同废纸。

（三）触及敏感话题就含含糊糊

有的社会组织在传播过程中生怕暴露商业机密，凡涉及到具体数据、敏感话题时总是含含糊糊，“环顾左右而言他”，不是无可奉告就是正在调查。这样一来，媒体想知道的，组织没办法提供；媒体不想搭理的，组织又不厌其烦。

二、新闻发布会执行中需要注意的问题

公共关系的“双向传播原则”表现为社会组织应有强烈的传播意识和沟通欲望，自觉利用一切传播机会和传播媒介去影响公众、引导公众和争取公众，并善于运用双向沟通的方法去赢得公众的理解、信任和好感。

（一）举办新闻发布会前，必须进行周密筹备

在举办之前，要确定会议的主题、时间、地点与被邀请对象，选择会议主持人和发言人，准备好发言稿与报道提纲，组织参观和宴请的准备，制定会议费用预算等。对于最佳时机的选择，要慎重选择。北京奥运吉祥物发布活动安排新闻发布会，选择在北京奥运会举办倒计时 1 008 天举行，既避开了节假日，又距离吉祥物正式发布尚有 8 天的时间，这样便于媒体做出充分准备，且能引起媒体与公众的关注。

（二）主持人言谈要庄重、有涵养、有幽默感

新闻发布会的主持人要充分发挥主持与组织作用，言谈一定要庄重、有涵养、有幽默感，注意控制好会场气氛，把握主题范围，维持会议秩序，掌握会议时间，促成会议顺利进行，尽量让发布会显得紧凑、集中、有趣且高效。

（三）发言人演讲要条理清晰，简明扼要

发言人演讲应该条理清晰，保证发布的信息准确无误、简明扼要，便于媒介和公众明白社会组织的发布意图。

（四）发言人要尊重记者的提问，尽量满足记者和公众的心理期待

在记者问答环节，发言人要充分尊重记者的提问，发言之前材料要准备充分，回答方式灵活多样。北京奥运吉祥物发布活动安排新闻发布会上，当埃菲社记者提到："关于吉祥物的线索是否能够更多，多介绍一些关于吉祥物的信息？"这样涉及机密的问题，北京奥组委执行副主席蒋效愚先生首先承认这是一个非常难答的问题，但并不就此以"无可奉告"而结束，而是认真地解释原因："因为我们的吉祥物还没有公布，现在还处于保密阶段。"并机智地告诉记者如何去获得圆满的答案，而自己现在不能告诉答案的理由，使对方基本满意自己的回答[1]。

相关案例　　**一个国家的公关**[2]

奥运之时，在体育以外的另一个竞技场上，中国政府正在与国际媒体暗战，其唯一有效的工具是：沟通。"政府意识到，奥运成功与否并不是自己说的，而是国际评价。"伟达（中国）公共关系顾问有限公司董事、高级副总裁孙玉红说。

如今，中国越来越频繁地登上欧美大报的头版，中国被描述成为一个庞然大物，它发展很快，但时有愤怒；它无处不在，却又琢磨不透。中国政府希望其国际形象变得现代而温和，改善西方对中国的刻板印象。为了此目标的达成，她已在手段层面做出了选择：开放而非禁止，沟通而非躲避。

也正由此，掌握着与媒体、公众沟通技巧的国内外多家公关公司进入了政府的视野，并开始了时近8年的合作历程。

---

〔1〕曾琳智．新编公关案例教程（第二版）［M］．上海：复旦大学出版社，2010：278.

〔2〕沈亮，蔡木子．一个国家的公关．南方周末［EB/OL］．［2008－09－04］．http：//www.infzm.com/content/16844/.

专业公关公司进入政府活动，既是中国因国家崛起而不得不在意国家形象的一种选择，更是政府全能主义的一种姿态转变，由包办一切转而对专业分工、专业价值的认可和引入。

终于看到奥运公关的结果

8月26日下午，北京奥运会结束的第三天，孙玉红心情不错。伟达（中国）与北京奥组委在2006年就启动的合作项目，现在终于看到了结果。奥组委新闻宣传部部长王惠给她发来短信以示谢意："谢谢你两年的鼎力支持！"

这一天，在孙玉红的桌上，放着一份《北京奥运会国际媒体监测情况汇总》，里面摘录了法新社、路透社、《华尔街日报》《金融时报》等国际主流媒体对奥运会的相关报道。此类监测，是奥组委对公关公司的要求之一。早在奥运会正式开始之前，伟达就每日撰写一份。

监测是为了预估媒体将要问到的问题，这对公关公司的监测与分析能力都是考验。每天早上，孙玉红与奥组委一起研究昨天的舆情焦点，以此决定当日发布会的内容，"几乎要无一遗漏"。

"如果有问题超出了奥组委的工作范围，就会把相关负责人请来做答。"孙玉红说，"有记者问天气，我们就请气象局的负责人；还有问兴奋剂的，那药监局的负责人就会出现。"

这些出现在新闻发布会现场的发言人们，都已经过多次培训。

在此类培训班上，公关专家们面授机宜。"我们帮助他们了解记者的工作性质。提供记者所需要的新闻，同时也传达自己想传达的信息，这需要技巧。"孙玉红说："记者为了拿到真正有价值的新闻也会使一些技巧。有时记者一开始问比较温和的问题，当你眉飞色舞地讲了半个小时放松警惕后，他突然问一个尖锐的问题，这时你很可能就放松警惕了，随随便便地就讲。还有些时候，记者说，好，今天的采访就到这儿吧，然后就收拾行装，临出门前问个看似不经意的问题，你没有警惕，结果第二天一看报纸，只有最后一个问题写了，前面的一个都没有见报。"

也曾有记者质问参与培训的清华奥美公共形象战略研究室研究主任董关鹏："你都教了官员些什么啊?!"董关鹏回答说：我教的第一个原则是，谎言永远掩盖不了真相。

在体育与政治间做切割，这是伟达为奥组委提供的宣传建议。“中国承诺的是办一场很好的奥运会，跟别的国家相比，中国的难度更大一些，要处理很多与奥运无关的事情。比如奥组委经常要面临政治外交舆论上的各种问题。”孙玉红说：“我们的建议就是政治跟体育分开，这是大的基调与策略。政治的话题由国新办来回答，奥组委专注做好自己的事情。”

目标的达成并非一夕之功，伟达为此工作了3年。

不开只会更糟

2005年，北京奥组委在世界范围招标，全球八大公关公司都来应标。

孙玉红介绍说，在评估的过程中，北京奥组委要求应标公司提供6个方面的能力证明：(1) 较清晰的宣传战略；(2) 每天5种语言的国际舆情监测；(3) 为奥组委做形象推广，走出去沟通，也要请国际媒体进来观察；(4) 与媒体保持良好的关系，并为其提供服务；(5) 帮助奥组委300多名官员进行媒体培训；(6) 危机管理能力。

经过3轮的筛选，历时8个月，最终伟达拿到了这份合同。奥组委看中的是，伟达在70多个国家设有办事处的庞大国际网络，以及与国际奥委会6年的合作经历。

除此之外，作为1984年第一家进入中国的外国公关公司，伟达的本地团队已经与中国的环境磨合了20多年。“很多时候，公关公司跟中国政府合作不成功的原因在于交流问题。”孙玉红说。

2006年，工作开始。伟达为此组建20多人的团队，其中以美国专家为主，中国员工人数将近一半。

此间，奥组委先后邀请了18批、近200位国际媒体的记者前来中国，他们大多都没有来过，安排他们和奥组委领导沟通，去环保、交通等相关部门参观。“他们大都很震惊，感触很大。”孙玉红说。与此同时，奥组委领导也多次去《纽约时报》《华盛顿邮报》《洛杉矶时报》等美国主流报刊走访。

8月27日，《纽约时报》专栏作家托马斯·弗里德曼发表文章赞美中国非常强大。“没错，如果你从北京往外走，驱车一个小时就会看到中国广阔的第三世界。但新意在于：中国的富裕部分，北京或上海或大连的现代部分，如今比富裕的美国要先进。”他写道。

有趣的是，伟达和北京奥组委曾邀请访华的国际媒体人士中，就有弗里德曼。

除了按计划进行的公关行动外，伟达与奥组委也需要处理突发的危机事件。当火炬传递在法国遭遇风波后，孙玉红飞到火炬传递的下几站与当地媒体沟通。在美国，她与伟达旧金山办公室的同事一起，安排了7家当地主流媒体采访了北京奥组委火炬中心两位新闻发言人。“在美国的报道显得较平和，没有大量的负面和冲突。”在澳大利亚，奥组委邀请了一位澳大利亚记者加入火炬手的行列。

在《北京奥运会国际媒体监测情况汇总》中，伟达总结道：“与以往的国际媒体报道角度不同的是，国际媒体在总结评论中，已经有意将北京奥运会的成功与中国、中国人权、中国政治问题进行分别评论。”

从2007年—2008年，北京奥组委共召开新闻发布会160多场。2008年上半年，基本保持了每周2次的频率。其间也经历低潮。“有时官员有些挫折感，他们问：开了100场发布会了，可外媒还是觉得我们不够好，我们是不是不要开了？”孙玉红说，这时就鼓励他们，不开只会更糟。

这样的变化，外媒感觉到了。“中国政府变得主动，也比较克制。”新加坡《联合早报》记者韩咏红评价说：“虽然官员依然严肃，但意识形态正在淡化。”《联合早报》记者于泽远在《奥运已经成功中国仍需努力》一文中写道：“在中国金牌一直遥遥领先的情况下，中国主流媒体没有炒作‘雪耻’‘爱国’等排他概念。”

不过，沟通技巧的运用也尚未到达化境。于泽远对此也感到遗憾：“例如官方发言人有时在面对外国媒体质疑时，用尖刻的语言回应，甚至失态发火。”

与世界沟通

近几年在中国，像伟达这样的专业公关公司越来越多地被引入到政府或准政府活动中。

去年3月，美国发生多起宠物食品中毒事件，一些媒体借机质疑中国产品质量。一开始中国方面还是守势，没有声音。公关公司奥美国际集团的总部就在纽约，“风口浪尖”，看到问题严重，奥美全球CEO夏兰泽（ShellyLazarus）致信时任国务院副总理吴仪，表达奥美愿意协助中国对外沟通，化解此次危机的意愿。随后奥美收到中国国家质检总局和国家药监局的邀请，为相关机构的发言人做了媒体培训，告诉他们，紧盯这个事件的几个媒体有什么特点，有什么评论取向，不能说无可奉告，要有亲和力，要坦诚，建立一套应对媒体的模式。同时，还邀请一些外媒驻京记者去工厂参观。

“那段时间外电报道说中国政府聘请奥美作为官方传播机构，事实上没有正式的商业合同，我们完全是免费的，是一个企业承担社会责任。”奥美的相关人士说。

在中国国际公关协会搭建的咨询平台上，智扬公关顾问机构总裁高鹏也为此场危机提供了建议。不过，当他参与时，中国政府已经找到了舆论制高点：中国制造就是世界制造。

在澳大利亚的一家大卖场里，一位市民对着摄像机说：海尔很好用啊。中国希望告诉世界：中国制造给世界带来福祉，所有人正在享受中国制造的益处。

“这个制高点找到了，此次危机中国便可安枕无忧。”高鹏对此非常认同，“这就像统一战线一样，争取了最大的利益共同体，将世界和中国融为一体。”

几年前，清华奥美公共形象战略研究室研究主任董关鹏还在担心：如果一遇到危机事件，国内媒体言路不畅，结局将是西方媒体羽翼日丰。而经济大门洞开后的中国，若官员依然奉行“行胜于言”，长此以往，恐会出现中国官员的集体失语症。若到那时再想找回失去的话语权，任何高明的公关专家都会回天无力。

现在，董关鹏已没这么多忧虑，他深信，在奥运期间对世界敞开的大门不会再关上。从申奥成功到现在，这是中国学习与世界沟通的7年。

曾经，首都机场刚下飞机有一个特陡的坡，中文写着“小心碰头”，英文是“Becareful”（小心！）——这是外国人进北京时看到的第一句英文。现在，经公关专业人士提醒已被改掉。

2000年，歌手刘欢去伦敦演唱时的所选曲目是《水浒传》，“该出手时就出手”，在英国人听来充满威胁。而如今，在奥运会的开幕式上，他在唱《you and me》，平衡着西方喜欢的和声、中国人注重的旋律。

中国这几年的国际化进程，亦是专业公关力量参与渐多的进程。“地跨中西”是政府对外公关时选择公关公司的重要条件。因此，像伟达、奥美、万博宣伟等国际公关公司获得了机会。而在北京大学中国国家战略研究中心秘书长于铁军的眼中，国际公关公司的长处是有更丰富的沟通经验与更客观的旁观者角度。

对内公关的转折

有时候，基于文化差距与国家利益的不同，政府在面对国内外不同受众群体时，采用的公关策略并不一样。“对内，我们会宣传金牌榜第一，但对外我们只说奖牌总数尚未超越美国，以减弱他国对中国的疑虑。”董关鹏说。

如果再次回溯历史，几乎所有的公关专家都指认2003年中国经历的SARS之战，是政府重视对国内受众使用公关技巧的开端。而SARS期间，国务院总理温家宝到北京大学与学生共进午餐，也被视为政府公关史上“跳跃性的一步”。

SARS来临之时，中国国际公关协会会长李道豫将协会下属的本土公关公司负责人召集起来，要求众人分头做好功课，主动为政府提供危机处理与品牌修补的建议。之后，将各家意见递交到国新办，国新办回函给予了肯定评价。

在此之前，很难想象政府官员发言时，手持从网络上打印下来的公众言论。但现在，每日的舆情研究已经摆上了各个部委决策层的案头。他们总会知道在过去的24小时内，各家媒体对其部委做了何种报道。在董关鹏去过的大部分地级市里，政府部门亦在如此效仿。

SARS时期，公关协会献言献计还需主动请缨，现在，主动的一方已经变成政府。如今，政府的各个领域里都逐渐围拢过来一批公关专家或公关公司。这一点，在今年尤其明显。

在高鹏看来，今年最难处理的公关事件是抗震救灾。因为就在此后3个月内，奥运会便将召开，大悲和大喜之间的冲突不容易转化。“最后找到的钥匙是以人为本，不是爱国主义，也不是民族主义，以人为本的情怀具有世界级的打动力，奥运也是人本的外化。”高鹏说。

而随着中国国际化深入，对国外与国内受众的切分已日益模糊，这正考验着中国政府与他们的公关专家们。

曾有人提出，在奥运会的开幕式上为地震的死难者默哀3分钟，但此项建议没有被采纳。最终的安排是，在中国代表团进场时，和姚明并排走着一位在地震中救人性命的小男孩。高鹏认为这样的处理很有分寸：“既没有把中国的悲伤强加给全世界的人，也由此纪念了亡灵。”

作为“客户”的政府

在与政府合作时，多家公关公司都感受到了政府与企业思维方式的差异。“政府的规则是不出错是第一的。”高鹏说。

高鹏在2001年申奥时曾建议：如果在规定时间内由3位主讲人上台演讲，那每个人的发言长度会比较合理。但这条意见并未被采纳，最后是7个人演讲，相关官员对他说：“你们还要多了解政府的运作方式。”李道豫也曾感慨，做政府的发言人可能比做外交大使更难出牌。

而当某家公关公司为北京市的一个区做品牌策划时，也遇到了此类问题。“企业总希望出位，能抓住眼球就好。而政府则愿意低调地把事做完，他们要‘讲政治’。”该项目的负责人说，对区县政府来说，还要考虑这是在皇城根脚底下，市民接不接受？干部接不接受？中央领导看到了接不接受？

除此之外，国际公关公司要取得中国政府的信任，也非易事。“中国政府在与公关公司接触时，最大的疑虑是来自传统。他们会想，一个美国公司会真的帮你中国么？会不会泄露机密信息？”万博宣伟公关顾问公司中国区总经理刘希平说，他觉得，政府会慢慢了解到外企公司是有商业道德的。“目前，在与政府合作时，公关公司的帮助还多是执行计划，而非真正参与策划。”中国国际公关协会秘书长郑砚农认为。

向专业价值认可的转变

当政府发现公关专业的价值后，双方的合作逐渐增多。如果将那些向公关专家们询问过建议的各部委和地方政府算进来，这会是一个很长的名单。

今年年初，奥美与国家计划生育委员会合作，创作了一个系列宣传片，希望改变西方一提到中国的计生政策就想到负面印象。

片子的素材讲了4个故事：香格里拉地区少数民族婚姻仪式的改变、宁夏回族自治区对女童上学的资助、政府救助河南上蔡艾滋孤儿，以及云南白族的婚俗正在向男女平等方向转变。题材很好，但制作比较粗糙，奥美将其重新编排，计生委很满意。这些宣传片如今已成为计生委在国际交流时赠送给外国人的礼物。而奥美也成为计生委的“传播战略伙伴”。

去年，奥美还帮民航总局设计了一套危机处理预案，涉及到旅客、行李、恐怖分子、劳资纠纷、食品安全等方面。而今年智扬也与一些部委签下项目，“各部委间获得的公众评价是不一样的，他们也希望提升自己的形象。”高鹏说。与此同时，智扬还为一个市的公安局撰写了公关3年规划，计划改善该市的警民关系。

现在，越来越多的地方向往着发展时的竞争性力量。他们急于找准自身的定位，以求尽快脱颖而出。这种期待推动他们选择了公关公司。

奥美从2005年起开始尝试帮助中国的地方政府树立品牌，其间帮助过香港、新疆、宜昌、平遥等诸多地区。

凡此种种被董关鹏归为政府智囊的第四种力量：公关公司、咨询公司以及独立的商业性研究机构。之前有大学等专业研究机构，离开一线的官员，中国的一些专业智囊、调查公司，排在第四，说明此类机构虽然近年有所发展，但尚未进入中国政府采用的智囊的主流。

不过，公关公司依然看中政府市场的前景。“只要有中国政府部门过来咨询，我们的亚太区董事长总会说：我们应该去做，不要管预算什么的。”一家国际公关公司的总监说：“领导决心很大，他看得更长远。”

现在，仅奥美为国务院发展研究中心设计的徽标一项，其市场标价就为100万元。但奥美坚持为政府提供着免费的服务。“今年之前，在我印象里公关公司与政府间的合作方式，还大多是专家建议性的。但只有双方间有商业激励，合作才可能成为稳定。”高鹏分析说。不过，他也预测道：“在二十多个一线的城市中，有不少市长直接下指示要请专业力量来帮助提升城市形象。未来这会是比较显性化的市场。”高鹏分析说。

虽然，商业合作远没有行政力量的控制更加紧密，但清华大学公共管理学院教授刘庆龙依然认为，随着政府规模的削减，将公关事务委托给公关公司去做，既节省成本，又能提高效果，这种合作将会成为发展方向。更有观察者认为从中看到了政府由全能主义行为向专业价值认可的转变。

案例思考题：

1. 北京奥运吉祥物发布活动安排新闻发布会有哪些成功之处？
2. 提问环节，哪个问答给你印象最深？为什么？

第七章　体育明星公共关系

本章要点

- 体育明星在公共关系中的作用
- 体育明星公关价值及价值提升原则
- 体育明星公共关系的方式

詹姆斯成功摆脱“叛徒”形象

NBA是一个擅长造星的联盟，无论是联盟本身还是球星个人，都非常注重自己的公众形象，他们展现在球迷眼前的形象都是很正面的。良好的个人形象不仅能让球星们备受欢迎，也会为他们带来更好的发展前景和切实的经济利益。

近年来，在NBA球星的公关行为当中，最为人熟悉的一次当属勒布朗·詹姆斯重塑个人形象的行动。2012年2月底，美国媒体报道称詹姆斯专程聘请美国知名公关大师迈克尔·列维为自己打理相关事务。此前，詹姆斯的公关事务都是由他自己的公司LRMR打理的，可惜在詹姆斯从骑士跳槽到热火时，公司让詹姆斯通过电视直播宣布了他的“决定”，结果证明此举摧毁了他的个人形象。原本詹姆斯离开造就他成为NBA顶级明星的骑士队，就已经被认为是“背叛”了，他还广而告之，表明自己就是为了总冠军才去热火的，更显得他十分功利。“决定”播出后，詹姆斯简直成为了克利夫兰人人唾弃的“叛徒”，众多球迷都不太欣赏这位我行我素的“小皇帝”。

受聘于詹姆斯的列维曾帮助著名影星施瓦辛格赢得加州大选，在他成为詹姆斯的私人公关顾问后，詹姆斯在为人处世和公开发言时明显成熟了许多，当然，上赛季热火历经艰险终于收获总冠军也是詹姆斯改变个人形象的重要一环，但列维教会了他低调处事，多展现自己的坚韧和对球迷、球队、队友的尊重，“小皇帝”才得以在捧得奥布莱恩杯时受到媒体的一致赞赏。

——选自《公关很重要　姚明刘翔值得孙杨学习》，《广州日报》

在美国曾经做过“谁是你心目中最崇拜的人”的社会调查，结果是著名球星“篮球博士”欧文和总统并列成为美国公众最崇拜的人[1]。体育明星对社会的影响力已经远远超出了运动场的范围，他们作为体育的代表受到了前所未有的重视。体育明星既是公共关系中的特有主体，也是公共关系中强化公关效果的重要载体。

第一节　体育明星在公共关系中的作用

一、体育明星的含义

“明星”一词最早出现在《庄子·盗拓》“目如明星，髻上指冠”，是指明亮的星。《汉语大词典》中指出，明星原义是指明亮的星星，现在多指有名气的、被大众熟知的人。在《新编学生辞海》中也对明星做出了解释，意思为各行业中有名气的人。

《体育明星辞典》中认为：“体育明星是指在体育领域成就卓越、表现突出、社会形象良好、为公众瞩目的杰出体育界人士，以运动员、教练员为主，其多产生于奥运会、国家及地区运动会、专业锦标赛、职业联赛等职业赛事，也包括了少数非常有名气的经纪人，如著名的美国拳击经纪人唐·金。”王加新认为，体育明星是指在体育界成就卓越、表现突出、为大众瞩目的杰出人士，主要指运动员、教练员[2]。针对参与公关活动的大多是运动员，因此，本书体育明星指运动员明星。本书中提及的体育明星可以界定为：在体育运动领域中取得优异成绩并获得相应知名度、表现突出、社会形象良好、能形成巨大的感召力产生轰动效应，且成为大众关注焦点和尊崇的运动员。体育明星实际上是一个相对的概念，是相对于一个特定范围而言的，是相对于运动员所在项目而言的。

二、体育明星的发展

在我国，体育明星最初的光辉形象，是从“民族英雄”开始的。早在20世纪30年代，刘长春参加洛杉矶奥运会，他代表的就不仅仅是一名运动员，而是国家形

〔1〕 邹克宁，余文龙，刘彤．当代体育明星崇拜现象产生的原因及社会影响［J］．武汉体育学院学报，1997，123（4）：12－16．

〔2〕 李云霄．我国体育明星参与公益事业的现状分析［J］．湖北体育科技，2012，31（5）：288－289．

象的象征。

在新中国成立后的很长一段时间里，百废待兴，国家渴望用各方面的进步来证明制度的优越性。在体育方面，经过20世纪50年代的全民体育时期，竞技体育也逐渐找到了计划经济体制下的发展模式，即“举国体制”，国家体委根据中国经济的特殊情况，选定一些重点项目作为突破口，把有限的人力物力用在最有可能突破的运动员身上。因此，一个个体育英雄出现了。容国团作为这一时期的代表，他击败匈牙利人获得世乒赛男单冠军，是共和国时期的第一个世界冠军。在当时困难重重的中国，体育明星的辉煌增加了人们战胜困难的动力。但在那个计划经济的年代，体育运动更多地被看作政治活动。

时代的发展，中国社会的进步，体育的政治性也慢慢淡化，大部分观众注重的是体育比赛本身的观赏性，而并非寄托着过多的民族自豪感的期待。运动员们在赛场上的表现，不仅是国家强盛的标志，同时他们也有了更多个性的表达。在改革开放这个时代，运动员的形象变得多变了，由原来忍辱负重的英雄形象，变得多彩了，有的成为商业明星，有的成为娱乐人物，有的成为官员。体育明星可以充分展现自己的个性。

运动员形象的变化就是时代的变化，随着我国市场经济体制和体育产业体制的不断完善与发展，竞技体育已经开始向职业化、商业化和产业化方向快速推进，其中最重要的改变就是商业无孔不入。从1994年职业足球改革，我们就逐步学习国外成功的商业模式，同时，体育明星的商业化也拉开帷幕。

进入21世纪，出现了很多令人瞩目的体育明星，如姚明、刘翔、李娜等运动员。应该说，很多体育明星代表了大众的体育口味，存在着巨大的商业价值，因此这也是体育明星商业化的时代。在市场经济制度不断完善的条件下，国内的体育明星们也开始走出运动场，频频露面于各类大大小小的商业活动之中，拍广告、做代言、当嘉宾、宣传产品……形式可谓五花八门。但不可否认的是，我国体育明星的商业开发还处在初期，获得的收益远远低于国外同行。

相比之下，一些发达国家体育明星的商业价值开发得则相当成熟。美国威廉莫里斯公司首席副总裁乔尼·雷文说：“运动员参加比赛都是以个体形式，除训练比赛外，其他事务均由体育经纪人打理。经纪人将负责安排运动员的商业活动、肖像权等一系列问题。”这就是体育明星通常的开发模式。在体育明星商业开发与职业化发展好的美国来看，体育明星的开发主要是无形资产的开发。首先通过体育赛事和职业联赛将明星自身的无形资产充分展现，再加上完善的体育经纪人制度作为催化剂，达到体育明星商业开发最大化。以NBA为例，几代经营者都深知球星开发的重要性。多年来NBA造星无数，成就了越来越多的篮球人才；同时球星巨大的感召力又形成了更大的市场。从商业开发的角度，NBA的成功运营，得益于它精明的商业运作模式、高超的经营手段，再加上完善的经纪人制度，使得NBA多年来经久不衰。

借鉴国外的成功经验，相信我国随着体育社会化、产业化，部分运动项目的市场化、职业化进程的加快，各项法规条例的逐步完善，我国的体育明星与商业的结合将会发展更为成熟，必将朝着一个更加规范健全的方向发展。

三、体育明星的特点

体育明星都有着非常高的知名度，在社会中尤其是体育领域受到的关注度高，对社会公众往往也具有较高的感召力，长期发展以来这个群体具有以下几个特点。

（一）体育明星的公众形象性

体育明星大多都来源于大小规模不同的体育赛事当中，如具有世界性质的赛事有奥运会、专业锦标赛、职业联赛、国家级赛事等。这些体育赛事都是备受大众关注的，其公共性、广泛性及公益性特点使得体育明星具有公众代表性，再加之媒体的传播，很多体育明星成为家喻户晓的公众人物，他们的一举一动都备受瞩目。他们有的成为不同组织的形象大使，或成为企业品牌的形象代言人，出现在各类公益性活动或商业活动之中。例如，伦敦奥运会一战成名的孙杨、叶诗文，早期出现的姚明的CDMA、空中飞人乔丹篮球鞋、麦格雷迪火力十足的阿迪达斯、罗纳尔多等。这些活动使体育明星的知名度大大提高，他们的言行举止、待人接物、技术风格等都成为大众关注的焦点甚至成为模仿的对象。因此，体育明星的公众形象性是体育明星最基本的特征。

（二）体育明星的实力代表性

体育明星不是一般的运动员，他们作为竞技体育的佼佼者，更多的指代一种实力，一种旁人无法超越的能力。随着社会专业化和分工水平的不断提高，竞技体育的发展对运动员的专业化水平的要求越来越高，使得运动员一般都在某个领域纵深发展，这种实力也具有很强的专业性。作为一名体育明星，必须具有很强的专业运动能力，这是他们的立身之本，也是体育明星价值的基础来源。体育明星依据自身的运动实力，取得优异的运动成绩，为国家或者地区争得荣誉，自身价值也随之增长；反之，如果体育明星的运动实力下降，那么他的个人价值也会随之减弱。因此，衡量一个体育明星价值高低的因素就是他的运动实力，体育明星如果想提高自身的商业价值，也需要从自身的运动能力着手。

（三）体育明星的时间有限性

首先，需要明确的是竞技体育制度对参加竞技比赛选手年龄规定十分严格和明确，这就在很大程度上限制了运动员的职业生涯。其次，竞技体育是高强度、高难度的劳动，对运动员的体能素质要求非常高，对身体损害性很大，很多运动员在训练或比赛过程中都会遭受不同程度的伤病，这就使得运动员保持最佳竞技状态的时间较短。体育明星成名很大程度上依靠的是运动成绩，随着年龄的增大，年龄限制、身体机能下降，再加上新人出线，都极大地影响了体育明星的运动生涯，从而使得他们的成绩下滑、知名度降低。体育明星的运动生涯结束时，其明星生涯也有可能会随之结束。据查阅资料对不同项目运动员运动巅峰期保持时间的统计，一般来说，运动员在30岁以后，身体机能就大不如前，体操运动员巅峰状态最多保持10年，足球运动员约在8年，网球运动员保持约15年。运动员相对比较短暂的职业生涯，决定了体育明星的时间有限性。

（四）体育明星的产权特殊性

在我国，体育人才的培养实行“举国体制”，国家承担了培养、训练运动员的一切费用和责任。据资料介绍，如果要从选拔运动员开始算起，成就一个优秀奥运选手，按照国际惯例，一个运动员培养的过程大概需要10年的时间。这样计算，国家在一个奥运选手上投入的费用要远远高于四五百万元。因此，在1996年颁布的505号文件中规定：“在役运动员的无形资产属国家所有。”但随着体育明星价值的逐渐挖掘，运动员产权的归属现在受到争议，有专家认为，如果运动员的无形资产归国家所有，这就与《民法通则》中的人身权规定相违背，因此认为运动员的产权所有人是运动员本人，国家和集体等享有的并非是运动员产权的所有权，而是使用权和收益权。

四、体育明星在公共关系中的地位与作用

体育明星的特点决定了体育明星具有非常高的商业价值，体育明星与公共关系二者也不可避免紧密结合在一起。一方面，体育明星需要利用公共关系优化自身的形象，提升自身的品牌价值；另一方面，公共关系也需要利用体育明星的公众形象性、实力代表性的特点，提高公共关系的实施效果。

（一）体育明星在公共关系中的地位

体育明星公共关系是体育明星用传播的手段使自己与公众之间形成双向交流，使双方达到相互了解和相互适应的管理活动。体育明星作为公共关系的主体进行公关活动时，可以分为自身形象的塑造和为社会组织进行形象提升两个方面。

1. 自身形象塑造

是体育明星通过公关活动，形成运动员自身形象、运动员行为与运动成绩等抽象成为一种特定的、相对稳定的整体印象。体育明星大多采用积极参与公益事业、参与积极健康的主题活动等公关形式塑造自身形象，在这个过程中，体育明星独自担任公共关系的主体。

2. 为社会组织提升形象

是指体育明星与组织合作，将自己良好的明星形象与组织完美契合，从而使组织通过明星的知名度和美誉度提升组织自身的社会形象。公关活动形式大多采用为组织代言或者参加品牌举办的一些公关活动等，在为组织代言的过程中体育明星与社会组织一起担任主体。

（二）体育明星在公共关系中的作用

1. 公众形象性增加公关的影响力

体育运动是一种世界语言，体育的全球性决定了体育明星的知名度不仅局限在一个地区、一个国家，而是整个世界。体育明星是体育领域里的佼佼者，是公众心目中的英雄，他们在公众心目中具有良好的社会形象。一方面，当体育明星自身进

行公关活动时，明星本人及与他有联系的一切事物便都笼罩在社会公众“爱屋及乌”的积极肯定的光环中，公共关系活动就可以达到事半功倍的效果；另一方面，无论是经营性组织还是非经营性组织，都愿意借助体育明星全球性的知名度，帮助公众在最短的时间内认知与体育明星相关的社会组织，帮助组织获得差异化或个性化优势，提高组织竞争力。从这个角度讲，体育明星的知名度突显了其公共关系价值。

2. 实力代表性提升公关的内涵

美誉度是组织获得公众信任、赞誉的程度，是对组织或个人道德价值的判断。良好的社会形象由知名度和美誉度两个要素构成，且二者缺一不可。在公众心目中，体育明星是力与美的结合，是成功的典范，是时尚的代言人，是知名度与美誉度的完美结合。从古至今，在体育领域，人们不断寻求超越，创造出数不尽的人类极限。体育明星依靠强健的体魄、顽强不息的奋斗精神和“更快、更高、更强”追求完美的精神，以其实力、勇气和毅力为我们塑造了成功的典范，也向大众展现出了他们积极向上的独特文化蕴涵。

正是从这个意义上，人们从博尔特身上看到的是人类对速度极限的挑战，在刘璇的身上看到的是东方女性所独具的典雅与秀美。体育明星体现了人类身体的自我完善和生命力的自我展示，并体现出特殊的审美意蕴。不仅如此，体育明星相比娱乐明星具有更健康、运动、阳光、时尚的特点，与当代社会所推崇的生活方式不谋而合。因此，当体育明星的文化特质与公共关系活动相契合时，公关活动的效果就会增强，公关价值也随之提升。

3. 促进了体育产业及其他产业的发展

体育明星本身就是体育产业的产物，同时又推动了体育产业化的发展。例如，1975 年球王贝利加入美国宇宙队，极大地推动了美国足球运动的普及。在贝利旋风的刺激下，几百个学校组织了足球队，有几百万青少年注册在美国足球联合会，而全美国参加这项运动的人达 800 万，足球销量 1983 年比 1978 年增加了 7 000 万个，1984 年比 1983 年增加了 25%。所以，体育明星的产生会促进体育产业的发展，而体育产业的发展又同时拉动整个社会经济的发展。[1]

〔1〕 董勇，葛艳明，王佳. 打造体育明星的经济价值引导体育产业健康发展［J］. 集团经济研究，2007 (10)：288－289.

另外，体育明星还对社会生活的许多方面，如社会风气、生活方式、语言心理等方面产生影响，围绕体育明星产生了一系列的衍生行业。以体育明星为核心的赛事、体育用品品牌、体育明星代言等，直接或间接地带动了赛事、运动服饰、娱乐、旅游、交通、住宿等多个行业。体育明星的价值在社会的许多方面得以体现。

第二节　体育明星公关价值及价值提升原则

体育明星自身具有体育、经济、文化、社会等众多价值，当其参与公关活动，将其自身的价值在充分体现，是公关活动得以顺利进行的必要保障。

一、体育明星的公关价值

（一）体育领域的公关价值

体育明星是体育领域与公众沟通中的最重要的载体，体育明星的公关价值首先体现在体育领域，通过体育明星更便捷地与公众沟通，促进体育项目与体育产业的发展。

1. 弘扬竞技体育

各项目体育明星是本体育项目的榜样，榜样的力量是无穷的，可以激发其他运动员对竞技体育训练的激情，鼓励他们克服困难，为国争光，实现自身价值。同时，经过媒体对体育明星的宣传，可以使人们增加对竞技体育的了解和兴趣，使更多的人力、物力资源投入到竞技体育中，为竞技体育的发展提供强有力的支持。

2. 促进大众体育发展

体育明星在竞技赛场上的完美展示，激发了广大群众参与体育活动的热情，形成了大众体育的良好氛围。在体育明星的带动下，越来越多的群众投入到全民健身行列中来，再加上奥运会和一些世界级的重大体育赛事，以及全运会的召开更能引发群众体育活动的高潮，竞技体育与大众体育的互动机制正在形成，其中体育明星起到了重要的作用。例如，刘翔、邢慧娜雅典奥运夺冠后，全国各地举行了多次万人长跑活动、登长城活动等。

3. 推动体育产业化

体育明星本身就是体育产业化的产物，同时又推动了体育产业化的发展。首先，体育明星提高了所属项目的社会化程度。体育明星凭借着自身独特魅力吸引更多人对该项目感兴趣，成为项目的联系者和喜爱者，练习者或喜爱者的数量是衡量项目社会化的客观标准，也决定了体育产业中消费者的范围。其次，体育明星吸引以盈利为目的企业进入体育行业。再次，国际体育明星的运作，将发达国家体育产业化的成功经验引入中国，无疑会极大地促进中国体育产业化的进程。

（二）商业领域的公关价值

体育明星是时代的偶像，是成功的代表人物，他们所拥有的不仅是文化价值和精神价值，更重要的是拥有着极高的经济价值。例如，2008 年在北京奥运会上，姚明率领中国篮球队取得第 8 名的成绩。凭借他在 NBA 的极高人气，他整年的收入达到 3.63 亿元人民币。2008 年在北京奥运会上，郭晶晶获得了女子个人 3 米板、女子双人 3 米板的金牌，成为当之无愧的跳水女皇。整年她的代言收入达到 2 000 万元人民币。

体育运动是体育明星的谋生手段，他们将其自身的竞技能力以商品的形式出卖，从而获取劳动报酬。体育明星经济价值的衡量标准主要是运动员的知名度。这主要是从运动成绩和运动项目的影响力体现的。就同一个运动项目而言，获得世界级冠军的运动员比获得国家级冠军的运动员经济价值要大；同等水平比赛，获得冠军次数越多，经济价值越大；不同运动项目之间的商业价值差异也很大，热门体育项目的体育明星经济价值比较高，而冷门体育项目则相反。通常，比赛级别越高，体育明星出场次数越多，获得观测次数越多，其价值越大。

需要注意的是，体育明星经济价值的大小及其变化受到各方面因素的影响，有很大的不稳定性，它随着运动成绩而变化，因此体育明星的运动成绩至关重要。

（三）文化领域的公关价值

体育是世界性的语言，它没有种族、民族、国界的限制，也没有语言、肤色的壁垒，是世界人民交流的有利方式。体育明星与其他领域的明星相比，更易被不同国度或者文化的国家和地区所接受，他们在文化传播过程中发挥着重要的作用。

随着体育事业的发展，体育明星作为各自民族文化的代表，在大众传媒和视觉文化的影响之下，以其鲜明的形象性和巨大的感召力，影响着文化的交流与渗透。

越来越多的中国体育明星走向国际化，将中国传统文化向世界广为传播。以姚明等为代表的国际体育明星不仅把他们的技术带到国外，更把中国传统文化带到了国外，农历中国新年休斯敦主场康柏中心体育场的舞狮，队员休息室中姚明衣柜门上的对联和大红喜字，队友们的压岁钱，都使我们看到了传统中国文化的身影。据报道，姚明登陆美国后，更多美国华人开始学习汉语。同时，国外的优秀明星也将他们的文化带入中国。NBA 明星从 20 世纪 80 年代的伯德，90 年代的乔丹，如今的科比，他们将 NBA 独特的文化特点，包括强调个体重视个人能力展现的个人主义战术，“人球并重，更重人”的篮球理念传入中国，为中国篮球运动的发展做出了贡献。

以体育明星为纽带的文化交流不仅可以促进体育事业的发展，也有助于各民族、各国家增进理解，维护世界和平和稳定。

（四）社会领域的公关价值

1. 有利于社会道德提升

体育明星通过艰苦不懈地努力奋斗取得优异成绩的过程，是一个人格重塑的过程，再通过媒体的宣传和包装，体育追求完美的精神体现得淋漓尽致，更能为更多的公众所打动。另外，体育明星经常参加公益活动，进行各种募捐、慈善交流活动，他们表现出的社会责任感、爱心和美德也都会影响公众。因此，体育明星所表现出的良好的社会道德观念有利于社会道德的提升。

2. 有利于社会行为重塑

体育明星以独特魅力风靡全球，影响到每一个个体。从衣着打扮、言谈举止到其处事方式、生活态度，这都是喜爱者竞相模仿的对象，如模仿篮球明星乔丹的打球姿势，足球明星卡卡、劳尔的庆祝姿势。他们不仅是运动员的榜样，也是社会公众的榜样，体育明星以其极具感染力的个人魅力影响和塑造着社会的道德和行为。明星所表现出的良好社会行为被公众所接受、模仿，从而有利于社会行为的重塑。

二、体育明星公关价值提升原则

体育明星在各个领域都具有较高公关价值，那么体育明星应如何更好地维护并提升自身的公关价值呢?

(一) 品字当先，诚信为本

品字当先，“品”即人品，体育明星维护自身的公关价值，人品是根本。这要求明星具备“三正”，即思想正、心态正、方法正，不能牺牲他人利益提升自我价值。“民无信不足以立身”，作为整个诚信体系的有机组成部分，在竞技体育领域，诚信尤为重要。失去诚信，就失去了竞技体育的公平性和公正性。

在伦敦奥运会上，叶诗文打破世界纪录获得冠军，由于她的惊异表现，许多媒体对叶诗文如此出色的表现提出了质疑，但在之后的兴奋剂检测中检查到未使用违禁药品，这就是体育诚信的有力展示。相反，环法七冠王阿姆斯特朗因为兴奋剂丑闻，个人形象跌入谷底。对于一个运动员，服用兴奋剂是体育界的“天条”，一旦触犯“天条”，违背体育最基本的诚信，想要再重新树立形象就不可能了。因此，叶诗文诚信的正面形象，赢得了公众的心，受到了众多媒体和企业的追捧，在奥运会后，身价倍增。据了解，叶诗文 2011 年身价近乎为零，奥运后预计超过千万元。而阿姆斯特朗的负面新闻使得其主要赞助商均与他解约，据福布斯网的计算，阿姆斯特朗兴奋剂丑闻失去了高达 1 500 万美元（约合人民币 9 375 万元）的年收入。因而，对于体育明星来说，以诚信的形象面对公众，使公众感受到明星身上负责任、有作为的品质，这就一定会使明星树立一个良好的正面形象。而诚信一旦丢失，即使具备非常优秀的运动成绩，公关价值也消失殆尽。诚信是体育明星维护公关机制的根本。

(二) 了解自身，品牌定位

了解自身，认识自身，找准自身的位置进行定位，是体育明星实现价值提升的关键。体育明星想要提升自身价值，首先必须对自己有全面认识，了解自己具有哪些优势、哪有资源、可能拥有的机会、即将面对的挑战，然后对自我做出清晰的分析和定位。其次，在此期间，切忌只是单独地分析自身，还要了解公众对体育明星的期待，综合这二者，确保自己树立的目标形象与公众期待形象一致的基础上，使明星的个人特质与定位目标达成一致。

品牌就是差异，体育明星要想提升价值，就要树立起自己的品牌，明确自我品牌的核心，确立自己的最优资源和特质，从而进行深入开发并广泛传播。体育明星树立自我品牌，才能给公众留下深刻印象，提升自我价值才成为可能。

在定位方面，做得非常优秀的是姚明及其经纪团队。姚之队每年会聘人为姚明做大量的市场调查，其调查的内容通常会作为姚明市场计划策略制订的一个基本依据。姚之队的市场调研结果出来后，其会首先考虑两点：姚明与品牌合作是否合适，是否对自身品牌有提升；同时，他能不能提升对方的品牌价值。如果得出的结论是否定的，哪怕商家出的钱很多，姚明也会放弃合作；反之，即便对方出的钱不够多，只要符合调研结果，也会接受合作。总之，姚明签约的公司都与姚明在某些方面有一种共通的悟性。经过定位，姚明每一次为品牌代言都很成功，都与其形象完美结合，品牌形象因为姚明的知名度得到了提升，姚明也因为良好的品牌在公众的心目中渐渐树立了有责任感、可信任的形象。

（三）注重内秀，练好内功

体育明星的公关价值来源于体育明星的个人素质，包括明星个人的软、硬两种实力，这是维护和提升公关价值的保证。

硬实力指的是体育明星的运动成绩，运动成绩的好坏直接影响到体育明星的明星生涯。一般而言，体育明星的运动成绩下跌或者运动生涯结束，他的公关价值也就随之下降或者消失。巴西著名足球运动员卡卡，在转会皇马之后，由于之前的伤病，自身身体素质下降，出战上场次数极少，大多都处在坐冷板凳的状态，因而在媒体前的曝光率也不高，身价暴跌。据《马卡报》最新透露，目前 AC 米兰为卡卡的出价为 1 300 万欧元。3 年前，卡卡以 6 500 万欧元的价码加盟皇马，如今他的身价暴跌了 80%，公关价值相比之前大幅下降。

此外，体育明星也需要注重软实力，即个人素养的提高。个人素养高的体育明星更容易受到公众的喜爱，也更能影响公众的行为，其公关价值也就更高。例如，伏明霞在年仅 14 岁第一次获得世界冠军，在媒体的追问下所有问题都以“不知道”回答。而在时隔 2 年后，她又一次夺冠，这次媒体评论伏明霞幽默机智谈笑风生。伏明霞在媒体前的机智表现，从“不知道”到谈笑风生，体现了伏明霞个人素养的提高。从这之后，越来越多的企业代言向她涌来，公关价值极速上升。

（四）学会包装，善于推销

体育明星只凭借内秀是不足以达到提升价值目的的，要想使价值提升，还必须包装自己，有推销自己的意识，充分展示自己。体育明星，如何在面对公众、面对媒体，言语得体大方是非常重要的。

贝克汉姆如今已经接近40岁，但依旧风采迷人，无论走到世界任一角落，他依旧是世人追逐的焦点。同样是巨星，为何贝克汉姆的明星效应持久不衰，齐达内、C罗、梅西等球星却达不到这样广泛而持久的影响力？贝克汉姆的成功原因之一就是源于团队对小贝的包装。贝克汉姆所在的英国在明星商业化包装和运作上，是世界上最先进的，贝克汉姆成为一代传奇，是他的团队不断包装和创新的结果。贝克汉姆夫妇名下有贝克汉姆品牌公司和贝克汉姆投资公司，围绕“贝克汉姆”做一切商业运作，贝克汉姆夫妇注册了DVB商标，通过上述两个公司与40多个品牌发生关联，推出了香水、牛仔裤、太阳眼镜等多条产品线。贝克汉姆在商界代言众多，是广告商的宠儿，他打造的时尚形象令赞助商趋之若鹜，小贝的球技也许不是最顶尖，商业价值却位于世界顶尖之列。在退役之后，不仅仅是商业领域，贝克汉姆更注重形象的宣传，为伦敦奥运会护送火炬，为中超联赛形象大使，小到衣着，大到参与的任何一场活动，他的团队都细心挑选、精心包装。《洛杉矶时报》认为，贝克汉姆是团队、广告商、企业、流行文化趋势打造出来的弗兰肯斯坦，举手投足都像精心设计过，尤其是他的情商已经被训练得极高。

体育明星的包装与开发是一项系统工程，需要有战略眼光和专业的执行力量。在我国由于举国体制，我国大多数体育明星的包装还处在一种无序的萌芽状态，但由体育经纪人包装开发体育明星应该是一种必然趋势。现阶段，如中国羽毛球队、中国跳水队、中国乒乓球队等都是走集体包装与市场开发的道路。刘翔等主要依靠教练来打理商业事务，还有一些人是选择朋友或亲属来兼做自己的经纪人，如当初的田亮、刘璇、王治郅等。

到目前为止，国内仅有李娜和丁俊晖等极少数明星拥有自己独立的包装与开发团队。但从发展趋势来讲，今后体育明星的包装和开发将越来越多地由专业的体育经纪公司进行负责，尽可能大地提升体育明星的公关价值。

第三节　体育明星公共关系的方式

随着社会的整体发展和人们对公共关系运作机制的不懈探索，公共关系策划开始朝着现代化的方向迈进。与此同时，公共关系的实践方式也越来越丰富，现在体育明星不管是树立自身形象，提升个人的公关价值，还是代表社会组织形象，参与组织的公关活动，目前多可以采取以下几种方式进行公关活动。

一、品牌代言

所谓明星代言，是指利用名人、明星的平面肖像或录像，通过一系列的宣传载体让产品的终端受众广为知晓的一种公关手段。目前，我国体育开始向职业化方向发展，众多的体育明星开始频频登上代言舞台，体育明星代言市场日趋繁荣，现已被各个行业及企业主所广为接受。体育明星形象代言主要是为组织代言，其目的就是希望能将明星的魅力与组织相联系，以吸引公众注意度，增加兴趣度，提升知名度和接受度，增加代言的权威性。所以，品牌代言主要适合体育明星参与企业公关活动这一形式。

现阶段我国体育明星品牌代言人的方式有两种，即名人代言和专家代言。

名人代言是指体育明星借助自身名气为其他与自身从事运动无关的产品做品牌代言人。这是企业追求明星效应、名人经济的结果，企业试图通过体育明星的知名度来提高品牌的知名度，在这里，明星只是一个摆设，体育明星和其他明星并没有本质的区别，因此，名人类型是一种最常见的品牌代言人类型。例如，聂卫平的氧立得、蔡振华的东信手机、郎平的TCL等，都是利用了明星的知名度。因此，用体育明星来影响企业品牌，其关键因素是利用明星对社会影响的力度、信任的程度，以及明星自身的魅力吸引力等。

专家代言是指体育明星为其自身所从事的运动项目及其所需使用的各种物品做品牌代言人。与名人类型比较，专家类型以市场创作规律为选择对象，由于形象吻合、定位清晰，所以比较成功。例如，乔丹与耐克、孔令辉与安踏等。由于采用本专业的体育明星，所以能够满足消费者日益增长的专业化需求。特别是在一些体育产品价格高、技术程度高的时候，体育明星的主张会直接影响消费者的购买，并且消费者在购买财政风险与身体危险大的产品的时候更多地注意专业信息，所以本专业的体育明星的劝说具有较好的说服效果。

另外，体育明星代言还需要注意体育明星与代言品牌的匹配、体育明星与代言产品的匹配、体育明星与目标公众的匹配，以便更好地实现明星与产品的共赢。

二、策划、主持、参加公关专题主题活动

公共关系专题活动是组织为塑造自身形象围绕某一公共关系主题，有计划、有步骤地组织目标公众参与集体行动，是组织与公众沟通的有效途径。公共专题活动有鲜明的目的性，以公共关系主题传播为目的。公共专题活动有清楚的诉求对象，就是公关的目标公众。

公共专题活动分类多样，这里我们主要按照公关专题活动形式分类：(1) 会议型活动：新闻发布会、研讨会、洽谈会、交流会、鉴定会和培训类活动等；(2) 庆典型活动：奠基礼、周年庆典、落成典礼、开业典礼、颁奖典礼、庆功会等；(3) 展示型活动：展览会、展销会、促销活动等；(4) 综合型活动：各种活动形式为一体的系列活动。公关专题活动，形式多样，可以根据不同的时间地点、结合重大公众事件巧妙地进行宣传。

策划安排体育明星的公关活动时，要注意一些问题：首先，宣传的内容要具有一定的品位，体育明星要与公关专题活动的形象相符合，做到优质产品与明星效应有机结合，这样才能真正发挥明星形象的宣传效能。其次，选聘的体育明星要具有冲击力，“明星效应”要显著，在社会上拥有一大批狂热公众，这样才能最大限度地发挥出明星形象的宣传效用。再次，选用的体育明星个人生活形象、语言形象比较好，幕前幕后都堪称生活楷模，对公众的态度也比较友善，具有德艺双馨的品质，否则，就会影响公关活动的形象。最后，选用明星形象进行公共关系宣传时，应该加强创意、策划和设计，强化其在公众心中的印象。

三、公益活动

随着公益慈善的理念一年一年被社会各界的行动所净化，公益愈发成为中国现代文化的一部分。体育明星参与公共活动的现象渐渐增多，形式也多种多样，捐款、

拍卖、参加慈善晚宴，还有参与社区服务、知识传播、公共福利、社会援助、社会治安、紧急援助、社团活动、专业服务、文化艺术活动、国际合作等众多形式。

但在中国体育界，体育明星做公益仍属于少数，相比之下在国际体育界，明星做公益已成为一种习惯。从网球名将阿加西帮助孩子们圆梦大满贯，到车王舒马赫捐建秘鲁孤儿院……他们不仅身体力行，更通过自身的号召力影响他人做公益。他们的公益行动已超越了种族与国界，让人们感受到体育的魅力不仅在于胜负和奖牌，还有责任、关怀、温情与爱心。

制约我国体育明星做公益的因素有以下两个：（1）职业体育发展程度和运动员收入水平相对不高，这是制约中国体育明星积极做公益的客观原因。（2）欠缺公益意识则是导致中国体育明星对公益活动不热衷的内在因素。因此，在体育明星被掌声、鲜花、荣誉、奖金包围之时，体育明星公益意识应成为他们的一门必修课，因为有了意识才有行动，才能通过公益来回报社会。另外，还需要体育明星们加大对公益活动的了解，拓展公益渠道。

体育明星参与公益活动不仅可以优化自身形象，提升公关价值，而且也可以为公益组织服务。

四、网络公关

网络公关优势体现在多个方面，其中最明显的就是公关活动不再像以往那样受时间和地域的限制，通过互联网，体育明星们可以全天 24 小时随时发布任何新闻。在过去网络没有普及的时候，任何公关活动只能通过传统的报纸和杂志来进行发布，要严格遵守报纸杂志的发行规律和时间，并且也只能在发行的区域内对公关活动进行公布，很受局限。而网络公关可以在全世界随时发布体育明星的活动详情，只要方便上网的人都可以看到。此外，通过互联网平台，体育明星们可以直接与公众形成互动，迅速收到公众的反馈信息，并且程序简单，不需要太多的人力资源和费用。这也是现在最新的一种公关方式。

总之，无论通过什么方式，其目的都是尽可能地挖掘体育明星的价值，并促进其价值的进一步提升。

第八章　体育赛事公共关系

本章要点

- **体育赛事公共关系含义及意义**
- **体育赛事公共关系各个阶段**
- **体育赛事公共关系客体**
- **体育赛事公共关系方式**

北京奥运会——中华艺术的"满汉全席"

北京奥运开幕式场面超级震撼，完美的组织和策划、完美的表演简直难以用语言来形容。这个开幕式不仅征服了国人，也让外国人震惊和佩服不已。

迄今为止，北京奥运会开幕式上的一幕幕至今让人们难以忘怀，中国打击乐缶的倒计时、欢迎焰火和展现中国古老文化的文艺演出等，都历历在目。法国国家电视台直播了北京奥运会开幕式，该台评论员在进行解说时做出如下评论："这是最美的奥运会开幕式！"这个精彩绝伦的开幕式是中国人精心准备了超过 3 年时间的结果，这个"鸟巢"虽然是由外国人设计的，但开幕式演出百分之百是中国味的。他赞叹中国历史的悠久古老、中国文化的博大精深。"今天的开幕式也的确让我们想到了本届奥运会的口号《同一个世界，同一个梦想》，这个巨大的球体象征着我们的整个世界。"他评价演出是"美轮美奂""如诗如画""令人叹为观止"，他在解说时对法国观众说："大家睁大眼睛，好好享受吧。"

北京奥运会开幕式从一开始就为北京奥运会公关奠定了成功的基础。大型体育赛事，从一定角度来说就是一次大型公关活动，而赛事中的任意环节都是赛事对外展示、沟通的公关平台，把握体育赛事各个阶段特点，处理好赛事客体的关系，是体育赛事公关成功的保障，从而也为赛事的成功举办奠定基石。

——改编自《外媒赞叹北京奥运：这是最美的奥运会开幕式》，中国新闻网

第一节 体育赛事公共关系概述

一、体育赛事公共关系含义及特征

体育赛事源于体育运动，是人类社会文明与进步的产物，体现了人类不断挑战极限的精神力量，现代体育赛事更是成为社会进步、文明程度及经济实力的标志之一。政府部门将体育赛事作为区域经济发展、城市建设等战略的部分，对体育赛事给予许多支持；公司企业将体育赛事作为产品营销和品牌传播的有效载体，对体育赛事投入各种资源；学校及社会团体等常常将其作为增强内部凝聚力的重要手段；个人则因兴趣参与或观看各种各样的体育赛事。

从公共关系角度，我们可以将体育赛事公共关系理解为：体育赛事运作管理机构在与环境沟通交流的基础上，建立体育赛事与环境间的融洽、协调的关系，从而获得正面评价，树立良好赛事形象的实践过程，即体育赛事公共关系是指体育赛事举办者在体育赛事管理过程中，把公共关系原理和体育赛事特点相结合，运用信息传播、沟通媒介，采取一定的行为措施，有计划、有目的、有针对性地为促进体育赛事举办者与相关体育公众之间的双向了解、信任与合作，为体育赛事举办者树立良好的公众形象，不断改善体育赛事环境，提高体育赛事效益，实现体育赛事目标的活动过程。它包括了体育赛事视觉识别系统的建立、各种公共关系活动的举办、赛事文化的建设等一切促使体育赛事顺利进行并产生良好效益的活动。

体育赛事之所以与公共关系结合得越来越紧密，主要是由于体育赛事具有两个显著的优势。首先，受众关注度高。体育赛事，尤其是大型体育赛事在世界上影响已经越来越大，也取得了越来越广泛的关注和重视。不仅仅是普通百姓，现阶段政府、企业等各个组织也都对体育赛事抱有着浓厚的兴趣，体育赛事的关注度大大提升。体育赛事的价值不仅仅局限于带给公众一场精彩的体育比赛，更重要的在于其能够影响社会结构多层面的变化，带来社会效益和经济效益。这就更加促使各个主体加大对体育赛事的关注。许多国家和地区积极举办各种体育赛事，充分利用赛事的价值促进其发展。其次，国际化程度高。世界上著名的成功体育赛事有很多，无论是在知名度、美誉度，还是在忠诚度方面都收到了很好的效果，在全球享有盛誉，形成了强大的国际影响力，赛事也逐渐展现出国际化的特点。一个赛事的举办随着大型体育赛事的全球化发展，各个地区、城市也引进许多体育赛事，这势必引起国际社会的高度关注，进一步扩大国际影响力。越大型、越是品牌的体育赛事，其国际化程度也就越高。

二、体育赛事公共关系的意义

（一）成功举办体育赛事的需要

体育赛事，特别是大型体育赛事或者品牌赛事，会有众多的利益相关者，包括政府、公众、媒体和社会各行业、各领域。体育赛事形象和是否能够顺利进行往往就与其利益相关者有着不可分割的联系。因此，体育赛事的公共关系就显得尤为重要，争取社会的广泛支持，动员社会各方面积极参与到赛事的进行中来，这是成功举办体育赛事的前提条件。体育赛事公共关系涉及到政府关系，与观众关系、员工内部关系等，通过协调各种关系，了解各方需要并尽最大可能满足，这样才能保证大赛的顺利进行，并为大赛良好形象的塑造以及赛事的成功与否奠定稳固的基石。

（二）提高体育赛事效益的需要

体育赛事的效益不仅取决于赛事本身，在很大程度上也与体育赛事的公共关系工作有着密切的联系。实践证明，同一项目、同样规模、同样级别的体育比赛在赛事效益上会有很大的差别，良好的、高质量的、高水平的赛事公共关系对提高赛事效益起着积极的作用。例如，体育赛事公共关系可以有助于获得政府、民众的支持，有助于提高赛事的社会化程度，有助于拓宽集资渠道，有助于新闻媒介的参与。

（三）打造品牌赛事的需要

开展持续的赛事公关工作，对于树立赛事组织良好公众形象、提高体育赛事的知名度和美誉度，其有着显著作用。体育赛事组织者要树立公关观念，做好体育赛事公共关系工作，才能打造品牌赛事，进而提升赛事的价值，创造更大的经济效益和社会效益。

（四）保护自然环境的需要

随着人类文明程度的不断提高，体育赛事对环境保护的认识力度也开始慢慢提升。面对为举办大型赛事修建的大量场馆及道路等各种设施而导致土地表面严重丧失而破坏生态环境，还有大赛期间带来的空气污染、噪声污染和垃圾，以上一切生态问题都是要值得重视的。因此，体育赛事公共关系就需要面对类似的环保问题做出回应，制定合理的策略，还大赛一个绿色的环境，得到社会大众的认可，塑造大赛的良好形象。

三、体育赛事公共关系阶段

根据赛事阶段划分，我们将体育赛事公共关系阶段划分为 3 个阶段：体育赛事申办阶段公共关系、体育赛事筹办阶段公共关系和体育赛事举办阶段公共关系。

（一）体育赛事申办阶段公共关系

所谓体育赛事申办，是指赛事主办者以招标的方式选择承办方或承办城市，承办者以投标的方式申办赛事，从而获得赛事举办权的活动过程。

为了获取赛事举办权，申办者需要采取一定的方式和手段来赢得主办方的认可，从而达到申办赛事的目标，这一过程即为体育赛事申办阶段公共关系。具体是指赛事申办者为了提升自己的形象，运用公共关系的基本原理和方法手段，通过信息传播，沟通与赛事主办者和特定对象之间的联系，使其了解并认可申办者的特点和优势，从而获得赛事举办权。我们从公关的角度出发考虑，申办过程最核心任务是和负责申办的机构公关，当然同时还要做好和政府、和民众公关，争取支持。

赛事申办是赛事运行的第一步，也是最关键一步，只有获得了赛事举办权，赛事才能够被提上日程。申办工作是赛事公关活动的一个特殊形式，因此在这一过程中除了掌握一般公共关系工作特点之外，还需要结合体育赛事公共关系性质掌握以下工作要领。

1. 明确此阶段公共关系目标

体育赛事申办阶段公共关系工作的目标是要树立申办城市或申办方的形象，更多地寻求赛事与承办方之间的契合度，获得赛事主办方、申办城市居民等利益相关群体的认可，获得赛事的举办权。因此，此阶段的一切公共关系活动都应以此为目标。

2. 有针对性地展开公共关系活动

在赛事申办阶段公共关系主要涉及到的客体有赛事主办方、申办城市居民、赞助商、媒体等，对于不同的客体，其需求点也不同，如主办方看重的是申办者是否有能力成功地将赛事举行下去，赞助商的关注点在于能够为企业带来品牌形象、带来影响，且赞助商也是保障赛事申办成功的重要因素，而申办城市居民对待赛事本身的意见和态度也是赛事申办过程中不可忽略的关键因素。因此，赛事申办阶段需要依据不同群体的关注点进行有针对性地开展公共关系活动。

（二）体育赛事筹办阶段公共关系

体育赛事筹备是指组织机构在获得赛事承办权后，到赛事正式举行前期间所进行的一切准备工作。体育赛事筹备阶段的时间跨度、工作内容因赛事规格高低、规模大小的不同而不同，因此各种类型的体育赛事在筹办过程中的公共关系工作也具有一定的差异。这里我们要说的是通常在体育赛事筹办阶段中的公共关系。筹办过程，任务比较广泛，需要和多方进行联系，如与政府联系，获得政策的支持；与企业联系，获得资金或物资的支持；与专业机构联系（如消防、交通、保安等），获得专业服务支持；与运动员联系，他们是赛事的核心；与举办地居民联系，获取社区支持等等。

赛事筹备阶段按照筹备工作重点及工作内容可分为基础性筹备阶段、综合性筹备阶段和测试赛筹备阶段。由于各个阶段的工作内容和任务不同，其公共关系对象和内容也随之发生变化，但各个阶段之间并没有较为明显的时间界限。

（1）基础性筹备阶段。赛事公共关系从内部公共关系入手逐渐向外部公共关系扩展。其主要任务首先是成立赛事运作管理机构，配备人力资源，明确工作职责，制订赛事总体计划，然后根据赛事规划选择比赛场馆（此过程需要与场馆所有方进行交涉）或者进行场馆建设（此种情况将会涉及到更多的部门和企业，如建筑公司、土地使用权等），同时启动赛事宣传（如赛事识别系统设计、媒体宣传等）及市场开发工作（如设立市场开发团队等），为综合性筹备阶段做准备。

（2）综合性筹备阶段。是赛事筹备阶段的主要阶段，工作内容涉及赛事举办所需的方方面面，直接关系到赛事能否顺利举行。因此，阶段的公共关系工作量最大，主要按照体育赛事总体计划进行全面部署，协调各项工作，使不同系统和领域之间在以竞赛为主线的前提下实现对接。例如，竞赛组织、新闻宣传、广播电视、文化活动、票务工作、观众服务、信息技术、办公行政、安全保卫、通讯交通、电力保障、医疗卫生、财务审计、市场开发等几十个方面的筹备工作。

（3）测试赛阶段。包括试运转和测试赛两部分工作内容，其赛事公共关系以内部公共关系为主，全面检验和调试组委会各个部门的工作，模拟赛事进行时的运行工作。其目的在于提前发现问题，为赛事运行工作打下基础。

（三）体育赛事举办阶段公共关系

体育赛事举办阶段是指体育赛事正式开始举行至比赛结束为止的阶段。举办阶段主要任务包括按照赛事规程与规则组织竞赛，以及按总体工作方案组织实施相关活动。针对不同的任务，其公共关系对象也不同。

竞赛组织工作是体育赛事举办阶段的核心，这一过程的公共关系工作主要目的在于保证各项比赛按照预定的竞赛日程正常进行，确保运动员的比赛和裁判员、技术官员的工作顺利进行。其公关工作内容包括如运动员管理、裁判员管理、志愿者管理、兴奋剂检测、成绩统计与公布、颁奖等环节。

除此，赛事开幕式与闭幕式、媒体接待、赞助商活动、新闻发布会等环节也是本阶段公共关系工作的主要内容。

第二节　体育赛事公共关系客体

大型体育赛事的成功举办既需要赛事组织拥有良好的管理水平，也需要外部因素的支持和参与。大型体育赛事管理运营理论研究与实践表明，赛事组织与利益相关者之间的协调合作对大型体育赛事的成功举办起着至关重要的作用，合作顺利可以确保大型体育赛事的成功举办。因此，很有必要将体育赛事的利益相关者作为公关客体进行深入分析。

一般认为，体育赛事有一些利益相关者[1]。将赛事利益相关者分为了核心利益相关者、边缘利益相关者和蛰伏利益相关者。其中，核心利益相关者包括举办地政府、赛事所有权人、赛事主办机构、社区、赞助商；蛰伏利益相关者包括媒体、赛事参与者、观众；边缘利益相关者包括工作人员、其他边缘利益相关者。参考体育赛事的利益相关者，在体育赛事举办过程中，主要公关的主要客体有以下几个。

一、举办地政府

举办地政府是赛事组织的一个重要公关对象，在赛事的申办和筹备阶段，赛事组织就需要与举办地政府建立起密切的联系。要想与举办地形成良好的关系，就要了解举办地政府的利益诉求。举办地政府对于体育赛事的利益诉求主要体现在两个方面：一个是赛事的经济影响，一个是赛事的社会影响。前者包括赛事本身的经济收益和对关联产业的拉动作用，后者包括赛事的举办对于城市形象的改善、城市知名度的提升等。

了解了政府的利益诉求，有助于更好地进行与举办地政府间的公共关系活动。首先，赛事主办方要加强与政府部门的沟通。每一项体育赛事对举办地来说都是一次发展的大好时机，一方面，提高城市形象，扩大城市的影响力，推进城市的经济建设，提升经济效益和社会效益；另一方面，赛事对于提高举办地居民全民健身意识、丰富其文化生活也有着非常积极的意义。但如果体育赛事主办方管理不力，就会带来很多负面的影响。因此，赛事的主办方应加强与举办地政府部门的沟通，获得政府的支持，为赛事的顺利进行创造有利条件。

二、赞助商

体育赛事没有了赞助商，好比无水之舟、无米之炊。因此，赞助商对于体育赛事成功的举办起着十分重要的作用。一般而言，赞助商的利益诉求主要体现在以下几个方面：一是提升品牌知名度，二是进入目标市场，三是提升品牌美誉度。因此，体育赛事组织在公关活动中应做到以下几点。

---

〔1〕 骆雷，黄海燕，张林. 体育赛事利益相关者的利益诉求与利益协调［J］. 体育文化导刊，2013（2）：10－12.

首先，必须了解赛事的规模、人口统计学特征和心理特征。了解这些的目的就是为了将赛事和企业赞助商有针对性地建立起联系。企业赞助赛事就是看中了体育赛事可以为企业提高曝光度、增强媒体的关注度、增加产品的销售量。所以，赛事公关人员需要找准赛事的目标受众并与企业结合，企业才会有赞助兴趣。

其次，在进行了调查之后，就需要针对赞助商制定详细的赞助意向书。意向书中应该将重点放到赛事的收益，包括有形收益和无形收益。赞助商需要通过赛事提升自身的价值，增强公益性，打动媒体。

再次，保护赞助商的商业权利。赛事商业权利是指体育赛事的拥有者围绕以赛事无形资产为核心，为实现赛事的价值管理，挖掘、整合、包装赛事资源，赋予赛事组织与赞助商共同享有一种与赛事相关的市场开发权利[1]。体育赛事组织公关人员要建立清晰全面的赛事品牌保护计划，这项计划包括赞助商的等级和权限、赛事的名称和标志的使用场合等，防止伏击营销，才能获得赞助商的信任，从而对赛事进行赞助。

三、媒　体

媒体是赛事公共关系对象中最为敏感和重要的一部分。媒体作为赛事的一大利益相关者所注重的是赛事的新闻价值和转播价值。通过对体育赛事的精彩报道，传播给受众，提高发行量和转播收视率，从而带来更多经济效益。在大型赛事中，体育赛事组织通过与媒体建立良好的关系，利用媒体全面深入的报道，提升赛事的知名度，塑造赛事的品牌形象。

因此，体育赛事组织在与媒体间进行公共关系活动时，主要是做好媒体服务工作，需要做到以下几点。（1）做好媒体接待的后勤工作。一般包括媒体注册与签证申请，媒体住宿与交通服务、餐饮服务、技术服务。琐碎的服务贯穿着体育赛事组织对待媒体的态度，尤其需要注重一些细节工作，如住宿地离比赛地的远近距离、餐饮的时间安排等，赛事组织者都要考虑周全，否则就会出现“因小失大”的问题。（2）做好赛事信息的服务工作。这是媒体服务的重中之重。媒体的需求归根结底就是信息，满足记者的信息需求是赛事组织者让记者满意的最重要武器。例如，

〔1〕 应华．论体育赛事赞助的商业权利及其保护［J］．浙江体育科学，2003，25（4）：33.

在赛事举办前就要做好赛事指南，指南中应写有赛事项目、时间、地点等。在新闻发布会和采访室中，配备一名速记员，将采访运动员的材料在最短的时间内分发到记者手中。在这之中，赛事组织者要做到信息公开、及时发布。(3) 做好应对突发事件的准备工作。对于一些突发情况，也要尽可能从方便记者的角度去进行应对。服务过程中赛事组织方切忌姿态过高，要转变传统的行政思维，把记者当作顾客、合作伙伴来对待，为其提供周到细致的服务，这样才能真正实现媒体管理的目标，获得良好的公关效果。(4) 做好媒体的管理工作。没有对媒体的管理，以上工作就无法正常运作。媒体的管理就是设立新闻部，下设新闻中心、记者服务处等办公室，对媒体的各项工作进行统一协调管理。

四、赛事参与者

赛事参与者主要包括运动员、教练员与裁判员等。赛事参与者是体育赛事的核心，尤其是运动员的表现，决定着赛事的精彩程度。在与其进行公共活动的过程中，应该注意以下事项：(1) 必须清楚明星运动员是否适合赛事。通常，这取决于赛事的经营目标和目标公众的心理特征。比如，现役运动员往往对观众的吸引力更大，而老牌运动明星能唤起人们的美好记忆。因此，赛事公关人员在确定范围后，应与运动员的教练、经纪人取得联系。(2) 了解体育明星对赛事的兴趣及所需开支的费用，检查运动员的练习和比赛日程，确保不与本方赛事发生冲突。

五、观　众

体育赛事的一大重要公关对象就是观众，观众是体育赛事实现效益的重要基础之一。从某种意义上说，体育赛事的成功与否取决于观众的支持和认可。因此，体育赛事组织必须通过公关活动，形成体育赛事组织和观众的良好关系。首先，通过新闻发布会等形式向观众宣传赛事理念，突出赛事主题，调动观众的积极性。其次，就要尽可能地满足观众的利益和需要，如组织明星和观众的见面会，赠送印有赛事徽记、吉祥物的T恤、帽子、纪念品等体育赛事标志性产品。

六、社　区

主办社区包括居民、商人、游说者和公共权力机构部门，如政府、交通、警察、消防和急救部门等。在体育赛事中，社区的利益诉求主要包括两类：一类是指有形收益，如社区基础设施建设的有效改善、社区配套服务的改善、社区就业率的增长等；另一类是指无形收益，包括社区居民凝聚力和归属感等价值观的有效提升、居民在参与赛事过程中形成的社会精神与合作意识的增强等。

主办社区体育赛事对主办社区有重要的影响，主办社区对体育赛事的支持至关重要。为了满足社区的利益诉求，通常情况下，赛事组织者都会尽力使社区部门领导参加赛事工作，为赛事提供有偿或无偿的服务，并预先在赛事计划中进行沟通，如举办大型赛事会对交通有一定的要求，安保部门的帮助非常重要，警察会联合设置停车点，进行街道封锁和安排特别通道等管制来方便赛事进行。

因此，从公共关系的角度出发，这些问题赛事组织者都必须予以妥善解决。例如，修建各种体育场馆和各种设施时，应以符合生态环境为原则，尽量避开使用未开发的土地和可耕地。在建设体育场馆时，可选择用环保材料，做到可回收利用。对于交通问题，要尽量使用新型环保燃料作为动力驱使，以尽可能地减少环境污染。关于废旧物资的处理问题，要做到尽量使用可回收的材料，避免使用一次性用品，尽量使用当地农场的农副产品。另外，大赛可以与政府和有关部门联合，建设相应的废旧物资处理站。

第三节　体育赛事公共关系方式

与常规型的公共关系实务相比，体育赛事公共关系有着典型的特征，而这些特征恰恰是体育赛事公共关系人员展开公共关系事务工作的重要前提。

一、体育赛事公共关系方式特点

（一）目的的明确性

一般来说，举办体育赛事的目的可以分为两类：社会效益和经济效益。其所追求的社会效益主要包括促进运动技能水平的提高、促进群众体育的发展、促进就业、促进城市建设、促进区域经济发展等；其所追求的经济效益表现在直接的经济收入

（如赞助费、广告费、门票、电视转播费等直接经济收益）、间接的经济收益（如吸引投资、促进物资交流、带动相关产业发展等）。因此，体育赛事公共关系活动必须紧紧围绕体育赛事所追求的目的进行，为促进与实现体育赛事举办目的而服务。

（二）内容的集中性

体育赛事公共关系活动中，其内容较常规的公共关系活动较为集中，主要围绕着赛事目的及保证赛事顺利进行而开展，与体育赛事无关联的公关活动将被排除在活动之外。

（三）手段的针对性

由于体育赛事利益相关者分类较为清晰，因此其公共关系目标群体划分的比较清晰，按照体育赛事过程中不同的受益群体其服务所需也不同，每一个相关群体都需要针对其开展特定的公关活动，手段和方法都会因对象不同而发生改变。这就要求体育赛事公关关系活动都要根据不同目标公众的特点展开，具有较强的针对性。

体育赛事公共关系通过体育赛事视觉识别系统的建立、各种公共关系专项活动的举办、赛事文化的建设等方式展开。

二、体育赛事公共关系方式

（一）建立开发体育赛事视觉识别系统

1. 体育赛事视觉识别系统含义

视觉识别系统，是指组织向环境传递信息过程中视觉形式的标准化、统一化，即组织向外部展示的一种统一、独特并能够长久保持的视觉形象。视觉识别系统主要由文字和图案两部分构成，包含组织名称、标识、标准字体、标准色、象征图像、标语口号等丰富的元素。例如，我们熟知的奥运五环、微软飘扬的旗帜图标等。

由此，我们可以这样理解体育赛事的视觉识别系统，即体育赛事所具有的各种视觉形象元素，其中最基本的元素是赛事标识（亦称会徽、会标）与吉祥物，它们是赛事核心理念的载体，是赛事独特个性的表现。其主要作用于体育赛事自身形象与品牌的营销及体育赛事的市场开发工作。

2. 体育赛事视觉识别系统的建立与传播

体育赛事视觉识别系统的建立与传播的具体程序和步骤会因具体情况而相差甚远，但一般主要包括以下几部分工作。

（1）了解体育赛事的历史、文化、理念，使视觉识别系统的设计能符合并反映独特的赛事内涵。赛事的标识、吉祥物应该简单、鲜明、引人注目，需要综合考虑在不同传播媒体上的传播效果。

（2）在视觉识别系统确定后，及时确定其版权归属。例如，立即委托商标管理部门或知识产权公司，对赛事标准名称、标识、吉祥物等进行注册、登记，使之受到《中华人民共和国著作权法》《中华人民共和国商标法》《中华人民共和国专利法》《特殊标识管理条例》等法律、法规的保护。

（3）制定体育赛事视觉识别系统管理条例，规范赛事标识、吉祥物及其他视觉形象的使用方法，明确相关各方在使用赛事视觉识别系统是各自的权利和义务。

（4）运用媒体及赛事自身拥有的各种传播途径，传播赛事视觉形象系统，使赛事的视觉形象深入人心，帮助建立赛事的品牌。

以 2008 年北京奥运会视觉形象系统为例说明赛事的视觉识别系统，它由五环标志、会标、专用色彩系统、吉祥物、体育图标、火炬、奖牌、纪念品、办公用品、建筑外观等一系列视觉元素组成。我们以北京奥运会的会徽、吉祥物、体育图标和火炬来说明赛事的视觉识别体系。①会徽。“中国印 · 舞动的北京”的会徽将肖形印中国字和五环徽有机地结合起来，充满了深沉的活力，表达出“尺幅之地，凝聚东西方气韵；笔画之间，升华奥运会精神”的意境。②吉祥物。2008 年北京奥运会吉祥物“福娃”，他们的造型分别融入了鱼、大熊猫、奥林匹克圣火、藏羚羊以及沙燕的形象。每个娃娃都有一个琅琅上口的名字：“贝贝”“晶晶”“欢欢”“迎迎”和“妮妮”。当把 5 个娃娃的名字连在一起时，你会读出北京对世界的盛情邀请“北京欢迎您”。③体育图标。名为“篆书之美”的北京 2008 年奥运会体育图标以篆字笔画为基本形式，融合了中国古代甲骨文、金文等文字的象形意趣和现代图形的简化特征，符合体育图标易识别、易记忆、易使用的要求。北京奥运会体育图标显示出了鲜明的运动特征、优雅的运动美感和丰富的文化内涵，达到了“形”与“意”的和谐与统一。④火炬。北京奥运会火炬创意灵感来自“渊源共生，和谐共融”的“祥云”图案。源于汉代的漆红色在火炬上的运用使之明显区别于往届奥运会火炬设计，红银对比的色彩产生醒目的视觉效果，有利于各种形式的媒体传播。火炬上下比例均匀分割，祥云图案和立体浮雕式的工艺设计使整个火炬高雅华丽、内涵厚重。

赛事的媒体宣传、场馆布置、专题活动，官方网站建设、门票、邮品、纪念品等方面的设计，都需要大量使用赛事的标识与吉祥物，通过统一的视觉形象，向公众传递赛事蕴含的理念及文化。因此，建立包括赛事标识及吉祥物在内的赛事视觉识别系统，是体育赛事进行自我营销的必要条件之一，甚至其设计过程本身就是一次受社会关注的公关事件。

（二）体育赛事公共关系专项活动

我们将体育赛事公共关系活动定义为体育赛事运作管理机构组织，向公众传递赛事信息，展示赛事形象，协调赛事与公众关系的各种文化、艺术、教育、体育、娱乐活动。其活动主要内容包括：对赛事期间除竞赛之外的文化、艺术、教育等活动进行统筹安排、统一规划；策划活动方案，使活动体现赛事理念，体现赛事特色；组织、执行活动方案，与公众加强沟通，传递赛事信息，展示赛事形象，提高赛事影响力；对赛事活动工作情况进行总结评估，提交工作报告等。

无论是何种形式的体育赛事公共关系活动，其工作一般流程通常包括如下几个阶段，见图8－1。

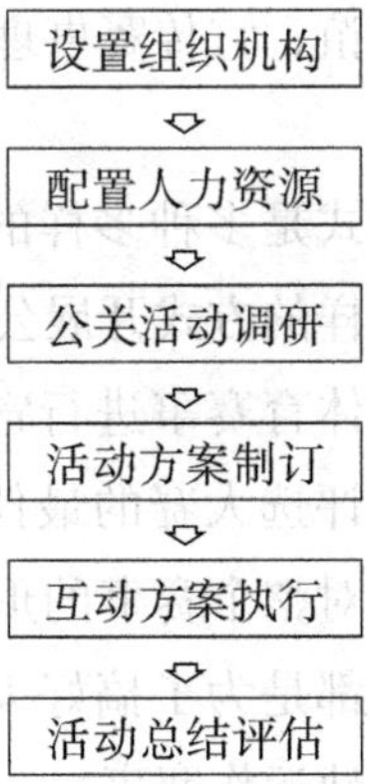

图8－1　体育赛事公共关系一般流程

（三）体育赛事公共关系活动形式

具体而言，体育赛事公关专项活动主要有开幕式和闭幕式、火炬传递活动等，这些赛事独有的活动是体育赛事公共关系的有效方式。

1. 开幕式和闭幕式

随着现代体育事业的蓬勃发展，体育赛事的开闭幕式表演已成为赛事的重要一部分。赛事开幕式表演可为运动会营造一种热烈的气氛，表达了东道主对来自各地体育健儿们的欢迎之情及对赛事成功举办的美好祝愿。闭幕式是指会议、展览会等活动结束时举行的正式仪式。开幕式突出的是庄严、隆重，闭幕式则多一些欢乐的气氛。奥运会、亚运会、全运会等国内外一系列大型赛事的开闭幕式表演，集中反映了主办地的政治、经济、管理实力和文化、体育、艺术水平，同时由于体育赛事受关注程度高，因此体育赛事开幕式是赛事对外展示、沟通的绝好平台。

2. 火炬传递活动

奥运会火炬被首次采用是在1936年的柏林奥运会上。此后，奥运火炬接力就成了历届夏季和冬季奥运会的传统。从那以后，火炬传递项目被认为是体育赛事的一项基本公关活动项目。火炬传递活动是大型赛事的一个重要的公关活动，也是一种文化传承类活动。通过长距离的火炬接力，广泛地宣扬体育运动的精神和理念，提高赛事的知名度，传播赛事将要举行的消息，引起公众的关注；另一方面，通过各地运动员的火炬接力，可以传递友谊，宣传赛事理念。

3. 其他赛事公关活动

体育赛事中公共关系的表现形式是多种多样的。只要有利于体育赛事形象提升和赛事的成功运作，可采取多种多样的方式开展公共关系活动。

例如，通过传统和新媒体等对体育赛事进行宣传活动、传播体育运动精神的公关活动。又如，征求公众的意见，评选大赛的最佳运动员、形象大使；面向大众征求大赛的徽标、吉祥物、主题歌；对整个赛事的形象定位和CIS策划以及体育赛事接待和礼仪工作。这些行为或活动都是为了搞好大赛与公众和相关组织的关系，树立大赛的良好形象，以顺利和长远地运作赛事。

总之，体育赛事公共关系都是围绕着宣传赛事、优化赛事举办环境、增加赛事举办效益等来进行的。

第九章　体育赞助公共关系

本章要点

- 体育赞助公共关系的概念、分类
- 体育赛事赞助公共关系
- 体育场馆赞助公共关系
- 体育公益事业赞助公共关系
- 运动队或体育明星赞助公共关系

健力宝：20 年后再携手亚运回归体育营销

20 年前，1990 年北京亚运会上，健力宝以1600 万元赞助的大手笔，在当年的亚运营销大战中一骑绝尘，成为饮料市场上绝对的老大；20 年后，健力宝以天价赞助2010 年广州亚运会，确是企业品牌与市场战略的一次华丽转身。“聚焦运动，回归体育营销是健力宝再获新生的重大战略，因为运动就是健力宝的品牌基因，也是品牌与大众的情感纽带。我们不但奉献更好的产品，更将运动科学补给的理念和激情时尚的年轻运动文化带给大众，这是健力宝的未来，也是中国运动饮料的发展方向。健力宝总经办负责人陈维坚表示。

2010 年4 月，健力宝召开发布会，向社会正式推出一款与国家体育总局体育科学研究所共同研制的运动饮料——爱运动。据健力宝透露，作为亚运会唯一指定运动饮料的爱运动经过一段区域市场的试水，表现出非常好的市场反馈。与风靡国际的第一代健力宝相似的是，爱运动饮料无论在配方还是饮用分级上，都具有颠覆性的创新，可以名副其实称为“新一代中国魔水”。并且健力宝爱运动不仅适合专业运动员的能量补给，在产品配方方面更贴近中国大众的身体条件——即根据运动者的即时状态，划分出轻运动和重运动，倡导一种更科学的运动补给理念。“新一代中国魔水”也正是以科学的配方和品质，爱运动通过了亚运会层层严苛标准的考验，成为唯一指定运动饮料。而值得期待的是，20 多年前与亚运的结缘成就了健力宝风靡世界的辉煌，如今能否再次借助亚运的赛事推广平台再续传奇，值得期待。

——来自《南方网》

体育赞助是体育和经济之间的一个平等互助的结合点，作为一种经济活动，其实质是赞助者和被赞助者双方资源和利益的交换与合作，是双方互利互惠的商业合作关系。通过对体育赞助公共关系的研究，将有利于双方达到各自的组织目标，起到促进体育和经济共同发展的双重作用。

第一节　体育赞助公共关系的作用

一、体育组织或个人的发展需要

（一）体育组织或个人获得资金支持

随着市场经济的发展，体育市场也逐渐发展成一个日益重要的消费市场，人们对于体育活动的数量和质量需求越来越高，同时由于边际效益，资金密集等当代体育的显著特点也日渐突出，实质上也就表现为对资金的需求越来越高。从目前我国体育发展的状况来看，存在着发展和资源不足的矛盾。一方面，体育活动的运作成本日渐增高，包括科技投入、管理投入等；另一方面，由于政府调整公共财政预算支出结构，体育组织或个人从政府得到的财政资助也越来越少。因此，赞助成为体育活动资金的重要来源。赞助公共关系也随之变得至关重要。

（二）提升体育组织或个人品牌价值

体育组织或个人借助赞助获得投入，获得了成功，并通过媒体宣传来扩大活动效果，使得体育本身所具有的无形资产升值。这要求体育组织或个人不仅要对赞助商开展公共关系，同时也要对体育消费群体开展公共关系工作。在当今消费者主权社会，消费者有较大的选择空间。因此，在体育组织或个人在争取赞助的过程中，应在体育组织或个人和消费者之间建立一座桥梁，以便向消费者传递信息施加影响，从而改变他们的观念、行为等，这样才能争取到更多的企业赞助，从而提高体育赞助的效益。例如，中国足球甲A联赛的初期，球市火爆激起了许多企业对体育赞助的热情。又如，奥林匹克运动会，自其1985年起创立了4年一度的TOP（The Olympic Partner）赞助计划，成功地挽救了濒临破产的国际奥委会，使其拥有了越来越广泛的影响力。

二、赞助商公共关系需要

体育赞助发展至今，已经为全球体育市场和全球经济的发展壮大做出了巨大的贡献。赞助者与被赞助者通过资源的交换使用和重新分配使参与赞助的双方都获得了很大的效益。

（一）提高赞助效益

企业通过资助体育活动扩大了知名度、提高了市场占有率等。许多企业和产品的品牌打造得益于成功的体育赞助，而这些效益的获得离不开赞助公共关系工作的开展。

例如，1984年，健力宝集团拆资50万元赞助中国奥运代表团出征洛杉矶，不但给中国奥运代表团带来了经济上的资助，也给其自身带来了巨大的经济效益，使其企业的知名度得到了很大的提高，健力宝之所以被称为“东方魔水”也正为此。此后，健力宝旗下的“李宁”更是把体育赞助当作一把打开市场的金钥匙，加强对消费者公关工作的建立，短暂十几年时间，健力宝和“李宁”都成为了我国市场上人人皆知的牌子。从国外的例子来看，美国的可口可乐公司之所以成为一家声誉卓著的软饮料公司，是与其紧紧跟随奥运会转战全球分不开的。从1928年—2000年，可口可乐公司共参与赞助了13届夏季奥运会和3届冬季奥运会。这些企业品牌的打造，一方面，靠自身产品的质量和服务，另一方面是他们借助了体育赞助，在全世界发动了强大的宣传攻势，使得其产品深入人心，从而提高了赞助的效益。

（二）美化企业形象和品牌形象，增加顾客忠诚度

企业和品牌的形象是指人们对与之有关的文化、质量、风格、信誉、款式、价

格、包装和服务等要素的各种看法的总和，也是企业及其产品的美誉度、可信度以及顾客忠诚度的一个决定性因素。这些看法来自于人们的直接经验和间接经验，需要经过较长时间的积累和验证方能形成。而良好的形象一旦形成，就成了企业最宝贵的财富。这就需要在赞助公关工作中注意形象转移和善行义举两大方面。

仍以可口可乐公司为例，自 1928 年首次赞助奥运会开始，从未间断对体育的支持，由此，成功地把体育的美好形象转移到了自身的企业和产品的形象上，获得了消费者的良好口碑。当人们提到体育时会想到可口可乐公司；相反，提到可口可乐时，人们也会想到体育。

由于体育是社会公益事业，具有贴近群众和生活的特点，使得体育赞助既是一种沟通手段，又具有善行义举的色彩。当企业赞助某些冷门项目或具有公益性的比赛时，会大大提升企业在消费者心中的好感，随着时间推移，人们慢慢将这种好感上升到对企业的信任感。

美国的一项民意测验表明，79% 的美国消费者对有奥运标志的产品抱有较大的好感和忠诚度；绝大部分美国消费者把赞助奥运会的厂家看作成功的厂家。[1]

（三）有利于培育企业文化

企业进行体育赞助，不但可以从企业直接获取经济利益，还可以通过培育、完善企业文化获取经济利益。企业文化是企业的一个重要组成部分，企业的实力、知名度、在行业中的地位等都是激励企业员工自豪感的不可或缺的因素。有调查表明，知名企业的员工在工作投入上比在不知名企业工作的员工投入更高。固然，知名企业或大企业给员工的发展空间较大，机会较多，竞争也较为激烈，因此职工的潜力挖掘得更深。但是，如果职工的自豪感或者企业本身的文化并没有达到激励职工追求上进的目的，那么可以说该种企业文化是不合格的。据估计，国际奥委会的 TOP 赞助第 6 期的“入场费”将达到 8 500 万美元，但国际上的不少知名企业还是不惜重金买下这张入场券，其目的之一是把企业的知名度提高。从企业员工本身来说，企业就是其生活的来源和依托，企业的前途也是自己的前途，企业在行业中的地位也正是自己在同行中的地位。所以，企业应该在其企业文化中酝酿出一种积极向上

〔1〕 沈佳．体育赞助［M］．上海：复旦大学出版社，2012：56.

的氛围，这才足以激起职工的自豪感和追求上进的动力。

三、体育赞助公共关系中的重点

（一）体育活动与企业品牌契合度

契合度不仅对企业品牌资产产生直接效应，而且会通过品牌信任和品牌认同产生明显的间接效应。高的契合度比低契合度能够产生更大的影响。其目的在于企业与赛事要紧密结合，减少企业的商业行为气息，使得效果自然，易于被接受，增强消费者对企业的品牌信任；将消费者对赛事的认同流畅地转移到赞助品牌，增强消费者对企业的品牌认同，以此提升企业品牌资产。

体育赞助实质上是一种软广告，但由于广告不能单独出现，因此商业性和功利性不像硬广告那么特点鲜明。体育赞助主要是用于树立品牌形象，因此，衡量赞助者与被赞助者之间的切合度至关重要。

赞助企业不仅追求品牌形象与被赞助项目上的匹配一致性，而且也追求企业文化和提倡的理念与赛事的精神理念的契合。赛事与赞助企业的高度契合不仅能减少企业的商业行为气息，增强消费者对赞助企业品牌的信任，而且能将赛事积极向上、开拓创新、自强不息的精神理念顺畅地转移到企业品牌上，增强消费者对企业品牌的认同，最终实现赞助企业品牌资产的大幅提升。

（二）发挥体育赞助的协同效应

体育赞助是一个复杂而又系统的活动，只有当赞助者、被赞助者、媒体和中介机构同心协力、密切配合，以体育赞助为基础，结合公关等其他沟通手段，力争在一定的时间和空间形成一个企业的沟通高潮，体育赞助要坚持与其他营销活动的整合性，才能创造体育赞助的良好效益。赞助商之所以对体育赞助如此情有独钟、乐此不疲，是因为他们深知对体育运动项目的赞助是企业公共关系的主要策略，对于企业的品牌建设和品牌传播起着非常重要的作用。随着其赞助活动的深入，产品会逐步加强与消费者之间的互动关系，让他们在物质及精神层面上获得双重满足。可口可乐对奥运的成功体育赞助充分印证了体育赞助的功效之神奇，正是利用奥运赞助，可口可乐于无声中，实现了其追求新闻效应、扩大社会影响、传递品牌信息、加强品牌宣传、联络公众感情、推动社会公益、提升企业形象等诸多商业营销目的，同时也使得被赞助的体育活动获得了更多人的关注，更好地发挥了体育的作用。赞助和被赞助者都得到了高的效益。

第二节　体育赛事赞助公共关系

一、赛事赞助公共关系含义

体育赛事是随着社会生产力的形成和发展而发展的，在发展的过程中，受到许多因素和视角的影响，需要较多的科技投入、管理投入，这就突出表现为对资金的需求。体育赞助的大部分资金都用在了赛事上，任何一种赛事都可以赞助，赛事的商业化程度也越来越高，只要操作合理得当，赞助商都可以从中得到丰厚的回报。

体育赛事赞助公共关系，则是以体育赛事作为赞助对象，在以获得标志使用权等物的交换为目的赞助活动中运用信息传播、沟通媒介、采取一定的行为措施，有计划、有目的、有着对性地为促进体育赛事举办者与相关体育公众之间的双方了解、信任与合作的活动。

二、赛事赞助公共关系的作用

（一）有利于高水平赛事的举办

对于赛事本身而言，赞助是赛事获取经济利润的重要保障，是赛事顺利举办的基础。一场高水平的比赛中，不仅需要高水平的运动员参与，同样也需要科技的投入、管理的投入等，这就表现为高水平赛事对于物质的需求。因此，充分开展赞助公关有利于高水平赛事的举办。

（二）有利于扩大赞助商利益

随着人们对于体育赛事的兴趣日渐升高，观看比赛的需求也随之增高，各大媒体争相报道比赛期间的热新闻。而且一般的大型赛事举办时间相对较长，如奥运会周期都在两周左右，场次排列密集，再加之体育明星、队伍的表现，很可能掀起一阵短暂的体育热潮，体育赞助商也随之得到了更高的曝光率和关注度。

赞助商获利不仅可以利用一些大型的、顶级的赛事的影响力，同时，利用赛事所在地居民对于区域的自豪感而产生的崇拜和追捧心理，开展各种形式的宣传，树立良好的公众形象，以便更加便利地打开当地的消费市场，从而获取丰厚利润。

“三星电子”就是在体育赞助中成长起来的电子巨头。起初，三星电子只是一家为日本三洋公司制造廉价黑白电视机的“打工者”。此后又为其他品牌企业制造芯片及附属电子产品。虽然在20世纪90年代，三星的销售规模达到了上百亿美元，但三星这个品牌在国外却鲜为人知。然而自从三星赞助了奥运会，加入了TOP计划后，仅仅用了五六年时间，就打开了国外的市场，成为了世界一流的品牌。通讯产品的销售额从1998年的39亿美元上升到1999年的52亿美元，而在2000年悉尼奥运会结束后的第一年，通讯产品的销售额又增长了44%；2000年奥运会后，三星的品牌认可度从5%上升至16.2%。

三、赛事赞助公共关系的类型

赛事赞助的类型，我们主要是从赞助的等级、回报方面来看，具有代表性的有冠名赞助、授权产品销售商、合作伙伴。

（一）冠名赞助

冠名赞助是直接使用企业或者产品的名字作为赛事的主题名称。例如，安踏全国极限精英赛Xcellent、上海劳力士大师赛、赛特·朗姿VIP高尔夫邀请赛、三星电子国际滑联短道速滑世界杯等。

体育冠名是体育融入市场经济的重要切入点。一般来说，在赛事赞助中，冠名赞助的费用较高。但通过对体育赛事、运动队、体育场馆等的冠名，企业可以获得巨大的广告效应，因此冠名权蕴含着极高的商业价值。

（二）合作伙伴

合作伙伴的级别仅次于冠名赞助，一般比赛的合作伙伴数量为5～6个。赞助商除了不享有比赛的名称权以外，其他赞助回报权益都基本享有。赞助商们的标志一般会出现在场地的明显位置和主要场次。例如，2008年北京奥运会就吸引了大量的合作伙伴，包括了中国银行、中国网通、中石化、中石油等。

（三）授权产品销售商

重大赛事一般都会有会徽和吉祥物。赛事会授权一些厂家开发和销售这些纪念品。这样使得产品和赛事能直接挂钩，以此来提高企业和产品的档次和声望。授权产品销售商以奥运会的例子最为典型。奥运会特许经销商是指奥组委授权合格企业生产或销售带有奥组委标志、吉祥物等奥林匹克知识产权的产品。例如北京奥运会期间有许多带有福娃标志的特许商品，包括服装、玩具等 8 000 多种产品都是由特许经销商生产和销售的，当年此部分收入超过 1.85 亿美元。

四、体育赛事赞助公共关系的实施方式

（一）赛事组委方的赞助公关实施

对于赛事自身而言，通过体育赛事赞助所获取的各种资源是赛事实现经济利润的重要保障。体育赛事的举办需要耗费包括人力、财力、物力以及组织管理等在内的各种成本，特别是对于大型的综合性运动会而言，其运营成本十分高昂，如果没有赞助商的资源注入，赛事的运行往往难以为继。例如，1976 年第 21 届奥运会在加拿大的蒙特利尔市举行，为了办好这届奥运会，组委会开辟建设了奥林匹克体育中心，新建大型体育场、游泳池、自行车场、奥运村等设施。但由于加拿大经济萧条，加上管理不善，这些工程的费用一再追加，原计划 28 亿美元的主体育场竟耗资 58 亿美元之巨，组织费用也从原计划的 6 亿美元涨到实际的 7.3 亿美元。这使得蒙特利尔市债台高筑，不仅影响了加拿大的经济发展，而且使奥林匹克运动受到了沉重打击，严重影响了 1984 年奥运会的申办活动，使得原来准备申办的国家纷纷退出。“蒙特利尔陷阱”使国际奥林匹克运动面临前所未有的危机和挑战，最终导致了 20 世纪 80 年代萨马兰奇对奥运会的改革。

第 23 届洛杉矶奥运会组委会引入了“赞助商”的概念，组委会把赞助商的数目限定为 30 家，并规定在每个行业里只选一家企业，与此同时，组委会利用出让电视转播权和高价销售门票等辅助措施，从根本上改变了洛杉矶奥运会的财政状况，从此奠定了现代奥运会经营模式的架构。因此，前国际奥委会主席萨马兰奇曾指出，

洛杉矶奥运会是奥运发展史上的转折点，开创了体育与商业有机合作的新阶段。因此，越来越多的赛事运作实践表明，体育赛事与赞助行为的关系日渐紧密，它们相互吸引、相互融合，成为体育赛事可持续发展的重要支撑。

组织工作是体育赛事赞助实施的前提和保证。只有首先成立一个强有力的、分工明确、责任到人的领导和工作班子，来具体领导和落实与赞助有关的各项工作，才能确保整个赞助工作有组织、有领导、有计划地顺利实施。

对赞助商承诺的兑现也是赛事赞助公关的一部分。现场广告和其他各项回报事宜是赞助回报的一个重要的组成部分，也是体育赞助效益的集中体现，因而是体育赛事赞助的命根子。要按照事先商定的方式、数量和质量予以落实。为此，回报部成立伊始就要根据协议制订详细的、责任到人的倒计时计划，并根据赞助合同的规定事宜，配合赞助商的需求做一定的媒体宣传。

（二）赞助商的赞助公关实施

对于赞助商而言，体育赛事赞助以获取经济效益为首要目标或最终目标，而所谓获得品牌知名度、美誉度，树立企业良好形象等目标均是达成最终目标的手段和方式。例如，北京奥运会的 12 个全球合作伙伴全部都是实力雄厚的国际知名企业，它们之所以投入巨资成为北京奥运会的赞助商，其根本目的是通过奥运会的全球影响力，拓宽企业的目标市场，实现企业产品或服务销量的有效增长。

1. 进入目标市场

进入新的目标市场是体育赛事赞助的另一个基本目标。作为促销手段，体育赛事赞助的一个特殊的好处是，体育活动的参与者通常具有相似的行为（Activities）、兴趣（Interests）和观念（Opinions）（AIOs）。赞助商可以在与消费者分享共同的 AIOs 的同时，将需要传递的商业信息传递给消费者，从而更易于被消费者接受。通过体育赛事赞助营销，赞助商可以深入到消费者生活和活动的地方，从而能比传统的广告更有效地影响消费者。

2. 进行关系营销

越来越多的公司意识到关系营销的重要性。据统计，争取一位新客户所花成本是维系一位老客户的 6 倍。社会认同理论（social identity）认为，人们倾向于将自己和他人归入不同的社会类别，如某个组织的成员，隶属某个政治团体或某项体育运动的参与者。体育赛事的观众和有关消费者通常都对相应的体育项目具有一定的认同心理。这种认同心理将企业和消费者联系起来从而为企业与新的消费者建立新的关系以及与老消费者维持原有的关系创造了巨大的营销空间。同时，作为赛事赞助方，企业可以获赠一定数量的门票，享受专门的包厢、贵宾席、停车位等，赞助企业可以有效地利用这些机会进行关系营销，从而进一步与原有消费者建立良好的关系。

3. 建立企业形象

企业形象是当消费者看到或听到企业的名字以及看到企业的标识时，在消费者头脑中出现的企业总体印象。有效的体育赛事赞助，用体育精神展现企业形象，可以使消费者将体育赛事的形象、运动员的形象和运动队的形象与赞助企业联系起来，在一定程度上实现形象的转移，增加和提高企业在消费者心目中的形象。同时，赞助活动还体现了企业对社会的责任感及企业实力，从而提高了企业的信誉，相应也增强了企业的形象。

第三节　体育场馆赞助公共关系

一、体育场馆赞助的发展

体育场馆赞助是指以企业的名称命名体育场馆或向体育场馆提供设备、资金的赞助。场馆冠名是体育场馆赞助中最为主要的形式，体育场馆的冠名权开发发端于20世纪70年代的美国，至今仅有40多年的历史。1972年，瑞奇公司（Rich Products Corporation）以150万美元购买了布法罗市新的美国国家足球联盟体育馆25年的冠名权，这是历史第一桩商业意义上的体育场馆冠名权交易[1]。到目前为止，无论是在大型体育场馆冠名权开发的理论研究方面，还是在市场规模及开发实践方面，美国和英国的大型体育场馆冠名权开发都处于世界先进水平。英美大型体育场馆冠名权开发策略中有很多先进经验值得我们借鉴，总结起来主要有以下几种经验。

（1）在体育场馆冠名权开发前，体育场馆所有者针对冠名赞助商的实际情况开

〔1〕林显鹏. 体育场馆冠名权开发战略［J］. 体育产业信息，2003（5）：6－9.

发出与赞助商的赞助目标、企业品牌形象、企业文化内涵最吻合的体育场馆冠名权开发方案，以使冠名赞助商的赞助效益最大化。体育场馆冠名权开发方案给赞助商带来的赞助效益也是赞助商评估冠名权价值时考虑的重要因素。

（2）在体育场馆冠名权开发的过程中要十分重视风险管理，在冠名权合同磋商阶段，体育场馆的所有者和冠名赞助商应对冠名权开发过程中可能出现的风险进行识别和衡量，制定风险管理方案，并通过合理的手段规避风险。

（3）在体育场馆冠名权开发的过程中要注意运用越来越多高科技的设备和手段来帮助冠名赞助商进行宣传。

二、体育场馆赞助公共关系的作用

体育活动吸引着广大观众，使得充满动感的体育场馆广告产生无可比拟的效果。广告界普遍认为，以一定数额的金钱购买一个大型体育场馆的命名权若干年，意味着这家企业的名字将可以通过印刷文字、空中电波和互联网，跟潜在顾客接触超过数亿次，其效果比起传统的商业广告要高出许多倍。

以大型体育场馆冠名权的开发为例，大型体育场馆冠名权的开发是体育场馆无形资产开发的重要组成部分，是指选定的赞助商通过与体育场馆的经营者签订冠名权合同，获得为体育场馆命名的权利，并通过体育场馆的名称权获取一系列有形和无形利益的赞助形式，体育场馆的经营者在大型体育场馆的冠名权开发过程中也能获得可观的由体育场馆的无形资产产生的收益。对于赞助商来讲，为具有社会知名度和美誉度的体育场馆冠名有利于企业产品的促销和企业品牌形象的长期培养，对于体育场馆的经营者来讲，体育场馆的冠名权开发可以增强体育场馆自身的造血功能〔1〕，为场馆经营者提供收入保障。

随着我国大型体育场馆经营模式的市场化进程，在我国大型体育场馆的无形资产开发中蕴含的巨大商业价值已经受到越来越多的相关人士的重视，因此在体育场馆的建成前的设计阶段就应该开始对大型体育场馆日后要进行的冠名权开发做好规划，以便在体育场馆建成之后能够按照规划对体育场馆的资源进行最有效的利用，来开发体育场馆的无形资产。

〔1〕 倪腊贵，田恩庆. 对我国当前公共体育场馆冠名权开发的思考［J］. 科技文汇，2008（1）：133.

三、体育场馆赞助公关的分类

（一）场馆冠名赞助公关及其实施方式

冠名权是指在某种事物前面加上自己名号的权利，亦即“权利人对于他人所有或支配的对象化事物进行冠名所有的民商事权利”[1]。大型体育场馆的冠名权开发是指赞助商通过与体育场馆的所有者签订冠名权合同，获得为体育场馆命名及体育场馆名称使用的权利，并通过体育场馆的名称权获取一系列有形和无形的利益的赞助形式”[2]。国外的体育场馆冠名收益较为明显，而且在这一方面已非常成熟。更为重要的是，国外场馆拥有较为成熟完整的赛事或者活动的安排，而企业则可以通过这些赛事或者文艺活动在媒体的宣传报道获得大量的曝光机会。很多品牌冠名场馆之后，将场馆作为企业文化长期的品牌影响因素，进行品牌的宣传，如阿森纳俱乐部的主场“阿联酋航空体育场”俗称为“酋长球场”，球场的整体装修风格奢华，并设立多处高规格的奢侈的贵宾招待场所，这些都与赞助商的品牌形象非常吻合。

大型体育场馆是体育事业发展的依托和载体，大型体育场馆冠名权的开发可以为体育场馆的修建和赛后维护筹集社会资金，同时可以增加体育场馆的知名度，提高体育场馆的综合使用率，是体育场馆市场化运作的重要手段。1999 年 2 月，亚特兰大的飞利浦公司以 1.82 亿美元的价格购买了 NBA 的亚特兰大鹰队和 NHL 的亚特兰大鹈鸟队的主场 20 年的冠名权。

飞利浦体育中心的冠名权合同中规定，该体育场馆的公共区域内所有的视频、照明及其他高科技的数字设备全部采用飞利浦公司的产品，同时飞利浦公司也承诺要把最新研制出的电子数字设备都用于体育场馆中。飞利浦体育场里各处都配备了先进的飞利浦设备和产品，同时一千余个视频监视器被引入到飞利浦体育场及旁边的 CNN 电视中心，这使得体育场馆成为名副其实的飞利浦的产品展示馆、实验室和测试场。除此以外，体育场馆的所有者和运营方开发出许多在体育场馆内部或在社区中举办的娱乐活动，使其冠名赞助商飞利浦公司获得更多与社区居民接触和互动

---

〔1〕 沈佳. 体育赞助［M］. 上海：复旦大学出版社，2012：124－126.

〔2〕 陈海英. 我国综合性大型体育场馆冠名权开发的研究［D］. 武汉：华中师范大学，2006.

的机会，有利于飞利浦公司深入社区进行品牌推广和产品促销。飞利浦中心的后场同好莱坞制片厂相似，体育场馆的业主和球队开发出各种娱乐活动同现场观众互动，通过娱乐活动进行品牌宣传的优势是使宣传活动具有很强的参与性和体验性，这些娱乐活动在为消费者带来强烈的感官体验的同时，也使冠名赞助商的品牌给消费者留下深刻的印象，大大地提高了冠名赞助商品牌的广告宣传效果。

飞利浦成功地通过体育场馆的冠名权开发和冠名赞助同盟的缔结使自己以最快的速度跻身于世界知名品牌的行列，这一赞助也促使飞利浦研发出更多质量过硬且深受消费者喜爱的产品，其产品在同行中的竞争力日益增强。飞利浦体育场的场馆负责人 StanKasten 说："众所周知，飞利浦电子产品的引入使飞利浦中心成为现代化十足的体育场馆，而飞利浦技术的提升来源于特纳—飞利浦的合作，最终使广大的体育、音乐等爱好者受益，使他们每年都能看到焕然一新的飞利浦体育场。"〔1〕

（二）包厢冠名公关及其实施方式

包厢是体育场馆内部为贵宾客户提供的特色服务和招待，目前世界上几乎所有的体育场馆都有包厢设置。总体来说，一般包厢的面积在 10 ~ 20m^2 不等，包厢内设有独立卫生间、电视机、沙发等设施，包厢外的延伸台上放有椅凳。包厢赞助是指赞助商通过支付一定费用，从而取得包厢内的品牌展示和宣传资质。

对于场馆内的包厢赞助公关，可以分为以下几种形式开展。

1. 企业包厢冠名

这是包厢赞助最为主要的一种方式，一般情况下，企业按年度支付包厢的赞助费用，支付后，场馆会根据赞助商需要，对包厢内部进行布置和装潢，同时在包厢内呈现赞助商的企业符号和企业形象。这种方式是目前市场赞助中最为常见的一种方式，国内外的众多场馆包厢也大多数采用这样的方式。

2. 企业租赁包厢

企业租赁包厢是类似于包厢冠名的一种方式，它主要是通过企业支付一定的费用，从而获得场馆包厢的使用权。在获得专有的使用权之后，赞助商一般情况下保

〔1〕 节选自飞利浦体育中心官方网站［EB/OL］. http://www. phizipsarena. come/Ceontent/Default.aspx.

护会对外经行包厢的售票行为，而是仅仅针对企业内部进行招待礼遇等活动，提供给企业的VIP客户或者优秀员工进行的回馈和奖励。

3. 企业直接买断

企业支付一定的费用，类似固定资产购买等行为，对于场馆内部包厢的产权进行购买，这样的方式在我国部分场馆所体现。例如，上海市的虹口体育场，在建设初期因为费用紧张，向企业出售了部分包厢的产权。包厢冠名权是大型场馆赛后利用的一个重要开发途径。例如，悉尼、汉城、雅典等城市在举办奥运会后，也曾推出主场馆的包厢冠名权。企业获得鸟巢包厢冠名权后，可为该包厢命名，并在包厢装饰上加入代表企业形象的文字、图形、色彩等元素。此外，鸟巢有关负责人表示将在奥运会期间为鸟巢包厢定制沙发、电视、饮水机、微波炉、冰箱等设施，将与包厢冠名权一起打包出让。包厢拥有者还将享受其他一些权益，包括免费的咖啡、茶点、果盘等定制餐饮服务，贵宾礼仪、专业讲解等接待服务，以及数量不等的免费停车位等。在鸟巢举办大型顶级赛事时，包厢拥有者还将享有门票的优先或优惠购买权。

（三）场馆设施赞助及其实施方式

场馆设施赞助包括硬件赞助和软件赞助。场馆内设施的赞助主要包括企业通过提供馆内所需要的设施作为等价交换，从而在场馆内部进行品牌宣传的赞助方式。例如，场馆内部软件设施的赞助是赞助场馆运行所需的一些软件，包括了场馆内数据系统的服务、餐饮服务、票务服务等。例如，美国富国银行中心，该中心由全球视野公司运营，全球视野公司除了拥有场馆运营公司之外，还拥有了票务公司、场馆餐饮公司、场馆数据公司等，以此为场馆提供服务。正是因为这些服务平台的建立，为其他品牌提供了另一种赞助渠道：视频赞助商为场馆提供专门的食品供应、票务赞助商在门票上可以呈现自己的品牌标志等。越来越多的渠道和方式也逐渐被开发和利用起来。

最为常见的场馆硬件赞助，包括提供场馆内部的照明设备、屏幕设备。例如，我们常常看到的场馆内部的自动售货机便是硬件设施赞助的一个体现。体育场馆是一个交互式环境，消费者在体育场馆中所能获得的感官体验远比在超市和零售商店中得到的体验更有乐趣、更扣人心弦、更加令人难忘。所以，利用一些能够给消费者带来强烈的感官冲击的媒介，巧妙地把企业的产品呈现给消费者，并为其留下深刻的印象。

美国的第一银行球场就是一个典型的例子。游客一进入球场大厅，映入眼帘的是一个吊式电子屏幕。这种独特的悬挂式显示屏可以兼顾娱乐、通知和促销等方面的作用，场馆大厅的墙壁上还有内容滚动播出的电子阅读板。球场带给消费者的第一印象很重要，在第一银行球场，高科技的欢迎屏幕上赞助企业的画面占了很大一部分比重，也为整个赛事奠定了基调。

第一银行球场还创造性地在宽敞的公共大厅中引入4块多功能电子显示屏为冠名企业做宣传，这些两层楼高的电子显示屏不仅能向消费者展示企业的产品，同时它们也是球场内路标的一部分，能够帮助游客找到自己所在的位置和想去的方位。在这里，消费者仿佛进入了一个充满了赞助企业信息的富有创意的品牌世界。而第一银行球场的所有者正是通过各种各样的电子显示屏为消费者带来强烈的感官冲击，进而把冠名赞助商的品牌信息送到消费者内心深处的。

第四节　体育公益事业赞助公共关系

一、体育公益事业赞助的含义

体育公益赞助是建立在一定的社会经济基础之上，并以一定的社会公德意识为前提的。从概念上说，公益赞助一般是指个人、企业、社会团体等以有利于整个人类社会生存发展为广泛目标，按照一定社会的公益行为标准，为社会所做的一切贡献活动。而体育公益赞助就是个人、企业、社会团体等以发展社会体育事业为目标，不含有任何经济目的，为社会所做的一切奉献活动。

二、体育公益事业赞助的作用

（一）促进人们社会公德意识的提高

体育公益行为首先要有良好的传统文化美德和社会公德意识。发展体育公益赞助，不仅对人们的社会公德意识有所教益，还可作为提高全民素质的一个内容，以此使人民的公德意识、体育健康意识进一步提高，促进全民素质的提高和人类社会的进步。体育公益赞助的过程和实施，需要一定的人员参与。以前那种简单的赠予和接受，不能适应当前体育公益赞助的发展需要。“热心体育公益赞助事业的人士，包括事业有成者、普通百姓、政府官员、知名人士、著名运动员等等，而促成和实施体育公益赞助还需要高素质管理、运作和实施人才，只有这样才能使体育公益赞助更加规范、合理、有效。”[1]

（二）推动社会赞助的志愿化

体育公益赞助是一种完全志愿的公益行为。随着体育公益赞助的不断发展以及人民公德意识、体育意识和经济基础的不断提高，过去那种政府指导下的体育公益赞助行为终将变为自觉志愿的公益行为，使体育公益赞助步入良性循环的轨道。全民慈善理念正在逐渐得到大众的认同，各种慈善义举风起云涌，从各界明星到普通市民，慈善的队伍日渐庞大，每个人都以不同的方式帮助那些困难中的人们，慈善已经成为了现代社会责任的一种回归。作为中国最出名运动员之一的姚明，在他进入 NBA 打球那天开始，有关他是否更多地回馈社会的话题就从未停息过，其实这是一个不应存在争议的问题，在投身公益事业方面，姚明从不曾落在后面。早在 2001 年 9 月 17 日，姚明就在上海与网球天王阿加西出席慈善活动，阿加西是来参加 9 月 17 日—9 月 23 日上海喜力网球公开赛，姚明与阿加西互换篮球和大号网球，那是他以个人身份为慈善事业出力的较早记录。此后一年多时间，姚明将全部精力放在 NBA 赛场上，在此期间他参加的慈善活动仅限于火箭传统的“燕尾服与网球鞋晚宴”，以及休斯敦当地华人社区的一些活动。

（三）推动经济体育和全民健身的发展

体育公益赞助可使体育经费紧张得到缓解，使竞技体育得到更好的物质基础，提高竞技运动水平，取得更好的成绩。体育公益赞助还可使全民健身获得短缺的资金，建设和发展全民体育设施，提高全民体育设施的标准以及开展全民健身体育活动的质量，推动全民健身体育的发展。

---

〔1〕胡济群．体育公益赞助与体育事业发展［J］．体育文化导刊，2002（6）．

三、体育公益事业赞助公共关系的分类

（一）政府协助体育公益赞助公共关系

公益从字面的意思来看是为了公众的利益，它的实质应该说是社会财富的再次分配。公益活动是指一定的组织或个人向社会捐赠财物、时间、精力和知识等活动。政府协助体育公益事业是指政府帮助、扶持、鼓励体育公益事业赞助的行为，这是我国现阶段存在的一种特殊现象。其主要是为了帮助竞技体育的发展，政府出面提供某种政策和优惠条件来支持企业的发展，而企业相应地赞助某一体育项目或体育比赛队伍。例如，在香港、澳门等特区有跑马等博彩项目。自 20 世纪 90 年代起，我国开始发行体育彩票、足球彩票等公益活动，成为一种补充政府体育经费不足的重要手段。

（二）定向社会体育公益赞助公共关系

定向社会协助体育公益事业是指社会上的企业主体或部门进行体育公益事业赞助的行为。目前志愿参加这类公益赞助行为的企业太少。1994 年足球职业俱乐部改革刚开始时，许多企业对职业俱乐部的赞助都是公益性质的。但随着时间的推移，目前已经大多转向了体育商业赞助。因此，我国目前的定向社会体育公益赞助仍处于一种起步阶段。

（三）自由的民间体育公益赞助公共关系

自由的民间体育公益事业是指社会上的一些民间自由资源参与体育公益事业赞助的行为。这类赞助在我国刚刚起步，难以形成规模。在组织时往往变成了地方体育相关组织或政府相关组织主持的一种政府赞助行为。赞助的目的往往是为大型竞技体育和大型体育设施建设筹措资金。另外，群众个人资助则主要表现为公益性赞助学校体育或社区体育，但这类体育公益赞助的量较少且不稳定。

四、体育公益赞助公共关系实施

我国公益事业的发展起步很晚，与美国等发达国家相比晚了 200 年，我们只有

20 多的历史。在创建和谐社会的过程中，尽管各级政府和社会各界对体育公益事业给予越来越多的支持，但公益事业的发展以国家的经济文化发展为基础，与公益组织的发展速度、规模和国家法律制度密切相关，现阶段仍旧面临着诸多困难与挑战。这其中包括公众、企业和媒体对公益事业的认识和参与不够，也有公益事业组织内部能力不强、缺乏行业支持等问题，大多数公益组织特别是民间公益组织普遍存在人才和资金的匮乏。

目前，我国虽然已经拥有了《公益事业捐赠法》《红十字会法》以及《基金会管理条例》等法律法规以此规范慈善事业的发展。但在体育领域，缺乏有针对性、专门性的法律法规，也未形成一套行之有效的监管机制。这让很多运动员在从事慈善方面束手束脚，多数情况下只能采取捐款这种最原始的捐助方式，未能将自己的明星示范作用完全释放出来。运动员在组织慈善赛、拍卖时也会面对诸多壁垒。现阶段，我国运动员慈善基金会较少，像姚明这样的榜样性任务稀少，力量相对单薄，不足以形成足够的社会影响力。

不过随着人们经济生活水平的提高，社会素养和公益认识迅速提高，逐步进行政策引导，取消和降低民间公益事业的门槛，充分挖掘民间财富和公众公益慈善的积极性，让公益事业走进公众的日常生活，我国体育公益事业的发展将势不可挡。

对于赞助商来说，不论以何种类型对体育公益事业进行赞助，都应该始终把所赞助公益事业的活动特点和赞助商本身的产品特点和企业特色相结合作为体育公益事业赞助的基本出发点，力求达到最佳的媒体宣传效果和最大范围的大众影响。例如，阿迪达斯在世界 40 个国家和地区中大力开展街道篮球运动，赞助举办篮球锦标赛，俨然成了世界青少年街道篮球的总后台。在中国，NIKE 公司不仅支持中国足球事业的发展，还关注青少年的发展，推出了“我梦想”大型青少年体育系列活动，首创中国 3 对 3 篮球赛、NIKE 高中男子篮球联赛、NIKE 青少年足球超级杯赛、4 对 4 青少年足球公开赛等活动。可口可乐公司通过在 100 多个国家和地区的比赛选拔了 1 600 名少年，要他们到 1998 年法国世界杯赛场上充当护旗使者和场边球童，我国（包括香港、台湾）就有 11 个小朋友圆了世界杯梦。对体育公益事业的赞助，对美化企业自身形象无疑抹上了重重的一笔彩绘[1]。

---

〔1〕 冯世观，赵蕴. 发展体育公共关系［J］. 武汉体育学院学报，1989（1）.

第五节 运动队或体育明星赞助公共关系

一、运动队或体育明星赞助公共关系的含义

运动队或体育明星赞助是指企业（体育赞助者）以向体育资源拥有者（运动队或体育明星）提供资金、实物、技术或劳务等支持，从而获得冠名、专利、广告或促销等权利的体育赞助活动为中心，并且围绕赞助展开一系列公关活动。借助运动队或体育明星的影响力和社会效应，提高企业知名度和美誉度，提升赞助商的品牌形象，以获得社会各界广泛的好感和关注，为赞助商创造有利的生存环境和发展空间。在商家们对于品牌形象极为重视的今天，其赞助价值会越来越大。这是一种由赞助方和运动队或体育明星之间以支持和回报的等价交换为中心的，平等合作、共同获益的营销沟通手段。

二、运动队或体育明星赞助公共关系的作用

当前，运动队或体育明星已成为大众或企业关注体育赛事和运动项目时使用频率最高的词汇。同时众多运动队和体育明星逐渐进入大众的视野，成为关注的焦点和主题。运动队和体育明星为企业品牌做广告，形象代言人可以使产品迅速、有效地占领市场的制高点，为企业创造巨大的经济效益和社会效益，并且由于当代体育涉及面广、传播速度快、震撼力强的特点，再结合诸多媒体宣传运动队或体育明星的市场价值和商业价值的魅力是任何企业都无法抗拒的。

运动队或体育明星赞助通过视觉、听觉及其他感官刺激强化了企业品牌形象，在营销过程中，企业的名称、标志、图案、标准色、吉祥物在比赛场地以及各类媒体中反复出现，加深了消费者对企业、品牌的印象。通过体育赛事，尤其是大型体育赛事的赞助，如奥运会、世界杯等，将企业品牌及其产品信息传递给观众，在一定程度上解决了消费者与企业的信息不对称问题，加深了消费者对企业产品的认知和信任，而信任感作用下的安全感、可靠感是消费者购买行为的先决条件。同时，通过运动队或体育明星赞助，缩短了消费者对该类产品的信息搜寻成本，满足了消费者对产品外在线索的需求，能够实现企业与消费者的双赢。

运动队或体育明星赞助可以利用明星效应，产生社会反响，有助于强化消费者对赞助品牌的购买动机。热烈的体育活动气氛有助于促成消费者的消费偏好和购买欲望，同时对消费者有联想启发功能。消费者将赞助商产品与体育精神相联系，从而产生对赞助商的好感。与广告相比，运动队或体育明星赞助在与消费者的沟通过程中，表现自然，突出社会沟通的人性化。虽然企业进行赞助的最终目的也是为了促进产品的销售，但是基于赞助的公益性，消费者在心理上反而更容易接受产品。也就是说，运动队或体育明星赞助使消费者在非商业状态下接受了产品的宣传，较为有效地避免了人们对企业产品广告的逆反心理。随着人们生活水平的提高以及体育休闲在人们日常生活中地位的上升，运动队或体育明星赞助的魅力会逐渐体现出来，并将给无数企业带来巨大商机。

三、运动队或体育明星赞助公共关系的类型

影响大、水平高的运动队和体育明星在人们心中享有崇高威望。媒体关注力大、曝光率高，通过他们进行沟通，能产生特别好的效果。这方面的赞助类型有如下几种。

（一）服装广告

如运动服、鞋、帽、袜、包、头箍、巾、领奖服、休闲服等。

（二）参与性公关和广告活动

如拍现身说法的广告，与球迷的见面会、签名会，试用某些运动器械和产品，参加某些高层次、高规格的接待、宴请和交际活动，代表企业参加某些公益性的活动和进行一些表演、比赛等。

（三）以运动队或体育明星的名字命名某些体育用品

由于优秀运动队或体育明星是广大追星族的崇拜和模仿对象，因此，以他们的名字命名的体育用品销路特好。这样做既扬了企业和所赞助的运动队或运动员的名，又扩大了产品销路，产生直接经济效益。例如，耐克公司与乔丹在1984年签定了合约，从此，乔丹成了耐克的代言人，由于乔丹的影响力，耐克运动鞋成为世界的宠

儿。飞人乔丹运动鞋问世的第二年，这一品牌就销售了16亿美元，到20世纪90年代，乔丹牌运动服装系列每年为耐克公司获利2亿美元。除此之外，乔丹还和许多公司签过合同，其中有可口可乐公司、通用面粉公司、麦片广告、麦当劳、威尔森公司、哥伦比亚公司等。上述公司每年给乔丹支付200万~500万美元的酬劳，同时大大增加了其商品的营销预算，以充分利用乔丹的个人魅力。而他们所获得的经济利益也是令人刮目相看的。从未有一家公司抱怨，在乔丹身上的投资是白白浪费了的。耐克赞助乔丹的10年过程中，仅以乔丹命名的耐克鞋、印有他专用队员号码的球衣以及其他服装和生产线的产值就高达52亿美元。

四、运动队或体育明星赞助公共关系的实施方式

（一）制定个性化运动队或体育明星赞助方案

体育组织通常以单一的产品或服务来满足众多企业的赞助需求，但目前这种无差异营销方式已不能满足赞助企业与日俱增的多目标、多层次需求的愿望，取而代之的是个性化营销，即市场细分达到最小限度——“一对一营销”，针对每个企业与众不同的个性化赞助需求来实现高度的“顾客”满意。运动队或体育明星赞助要赢得市场，就必须根据不同企业的具体需求，制定个性化的赞助方案，以提高企业的满意度。这就要求通过调查，对企业的赞助需求进行深入了解，务必将企业的品牌个性和活动的精神相结合，这样才能将消费者对事件的热情转移给产品，如果关联度不够，甚至会让彼此的品牌价值产生冲突和抵消，因此找到品牌与活动的联结点成为赞助活动能否取得成功的关键，使大型活动不脱离品牌的核心理念，并在心理和情感层面上与消费者产生共振，形成品牌累积效果，实现双方的资源、权益、受众共享。另外，应针对企业的赞助目的和所要传达的信息设计运动队或体育明星赞助方案，并结合企业的实际情况，提出完善的支付方式和回报措施，提高其方案的独特性和针对性，使之更切合赞助企业的需求，并积极为企业参与赞助和实现赞助目标提供便利条件，以协助赞助企业取得更大的赞助效益。

（二）坚持赞助的连续性和长期性

由于运动队或体育明星赞助是以心理效应为主，各种功能只有经过长期不懈的

努力方能实现，很难一蹴而就。期待单凭一次或几次的炒作，很难将品牌的核心文化传递给消费者并让消费者接受或认可。世界很多知名企业都是在赞助体育事业中树立了全球品牌形象。比如，耐克，一直以来只赞助体育活动；万宝路至今已赞助一级方程式赛车20余年。坚持长期稳定的赞助，可以使品牌与某项体育赛事的结合更为紧密，可以用较少的投资在长时间内取得良好的效果。

如果因为没有任何约定（无论是法律上的或是道德上的）来维系活动与赞助商之间的关系而丧失赞助权的话，那么所做的投资就浪费了。而更为糟糕的是，有些活动会继续寻找新的赞助商，而新的赞助商很可能会是竞争者。因此，赞助企业应在运动队或体育明星赞助营销的实践中，长期秉承一个不变的精神理念和品牌形象。只有在长期的运动队或体育明星赞助中保持品牌形象的统一性和连续性，才能给其目标消费者更为深刻和难忘的印象，从而提高企业品牌价值。

（三）增强企业对赞助风险的防范意识

运动队或体育明星赞助虽然具有明显的光环效应，但它也存在一定的风险性。我国一些企业对运动队或体育明星赞助的风险性认识不足，一旦看不到赞助所带来的预期效果，就失去了对赞助的热情。企业在进行运动队或体育明星赞助营销过程中，要有周详的计划，更要有应对的措施，这样才能提高投资的效益。

首先，要保证赞助企业的规模实力与赞助的运动队或体育明星相匹配。赞助企业的目标顾客与运动队或体育明星的观众具有重叠一致性，赞助企业的品牌形象要与赞助的运动队或体育明星赞助形象具有匹配一致性，赞助企业的文化理念要与体育精神理念具有一致性。

其次，对于传播风险，企业要高度重视，同时应与媒体建立良好的合作关系，防止对可能出现的工作失误进行炒作，将损失降到最低。对于不正当竞争的风险，企业应派出巡查人员，一旦发现隐性营销行为，即可通过法律手段进行起诉。

（四）坚持运动队或体育明星赞助与其他营销活动的整合

运动队或体育明星赞助围绕某一赛事及体育活动采取一系列相关营销活动，从公益、文化、社会热点等多个角度，运用广告赞助、促销、活动等多种营销手段，通过循序渐进的、系统的产品品牌整合过程，从而达到整合营销的传播效果。运动队或体育明星赞助要和其他营销手段密切配合，才能获取更好的经济效益。在实施赞助营销时，要充分利用运动队或体育明星赞助这个平台，结合广告、促销和公关等其他营销手段，紧密配合、优势互补。整合企业的营销过程、营销方式及营销行为，通过企业内部各部门之间活动的协调一致，实现营销的顺利实施。在赞助营销活动的实施过程中，要统筹全局、掌握进度，适时调整计划，建立赞助营销活动的监控体系。

只有充分重视配套营销活动的整合性，才能促使巨额的运动队或体育明星赞助资金形成提升企业形象和品牌的强大动力。广告、公共关系与宣传、促销活动，对于任何体育产品、赛事或者服务的成功都很关键；同样，对于促销组合来讲也很重要。运动队或体育明星赞助营销者应制定合理有效的体育促销组合策略，并且需要懂得不同情形下使用不同的技巧。我国著名企业广州白云山制药厂，于1984年在全国企业中率先出资“买”下广州足球队，该厂每年拨出10万元以上经费，作为球队的开支，该队则以“白云足球队”的名字出现在公众面前。此举效果如何呢？一方面有力地解决了球队经费不足等困难，促使在国内、国际比赛中屡创佳绩，推动了我国足球水平的提高。另一方面，正如该厂厂长所指出的，有力地提高了药厂的声望，为工厂做了极佳的促销广告。自1984年以来，该厂产值从1.2亿元增至1987年的3亿元。此类事件屡见不鲜[1]。

〔1〕 冯世观，赵蕴．发展体育公共关系［J］．武汉体育学院学报，1989（1）．

第十章 体育彩票公共关系

本章要点

- 体育彩票公共关系概要
- 体育彩票公共关系的基本构成
- 体育彩票公共关系实施

相关案例 **“雪炭工程”支援全民健身活动**〔1〕

国家体育总局今年发布通知，支持各地建设方便群众健身的公共体育场地设施。今年将有超过3亿元的体彩公益金用于全国全民健身设施的援建，使更多群众享受到便利的公共体育服务。此次援建的重头项目为“雪炭工程”，将有2.37亿元体彩公益金用于援建116个“雪炭工程”中小型全民健身活动中心。

“雪炭工程”援助的对象主要是革命老区、边疆少数民族地区、贫困地区、资源枯竭和下岗职工较多的地区、受灾受损严重的地区。自2003年实施以来，“雪炭工程”为中西部地区和少数民族地区体育事业的发展提供了重要的场地保障。今年，国家体育总局计划在20个省市和自治区援建116个“雪炭工程”中小型全民健身活动中心，其中藏区项目5个，各获助300万元，其余111个项目各获得200万元的资助。受援项目将于1年内建成并投入使用。

针对中西部省份，目前仅国家体育总局本级支付资金建设的全民健身路径已超过了10万条。今年，国家体育总局继续支持中西部22个省市自治区和新疆生产建设兵团建设健身路径。国家体育总局计划投入体育彩票公益金5 120万元，按照补助每个路径工程3万元的标准，支持中西部省份更新1 700个左右的路径工程器材。

〔1〕 中国体彩网［EB/OL］. http：//www. lottery. gov. cn/news/11002237. shtml.

东部8省同样获得一定的公益金支援。国家体育总局今年将利用1 600万元体彩公益金资助东部8省的社区多功能公共运动场的建设，每个省市获助200万元。据了解，该项目主要包括笼式足球、笼式篮球、笼式排球、极限运动（轮滑、滑板）、乒乓球长廊、篮球长廊、健身路径设施、健身步道等。（苏彩）

自1994年我国发行体育彩票以来，体育彩票的发行、销售等管理工作日渐完善，体育彩票为我国体育事业的发展筹集了大量的资金，为了进一步规范体育彩票市场，优化体育彩票正面形象，可把公共关系学的知识运用于体育彩票的管理中，构建体育彩票公共关系理论体系。本章主要从体育彩票公共关系概要、体育彩票公共关系的基本构成和体育彩票公共关系实施3个方面进行阐述，以期能为进一步提高体育彩票的形象、提高体育彩票的销售额提供参考。

第一节　体育彩票公共关系概要

一、体育彩票公共关系含义

（一）体育彩票的含义

体育彩票就定义来说有狭义和广义之分。狭义的体育彩票指的是以体育比赛为媒体发行的彩票，亦可称为竞猜型体育彩票，如足球彩票、棒球彩票、赛马彩票等；广义的体育彩票指的是彩票的玩法或发行彩票的目的与体育相关的各类彩票[1]。

1994年原国家体委在《国家体委1994—1995年度体育彩票发行管理办法》中指出："中国体育彩票是指为筹集国际和全国性大型体育运动会举办资金等名义发行的，印有号码、图形或文字的，供人们自愿购买并能够证明购买人拥有按照特定规则获取奖励权利的书面凭证，无论其具体称谓和是否标明票面价格，均视为体育彩票。"

在彩票的定义上，我国与国外虽然有一定的差异，但其仅仅为定义上的侧重点

[1] 李海. 体育博彩概论［M］. 上海：复旦大学出版社，2004：3.

不同：（1）我国关于体育彩票的定义注重说明彩票本身的特征，即主要说明彩票的票样特征，而国外关于彩票的定义则侧重于博彩行为或过程，即重点是描述博彩过程或方式；（2）我国关于彩票的定义注重说明彩票发行的目的，强调其筹集资金或敛财的本质，而国外的定义则是重点强调博彩过程中形成的各种权利与义务关系。

（二）体育彩票的发展

世界上最早的体育彩票是竞猜型彩票，它出现于1922年，英国利物浦的“小森林队”邀请当地球迷对足球赛的比分下注。大约10年后，这种做法传入瑞典，1934年瑞典发行了第一张乐透型体育彩票，主要是足球比赛。最早开展足球彩票的几个国家是瑞典、瑞士、芬兰、意大利和西班牙、匈牙利。然后，这种玩法在欧洲迅速传播开来，接着传到了全世界。到目前为止，体育彩票已经成为意大利、美国、英国等西方发达国家和地区的支柱产业，它在众多发达国家被视为国民经济的第6大产业。

我国的体育彩票是随着西方赛马产生的。其主要在上海、天津、武汉等大城市进行。新中国成立后，赛马被停止，体育彩票在中国沉睡了半个世纪。改革开放以来，随着我国经济体制的不断健全，人们的思想观念和思维方式发生了很大变化。在这种情况下，原国家体委便意识到在我国发行体育彩票的事宜，计划通过发行体育彩票筹集部分体育事业发展资金。于是1984年11月福建省首先发行了体育设施建设彩票，江苏、广东、河北、天津、贵州、四川、浙江等省市也相继发行了地方性体育彩票。截止到1992年，经国务院批准，原国家体委先后发行了第6届全运会、第1届东亚运动会、第1届农运会、第11届亚运会等阶段性体育彩票，筹集了上述运动会的部分经费，解决了运动会资金的问题，减轻了国家财政负担。

1994年，原国家体委向国务院申请在全国范围内统一发行、统一印制、统一管理体育彩票。经批准，1994—1995年度共发行10亿元体育彩票。1994年4月5日，原国家体委体育彩票管理中心正式成立，经中国人民银行批准，原国家体委主任伍绍祖于1994年7月签署了国家体委《第20号令》，并予以颁布实施。这标志着我国体育彩票事业开始进入法制化、规范化的新纪元。“2012年销售1104.90亿元，筹集公益金293.50亿元。历年累计筹集公益金1681.33亿元，为国家的体育和社会公益事业做出新的更大的贡献。”

据国家体育局2012年公告显示，援建全民健身场地设施和捐赠体育健身器材137 736万元，包括实施“雪炭工程”32 150万元，以促进经济欠发达地区体育事业发展；实施农民体育健身工程51 040万元，乡镇体育健身工程3 290万元，以解决农村体育设施缺乏、农民参加体育健身活动存在的实际困难；实施全民健身路径工程5 720万元，支持中西部省份更换总局以前援建的、已达到使用寿命的部分全民健身路径工程器材；全民健身活动中心建设1 850万元，引导建设多元化体育健身设施。户外活动基地建设3 700万元，方便群众进行户外运动；社区多功能公共运动场建设1 600万元，资助东部8省（市）建设城市社区多功能公共运动场；扶持特殊人群和地区体育事业发展2 724万元，以扶持残疾人、老年人、“老少边”区青少年儿童及新疆、西藏体育事业发展；补助地方改善体育场地设施35 662万元。[1]

因此，体育彩票处在快速发展期，体育彩票公共关系也在积极开展。针对体育彩票行业的特点，我们将体育彩票公共关系表述为各级体彩机构，在公共关系基本原则与规律的指引下，为谋取有关彩民与非彩民社会公众的理解和合作而从事的一种交流、沟通、劝说活动。

二、体育彩票公共关系的意义

（一）处理体育彩票内、外部公众关系

在我国，体育彩票发行采取国务院批准、财政部监管、国家体育总局具体发行的方式。我国现行体育彩票管理体制有四个层次构成。第一个层次是国务院，主要负责批准发行彩票，确定每年的彩票发行额度；第二个层次是财政部，主要负责制定彩票法规和政策，建议和下达每年的彩票发行额度，监督管理彩票市场；第三个层次是国家体育总局，主要负责本部门彩票发行和销售管理，下设体育彩票管理中心，具体负责全国体育彩票和福利彩票发行计划的编制、申报和实施等工作；第四个层次是省级体育彩票管理中心，且省级体育彩票管理中心下设地市体育彩票管理中心；最后，直接面对市场的是体育彩票销售网点。

由此可见，体育彩票机构层级较多，体育彩票机构既需要准确了解政府的基本

〔1〕中国体彩网［EB/OL］. http：//www. lottery. gov. cn/.

政策法规，也需要及时掌握市场信息，这也需要公共关系在体育彩票工作中建立多种沟通渠道，做好组织内部公众公关，提升体育彩票工作效率。

（二）优化体育彩票形象

由于历史和社会文化因素，社会中对彩票存在着一定的误解，将彩票视为赌博，对彩票的公正性也存在着质疑，很多社会公众对彩票，尤其是体育彩票公益金发挥的用途也知之甚少。

据统计，中国有10%的人买彩票，而美国这一比例是85%，法国是64%，日本是70%[1]。可见，彩票在我国的彩民比例偏低，这也从一个角度说明了彩票在我国的发展还不够成熟，普及率较低。

从体育彩票彩民的购彩动机上看，很多彩民是为了“中大奖”“一夜暴富”而购彩，这既与彩民的购彩心态有关，也与不合理的营销宣传有关。“中奖”功能的过分渲染，弱化了体育彩票原本的公益特性，也弱化了体育彩票娱乐与传播文化的功能，不利于体育彩票的品牌形象建立，也不利于体育彩票吸引社会中的潜在公众。

因此，从这个角度，公共关系对于体育彩票有着非常重要的意义。体育彩票利用公共关系建立与社会公众、彩民沟通的良性机制，转变社会对体育彩票存在的误解，优化体育彩票的形象，改善体育彩票的社会公众环境。

第二节　体育彩票公共关系的基本构成

一、体育彩票公关关系的主体

（一）体育彩票的发行机构

国家体育彩票中心，隶属国家体育总局，是负责我国体育彩票发行及管理的机构。其内设综合部、概率游戏管理处、竞猜游戏管理处、销售管理处等11个部门，除了负责体彩的发行外，还负责体育彩票无形资产管理和知识产权保护等工作。

---

〔1〕中国宁波网［EB/OL］http：//www.cnnb.com.cn/gb/node2/gg/tycp/xwdt/userobject7ai323747.html.

国家体育彩票中心维护公关的职责主要有：在制定体育彩票发行销售管理制度和规范时，不要用命令的语气，要让人容易接受；组织研究体育彩票发展规划，制订发行销售计划时，要根据彩民的特征，制定彩民能接受的销售宣传；在监管全国性体育彩票市场推广，监管、协调地方体育彩票市场营销工作，审核地方体育彩票产品发行规则、销售方式和渠道时，要用服务人员的态度服务彩民，不能以管理者的角色，让人感到没有被尊重；在组织体育彩票各项业务培训时，要充分考虑受培训者的接受程度、理解能力等等，来提高体彩的公关关系形象。

（二）体育彩票的销售机构

省、市、区体育彩票中心一般是省、市、区体育局直属的自收自支、企业化管理事业单位，负责该省、市、区体育彩票的销售管理工作，设有管理部、技术部、保障部、开发部、财务部和办公室等职能部门。开发、建设电脑体育彩票销售系统，全依托该地区销售网点，销售各类项目型和数字型体育彩票，为国家筹集公益金，有力地支持了《奥运争光计划》和《全民健身计划》的实施，发挥了“体育彩票，利国利民”的作用，为国家各项公益事业做出了贡献。

省、市、区体育彩票中心维护体彩公关的主要职责有：在负责体育彩票在该地区销售系统保障、运营维护，销售网点的建立，市场开发及营销管埋时，要抱着服务的态度，认真听取一线工作人员的意见，对于大家都认为有问题的地方及时调整，从而帮助体彩树立为人民大众服务的理念；在统筹规划该地区体育彩票的销售网路布局时，要采取实地调研的方式，深入基层，了解真实的情况，从而制定出切实可行的措施，惠及彩民；在负责该地区体育彩票的开奖、兑奖以及公告工作时，更要以公开透明为原则，让广大彩民体会到体彩的公平性等，通过这些能让彩民看到、听到、感受到的措施，来提升体彩公关的正面形象。

（三）体育彩票销售网点

体育彩票销售网点是扩大市场和实现销售的重要手段，分布合理、数量适当的销售网点，是保证彩票销售量的基本条件；网点负责人善于经营是彩票销售量的前提；网点销售员技术水平高、服务态度好是彩票销售量的保障。一般来讲，体育彩票销售网点位于交通要道，人们时常光顾的场所并具有相对较长的营业时间均可作为体育彩票的销售网点，如超市、报摊、药店、加油站等。

体育彩票销售网点维护公关的工作职责主要为：网点在直接向彩民销售彩票时，要态度友好、语言亲切。当彩民遇到问题时，能及时地帮忙解决。对于第一次买彩票的彩民要耐心地讲解彩票的玩法规则，从而使彩民在购彩的同时，能感受到被服务的优越感。除此之外，网点的环境也应该是整洁清爽。比如，提供足够的可供彩民研究彩票的桌椅，提供免费茶水，室内有卫生间等等，最大程度地方便彩民，从而让彩民感觉到购买彩票是一件愉快的事情，这样就无形中提升了体育彩票的正面形象。[1]

二、体育彩票公关关系的客体

（一）内部公众

公关关系的公众分为组织外公众对象和组织内部员工公众，内部公众对公关关系来说是一种特别重要的公众。道理很简单，公共关系要树立组织的良好形象，内部公众对自己组织的评价有特殊的意义和作用。本部分的组织内部员工只针对体育彩票发行、管理和销售等部门中的弱势工作人员，主要包括专管员、体育彩票销售网点负责人和销售员。

专管员主要负责辖区内体育彩票网点的管理、服务、协调和设备维修等工作。定期巡查所辖网点，掌握网点基础信息，并结合网点实际情况提供帮扶和指导；负责对网点业主和销售员进行营销培训；指导网点进行营销宣传工作；负责辖区终端设备的日常维护、维修及保养工作；开发体彩新网点及即开型体育彩票社会网点和行业网点。

网点负责人即销售员主要负责该网点的日常经营销售、环境的创建和维护、配合相关部门的要求做好体育彩票的销售宣传等工作。

专管员、网店负责人及销售人员，工作在体育彩票销售的第一线，既可以作为主体对彩民开展公关，同时也是体彩机构的内部公众，是体育彩票内部公关的重要对象。对于这些群体的内部公关，首先提高物质待遇，激发了他们销售的积极性，

〔1〕 沈华. 上海市体育彩票销售网点服务环境研究［J］. 当代体育科技，2013，3（3）：94－96.

并提供社保等方式给予他们必要的生活保障；其次，也要在精神上加强沟通，使他们具有归属感，如组织各种联谊、沟通活动以联络感情等。

（二）体育彩票彩民

体育彩票彩民是体育彩票相关组织外部公共关系中最重要的一类。一方面来说，体育彩票相关组织自身目标的最终实现与否直接取决于它与彩民的关系如何；另一方面，对体育彩票相关组织外部公共关系来说，彩民也是与体育彩票相关组织关系最为广泛、密切的一类公众，他们不但分布广（如城市与农村、东部与西部）、种类多（如工人与农民、老人与小孩），而且往往表现为具体的人与人之间的直接互动，如销售与购买、服务与服务消费等等。此外，并不局限于体育彩票的购买，也包括提供免费的茶水、休息的场所、参考资料（如走势图、报纸）等。也就是说，在体育彩票的销售过程中存在着消费者关系〔1〕。

以对彩民负责的精神以及维护与发展本身利益的目的，体育彩票相关组织应主动调节好与彩民之间的关系，应该从以下几个方面着手。

（1）根据彩民的特点，协助体育彩票相关职能部门制定各自合适的优质服务程序和创造最佳的消费环境。体育彩票不同于食品、家电、服装等消费品，应该制定相应的服务措施，如设立茶水服务，安装取暖和制冷设施，提供大家休息研究彩票投注技巧的舒适桌椅、相关的报刊和书籍等，为彩民选购彩票创造相宜的服务环境。

（2）为保障彩民权利而制定具体的维护措施。其原则内容主要有安全、陈述、选择、知晓 4 个方面。体育彩票相关组织应对彩民获得大奖的安全性负责，彩民有了解有关彩票的玩法技巧、获奖方式、兑奖等情况的权利。

（3）开发适应彩民需要的新产品或服务方式。随着社会整体消费水平、消费品味、消费期待的不断提高，彩民对彩票无论从彩种、彩票的封面设计还是从玩法的新颖上，都会产生新的需求和愿望。这种需求和愿望可以变为无限商机，变为扩大和深化彩民关系的极佳机会。

---

〔1〕 沈华. 上海市体育彩票销售网点服务环境研究［J］. 当代体育科技，2013，3（3）：94－96.

（三）非彩民社会公众

非彩民社会公众是体育彩票潜在的顾客，除此之外，他们还是体彩公益金的受益者。根据《体育彩票公益金管理暂行办法》规定，体育彩票公益金作为支持奥运争光计划的重要资金来源，国家体育总局每年拿出本级所留用体彩公益金的60%用于全民健身计划，40%用于奥运争光计划，从青少年运动员的培养到专业运动员的训练，从运动器材到科研经费的保障，从各省综合性体育场馆的建设到各种大型体育赛事的举办，都有体彩公益金的支持[1]。

体育彩票公益金上缴中央财政部分占体育彩票筹集公益金的50%。该部分公益金主要使用于自助为老年人、残疾人、孤儿、革命伤残军人等特殊群体服务的社会福利事业，帮助有特殊困难的人，支持社区服务、社会福利企业和其他社会公益、慈善事业的发展；对陈旧老化的社会福利设施和社会福利事业单位的维修和更新改造予以适当的自助；对公众关注，有利于弘扬社会主义精神文明、能体现扶弱济困宗旨的其他社会公益事业给予适当资助，但全年资助总量应控制在本级留成社会福利基金的10%以内；同等条件下，社会福利基金要优先资助老、少、边、穷和灾区的社会福利事业[2]。

除此之外，还有青少年学生校外活动场所建设和维护、红十字会人道主义救助事业、残疾人事业、城镇和农村医疗救助基金、教育助学、法律援助、抗震救灾、中国艺术节、小天使医疗基金等多项社会公益事业，被誉为社会公益事业的“助推器”。

通过体彩筹集的资金，为全面健身提供了保障，为社会中的弱势群体提供了依靠，它不仅丰富了社会文化生活，还救助了一部分弱势群体，从而提高了体彩的正面形象，为体彩的进一步发展营造了良好的环境。

（四）相关政府部门

1. 财政部门

财政部门是国务院授权的彩票主管机关，地方各级财政部门是本地区彩票市场

〔1〕 中国体彩网［EB/OL］. http：//www. lottery. gov. cn/.

〔2〕 贾明学，王锡群. 我国体育彩票公益金的使用模式［J］. 体育学刊，2005，12（5）.

的行政管理部门，依法对彩票市场实施监管。体彩相关部门要采取措施使财政部门了解体彩市场行为，以至于在财政部门起草体彩管理的有关法规，制定体彩管理的规章、制度、政策以及在体彩资金的分配和使用政策上有所突破，而不是忽略了体彩的市场行为。同时，只有财政部门了解到体彩的市场行为才能审批出更适合体彩市场的体彩种类、销售方案和游戏规则。

2. 体育行政部门

体育总局是体育彩票发行的主办部门，依照法律、法规和国务院、财政部的有关规定，负责本部门彩票发行和销售的统一管理工作。各级体育部门是本行政区域体育彩票的管理机构，负责本地区体育彩票销售额度申报和销售管理工作。在制定政策、法规、销售管理、年度发行计划等，一定要根据现实情况制定出相应的措施。

3. 除财政和体育行政部门以外的政府部门

比如立法部门、司法部门和执法部门，还有工商管理、税务管理、司法管理等。体彩相关组织是社会整体运行的一个部分，当然免不了与政府发生关系。这就要求体彩相关组织要自觉接受政府的管理和指导，遵守政府有关政策法令。比如，按时缴税；及时、全面、准确地掌握与研究政府所颁布的有关政策、法令内容，注意按照其内容变化相应调整本组织的决策方向及实施计划；积极主动给政府部门信息。政府是制定政策的部门，政府只有掌握了准确的信息，才能制订出合理有利于体彩发展的政策，这就要求体彩有关部门要向政府部门提供信息；对政府制定的政策、资金、资源的方案上提出合理的建议。只有具体的措施可行，才能惠及公众，才能优化体彩的形象，提高体彩的美誉度。

（五）媒体机构

媒体机构一般指社会上的新闻、传播机构或工具，其中包括报纸、杂志、书刊、广播、电视、通讯社、互联网等。媒体机构从事向社会公众传播新闻和各种信息，因此，它对塑造体彩的形象有很重要的作用。与媒体界建立关系的目的就是争取媒体界对体彩的了解、理解和支持，以便形成对本组织有利的舆论气氛，通过媒体界实现与广大公众的沟通，密切体彩与社会公众的联系，从而抬高体彩的美誉度。

在当今信息时代，特别要注意新兴媒体的应用，电视、互联网和手机用户数量持续增长，云计算、大数据等新技术日益步入实践，微博、微信以及基于移动互联网的诸多新应用不断涌现，新兴媒体已经成为促进中国社会、经济、文化全面发展的强力引擎。在美国，体育博彩发展的一个重要促进因素是现代网络通讯和卫星电视技术的发展。这些现代科技使彩民 24 小时不间断地获得他们至关重要的体育赛事消息，能使彩民足不出户即可在家里轻松参与各种博彩活动。最近，利用手机购买彩票或者对体育赛事进行投注，已经成为欧洲手机用户的最爱。在荷兰、德国、英国以及奥地利，普通的手机现在都可以用来进行无线博彩投注。业内人士表示，目前无线博彩业务的市场价值每年已经达到 5 000 万美元，而且预计未来几年还会猛增[1]。

在我国，应该加强体育部门与新闻媒体的合作，大力开展全国和地区性的有线、无线电视网络，24 小时不间断传播体育消息，发展体育新闻频道，24 小时体育广播电台，连续提供最新的体育消息或体育赛事及体育比赛结果，使我国的彩民随时能获得体育信息，而且也可利用新兴社交手段：手机电视、微信、微博等新兴媒体传播体育消息也是提高体育彩票参与度的重要手段。

因此，与各类媒体积极沟通，充分利用媒体资源，既可以提高体育彩票对沟通、传播的效果，也可以利用媒体优化体育彩票的品牌形象。

第三节　体育彩票公共关系实施

体育彩票的各类公关主体，发行机构、销售机构与销售网点在体育彩票的工作中，既在日常的工作中与各类客体进行沟通、开展日常公共关系，也通过公益金使用宣传、营销活动和形象代言等专项活动的开展，推进体育彩票公共关系的实施。

一、体育彩票日常公关

体育彩票的日常公关主要是体育彩票机构和体育彩票销售网点在日常工作中，以体育彩票公共关系的目标为基本宗旨开展的日常工作。

---

〔1〕 陈明，董智汉．借助新兴媒体　助推高校统战［J］．湖北省社会主义学院学报，2013（3）：57－59.

（一）体育彩票机构日常公共关系

在我国，体育彩票机构属于政府部门，政府公共关系是具备唯一性以及权威性的社会组织并有国家强制力以保证实施，在社会各项事业的管理中发挥着不可替代的职能。但是，在现在的社会中，体育彩票机构要想在日常公关关系中有所突破，就必须积极转变观念，由管理变为服务彩民，服务意识是当前经济市场化与政治民主化发展的必然趋势，体育彩票机构在民意的基础上得以产生与发展，体育彩票机构的形象直接影响彩民的信任与支持，而彩民对于体育彩票机构的态度不但是确保体育彩票机构各项事务得以顺利开展的基础，也是体育彩票机构得以生存与发展的重要依据。观念的转变与实践是适应社会主义和谐发展的必然要求，是体育彩票机构与彩民之间加强联系的必然策略，也是构建体育彩票机构公共关系的有效途径。面对涉及彩民利益的问题而站在彩民的角度上进行妥善的思考与解决，就为赢得彩民对于体育彩票机构的信任与支持打下了坚实的基础。体育彩票机构应该将为人民服务的意识贯彻始终，从观念上促进服务意识的增强，在实践中提升体育彩票机构的办事效率，改善办事态度，认真收集彩民的呼声并针对彩民的要求而进行相应政策的改善与调整。大量的公开信息已形成一定的社会舆论，进而吸引社会彩民参与体育彩票机构活动，充分尊重彩民的主人翁地位，平等重视每个彩民的基本权利。牢固树立起为彩民服务的思想观念并将这种服务意识切实地融入到体育彩票机构的执政实践中，建立起高效、公平、公开的形象，是积极构建体育彩票机构公共关系的根本前提。

规范信息传播，注重信息反馈，例如进一步完善体育彩票机构官方网站，针对不同的内容设置不同的板块，通过文字、图片、音视频等多媒体化的承载方式向彩民传输信息，及时有效地针对体育彩票机构的各项决策与举动进行开放性的呈现，使得彩民能全方位地加深对于政府的了解程度。

（二）网点日常公共关系

网点日常公关关系的建立主要从网点基本设施建设、加强网点与彩民的互动、开展优质服务和扩大网点的宣传 4 个方面。

（1）完善销售网点基本设施，如投注站应具备基本的投注机器、各期号码排列表、走势图、选号填单用具等。完善的服务设施还需要投注辅助设施，如电脑、分析软件、传真机等；宣传设施，如音响、广告灯箱等；便民设施，如急救包、饮水机、洗手间等；文档设施，如彩民通讯录、意见薄等。[1] 服务设施配置齐全，除了突出彩票的大品牌形象、树立独特的网点形象外，还有助于吸引消费者的注意力，使其产生良好的印象，真正做到以人为本、服务社会。

当前我国国家、省体彩中心把体育彩票品牌形象建设更多地是注重视觉识别设计，把规范体育彩票的标识标准色甚至标准字体，构建统一优美的环境当成品牌形象建设的主要手段，它们当然是品牌形象建设的重要组成部分，但这些外部标志设计只是品牌形象的载体而已，支持这些表象的则是深层的价值观和行为准则等理念，因而要着眼于我国体育彩票的未来发展提炼个性化的品牌形象价值观。

（2）加强销售网点与彩民的互动。重视与彩民之间的关系，多进行沟通与交流，以彩民为中心，关心彩民。彩票销售网点可以建立自己的“彩民数据库”，将彩民的购彩习惯及其偏好等信息记录下来，通过这个“数据库”对彩民进行分类，针对性地提供相应服务。甚至网点自己可举行一些“彩民沙龙”活动，如彩民交流会、联谊会、信息发布会等，增进销售网点与彩民的联系。体彩销售网点与彩民进行感情交流的方式很多，如经常电话问候，或针对一些玩法及选号与彩民进行讨论与交流。

（3）开展优质服务，提升服务水平。在销售彩票过程中，良好的服务能够给彩票起到增值的作用，让彩民感到自己不仅仅购买了一个机会，还享受到了网点的服务，因此服务质量的高低成为巩固彩民队伍的重要因素之一。首先，愉快、方便购彩。对在销售点购买彩票的彩民应热情接待，销售网点为彩民提供各种购买方便，尽可能使彩民满意。其次，咨询服务。咨询服务是销售网点为彩民提供的一项重要服务项目，它指网点销售人员运用各种彩票专业知识为彩民提供的智力服务。该服务是根据彩民在销售点购买彩票时提出的各种要求，向彩民介绍玩法规则、中奖情况、选号分析、公益金使用、政策法规等的情况，并及时解答彩民提出的各种问题，协助彩民选购彩票等。

（4）加强网点宣传引导服务，倡导主流彩票文化。在销售过程中，还应注重彩

---

〔1〕 沈华．上海市体育彩票销售网点服务环境研究［J］．当代体育科技，2013，3（3）：94－96.

票的公益性与娱乐性的宣传。开导彩民，使其理性购彩，切勿掉入“赌博”的深渊。加强网点宣传服务，让更多的彩民在即使没有中奖的情况下，知道自己为体育和社会公益慈善事业做出了贡献，购买彩票的意义就不同了。即便是微薄之力，也会让购买彩票的人更多更持久地自愿做出销售过程，不能够只单纯注重销售的数量，成熟的彩票运作应当提升其中的人文内涵，倡导彩票文化，在彩票的公益性与私益性之间寻求平衡，使得彩票业可持续和谐发展。经营者要想服务时做到游刃有余，除了具备服务理念外，还要把自己变成“业主 + 彩民”型的彩票销售人员，多用心思研究彩票的玩法、政策、技巧等，为彩民提供理论指导和投注服务，以理性投彩的魅力赢得彩民的信任。同时要讲究服务方法，如针对不同彩民提供特色服务，针对愈来愈多的“问题彩民”，投注站安装自助心理调试机；通过提供电话、短信等委托代购服务吸引工作繁忙的白领阶层，使其成为长期彩民等。

总之，体育日常工作公共关系是在体彩机构和销售网点平时工作中，为满足彩民利益、维护体育彩票形象的工作。日常公关是体育彩票公关中的基础工作。

二、公益公共关系活动

筹集公益金是体育彩票的功能之一，也是体育彩票贡献社会的主要方式。2001年，财政部按照国务院下发的《关于进一步规范彩票管理的通知》确定了彩票公益金的提取比例不低于35%，国家财政再根据规定的各级所占比例，逐级划拨给各省、市、县级财政及体育部门。体育彩票公益金主要用于体育事业、福利事业、社会保障事业等社会公益事业。配合公益金的使用开展公共关系是彩票行业特有的公关方式。

（一）支持竞技体育的公关

体育彩票公益金最重要的一块用途是支持我国的各种赛事，像奥运会、全运会、农运会等国家性赛事。体育彩票全力支持《奥运争光计划》，设立奥运专项基金，支持北京奥运会成功举办；支持中国体育代表团参加奥运会、亚运会等重大国际比赛的备战和参赛工作，支持在国内举办的各类高水平竞技性比赛；支持青少年运动员的培养，支持综合性体育场馆的建设等，助力中国体育事业实现“更快、更高、更强”的奥林匹克梦想。

中国体育彩票公益金为奥运争光计划提供了大量的资金支持。每年，国家体育总局都要拿出公益金的40%用于《奥运争光计划》。自2001年开始，彩票公益金设立专项资金支持北京奥运会的建设和筹备，到2008年以体育彩票为主的彩票公益金中已经有27.5亿元用于北京奥运体育场馆的建设和运营。同时，为了培养后备人才，体彩公益金资助建立了很多体育运动学校，这些学校为运动员们提供了良好的训练和上课场所，保证了这些运动员运动成绩和文化课程的学习，同时还提供经费资助运动员参加各类国际大赛[1]。

（二）支持全民健身的公关

为贯彻落实国务院《全民健身条例》《全民健身计划（2011—2015年）》，构建公共体育服务体系，动员社会共同参与全民健身事业，国家体育总局合理安排体育彩票公益金的方案，用于援建全民健身场地设施、捐赠健身器材、资助群众体育组织建设和开展全民健身活动，开展全民健身法规、科研与宣传等工作，促进全民健身事业发展。

当体育彩票募集的资金使广大群众切身受益的时候，体育彩票的公共关系形象也就无形中得以提高。

从2006年—2012年，仅利用国家体育总局本级体育彩票公益金实施建设的农民体育健身工程已超过33万个；遍布祖国城乡的16万余条全民健身路径，已成为百姓的健身乐园；建设了670个“雪炭工程”项目，推动了老、少、边、穷地区体育基本服务均等化；此外，体彩公益金还支持建设了大量的乡镇体育健身工程、全民健身活动中心、全民健身户外活动基地、社区多功能公共运动场所、老年人体育健身场地等。在群众体育组织、社会体育指导员队伍建设以及大型全民健身活动的举办方面，体育彩票公益金也提供了坚实的保障[2]。

除此之外，还有一些社会团体的赛事，如黑龙江省竞彩店32强逐鹿“竞彩杯”“体彩杯”第3届中国·宁波纸飞机挑战赛暨第7届宁波市纸飞机大奖赛、潍坊市“中国体彩”五人制足球赛等。这些惠及人民的活动，无形中提升了体育彩票公关

[1] 中国体彩网［EB/OL］. http：//www. lottery. gov. cn/.
[2] 中国体彩网［EB/OL］. http：//www. lottery. gov. cn/.

关系的形象。

（三）其他公益活动

体育彩票公益金被广泛用于社会公益事业。例如，“新年登高”“新长城助学活动”等。以体育彩票公益金为重要组成部分的中央彩票公益金中，每年有60%用于补充全国社会保障基金。此外，在红十字人道主义救助事业、教育助学、医疗卫生、残疾人救助、城镇和农村医疗救助基金、汶川地震抗震救灾和灾区重建、基层文化建设、扶贫等社会公益事业中也都有体育彩票公益金的支持。

在体育彩票对竞技体育、全民建设和其他公益活动支持的过程中，体育彩票也充分展示了自身形象，显示了体育彩票对社会各个方面做出的贡献，促进了体育彩票与公众的沟通，优化了体育彩票的美誉度。

三、体育明星代言

一直以来，体育彩票在寻找符合宣传形象的代言人，宣传彩票在社会中所起的作用，奥运冠军们勇于拼博的精神与体育彩票健康形象吻合。所以，他们希望通过奥运冠军们现身说法，让群众了解体育彩票，了解中国彩票业与外国博彩业的区别。2005 年，陈小敏、冼东妹、劳丽诗等 8 位雅典奥运会的冠军接受了广东省体彩中心的邀请，成为“广东体彩形象大使”[1]；桑兰、孙扬、叶诗文、陈若琳、吴静钰、李雪芮等多位体育明星先后成为中国体育彩票的代言人。

运用体育明星品牌代言人策略可以起到脱颖而出的作用，尤其在众多的广告中能一下子抓住观众。体育明星一般形象健康、阳光，这与体育彩票的品牌形象非常契合，因此是体育彩票可以充分开发和利用的公关方式[2]。

体育彩票的公共关系还处在不断发展和规范的过程中，遵循公共关系的一般原则与规范，跟进公共关系不断创新的方式，结合体育彩票自身的特点而开展有特色的公关，是体育彩票公共关系发展的未来方向。

体育彩票公共关系有自身的特点。体育彩票作为我国两大国家彩票之一，拥有

[1] 羊城晚报 [N]. 2012-12-13.

[2] 沈艳. 明星代言广告效果的眼动研究 [J]. 电子测试，2013 (18).

相当高的知名度，但美誉度仍需提高。体育彩票发展至今，为我国的公益事业做出了巨大贡献，但长期以来公众对体育彩票公益性的认知不足。体育彩票在传播中较为注重产品、渠道、价值、广告建设，但对体育彩票“公益、健康、快乐、共赢”的品牌形象认知率不足以“公益体彩、你我共享”为品牌愿景，加强体彩公益金使用的宣传报道、监督报道，加大公益金使用的检查和监督力度，逐步实现体育彩票公益品牌形象的进一步清晰化。

传播主题之间是层层递进、不断深化品牌定位的关系，各级体彩机构统筹实施覆盖全国、线上线下结合的推广活动，制订包括广告投放、媒体策略、路演实施方案在内的全面传播计划，形成合力公关。展开全国协同、上下联动的品牌传播活动制定全方位、多层次的广告推广策略，建立各级体彩中心与媒体紧密合作的规范及制度。

体育彩票的定位首先是国家彩票，其销售收入由国家所有并予以分配，对我国社会保障体系的完善与体育事业的发展做出巨大贡献。体育彩票这一国家品牌形象的公信力来源于国家。公益性的定位，决定了体育彩票要处理好公益性和商品性之间的关系。体育彩票的销量是公益金的基础，体育彩票为我国体育事业和公益事业所做出的贡献是以体育彩票销量的稳步上升为前提的。

相关案例　　体彩2.56亿彰显公信　回避质疑者非彩票人〔1〕

核心提示：体彩2.56亿元大奖诞生后，虽然中奖者尚未现身，但是很多人第一时间站了出来。这其中有国家体育总局体彩管理中心开奖处负责人，有北京市中信公证处公证员，有打出巨奖彩票的苏州05556竞彩网店店长，有现场观看了开出巨奖全过程的珠海彩民。他们第一时间出现，只是希望把自己见证过的开奖过程和购彩过程讲给更多的彩民听。

我们无法统计到底有多少人因此转变了对于大奖的一些偏见甚至误解，但是已有彩民为2.56亿大奖即兴赋诗，反映自己良好的购彩心态，这在此前是极少见的。长期以来，只要彩票市场出大奖，总少不了彩民的质疑，也许就像一些看过开奖的彩民所说：“质疑是因为他们没有看过开奖。”但面对更多不懂彩票的人，除了宽容，我们确实需要“第一时间”讲出真话，做出实事。

---

〔1〕 网易彩票［EB/OL］.［2012－07－10］. http：//zx. caipiao. 163. com/article/12/0710/08/861PN1UK00052DT2. html.

来自昆山的2.56亿元得主朱先生夫妻二人仅以一副墨镜遮面，简直称得上素面朝天。两人从容地从背包夹层的口袋里拿出了中奖彩票，并顺势坐到沙发上等待办理兑奖手续。

关于中大奖的质疑，历来成为彩民热议的焦点，针对这种不利于树立体育彩票公信形象的事件，体彩相关部门采取了第一时间公布大奖、第一时间保障安全、第一时间诚信体彩等措施，来扭转公众对体育彩票的偏见，来树立体育彩票的公信形象。

第一时间　公布大奖

彩民有知情权，而中奖者也有隐私权，有时对彩票大奖的宣传难免造成影响。面对公众的疑问，三缄其口，避而不谈，绝对不应是彩票人的作为。对此，体彩已经采取了很多不错的举措，比如，在1.77亿元的兑奖过程中引入了多方位监督，全面阐述兑奖过程；在2.56亿元大奖诞生后，第一时间向公众展现了体彩开奖过程，得到了很多人的认可。

而在此前多次“危机”事件中，国家体育总局体彩管理中心也总是能第一时间站出来向公众澄清事情原委，比如延迟摇奖。根据相关规定，为保证开奖的公正、公平和中奖数据的安全，当期销售截止后，必须等待所有地区销售数据传输完成并实施数据封存后，再按照规定的程序进行摇奖。因此，如果某省市的体彩管理中心数据传输出现故障，就会造成延迟摇奖。在体福彩历史上，均曾发生过类似开奖延迟，同样都是数据传输原因，体彩相关部门都能向彩民做出明确的解释和回复。

第一时间　保障安全

前不久对于“配送车事故”的处理，“体彩速度”更是得到了媒体更多掌声。6月15日7时多，京沈高速锦州段，锦阜高速阜新方向94公里处发生了一起重大车祸，一辆大型箱货车和一辆大挂车追尾相撞，而大型箱货车正是彩票配送车，39 840张即开型体育彩票意外丢失。在经过调查后，6月23日，国家体育总局体彩中心发布公告。在公告中我们发现，对于哄抢彩票的行为，国家体育总局体彩中心已向公安机关报案，寻求法律解决；对于投注站，将遗失彩票的所属号段进行公开并锁定不允许兑奖；对于彩民，国家体育总局体彩中心提醒“不要购买非正规渠道销售的彩票”，以免蒙受损失；对于今后，国家体育总局体彩中心在发给各地方中心的文件中，要求严防彩票安全隐患。

对此，有媒体评论：在这次对意外事件的“抢险”与“公关”过程中，彩票销售者和彩民的利益都得到了保障，公众的知情权也受到了尊重。丢失的39 840张体彩即开票，也换回彩民的认同和百姓的赞许。

第一时间　诚信体彩

当然，更加让人们赞许和铭记的还是体彩诚信业主。从国家道德模范王荣华，到走上春晚舞台的赵书兵，从3次义还彩票的罗斌，到“诚信哥”徐金库……这些普普通通的体彩业主、销售员虽然每个月只有几千元的收入，做着最基层的工作，但是当他们手握成百上千万元的大奖时，没有迟疑，第一时间想到的就是归还业主。

中奖彩票的兑奖期限有60天，他们没有选择在第59天去归还，与其说这是一种速度，不如说是良心的召唤，体彩精神的体现。当金钱、冷漠弥漫周围时，这些诚信之举总是宛若一阵清风，沁人心脾；在这个难以互信的时代，这些普通体彩人的行为让我们坚定诚实做人的信仰。

案例思考题：

1. “体彩2.56亿彰显公信　回避质疑者非彩票人”中体彩相关部门针对体育彩票公共关系都做了哪些工作？

2. 您认为体彩相关部门还应该做哪些工作来树立体彩的公信形象？为什么？

第十一章 体育危机公关

本章要点

- 危机公关的概念
- 体育危机类型及发展阶段
- 体育危机公关特点
- 体育危机处理的公关原则及处理方法

菲尔普斯承认吸食大麻并致歉 美奥委会仍然力挺

“我为自己错误的行为以及糟糕的是非判断能力感到后悔。尽管23岁的我在游泳池取得了成功，但我这次却用一种轻狂的、不适当的行为行事，辜负了人们对我的期望。对此，我表示歉意。我向我的支持者和公众发誓，类似的事情绝不会再发生了！”

——菲尔普斯

针对《世界新闻报》丢出的吸食大麻这个超级重磅炸弹，菲尔普斯不到24小时内就做出迅速回应。这次危机公关着重打造了菲尔普斯向母亲认错这个细节。当来自单亲家庭、从小和母亲相依为命的菲尔普斯面对母亲的眼泪，痛感无地自容，这张亲情牌杀伤力极强，人们很容易被亲情感动，因为妈妈的眼泪，从而原谅本来应当为自己行为负责的“孩子”——菲尔普斯。再然后，人们还在某个社区义工场合看到菲尔普斯的身影。

事情被媒体曝光之后，美国奥组委就此事发表了官方声明：“我们对菲尔普斯的行为感到失望。在这次事件上，他未能履行自己的责任和义务。现在他已经认识到了自己的错误并对公众道歉。我们相信这些已经成为过去，他依然是一位伟大的奥运冠军。”人非圣贤，孰能无过，就冲他知错能改的态度，飞鱼仍然有重新焕发大众偶像魅力的机会。

因此，体育危机不可怕，重点是要掌握好应对危机的处理方法，这样才能冲破困境。

——改编自《菲尔普斯承认吸食大麻并致歉　美奥委会仍然力挺》，南方日报

我国竞技体育水平不断提高，全民健身活动日益丰富，体育事业与体育产业在快速发展，各类体育项目越来越丰富，与此同时，体育领域中蕴含的危机也在逐渐增多。由于人们对体育领域的关注，导致体育领域危机的影响也在增加。如何应对和解决体育领域中出现的危机，确保我国体育各项事业健康、可持续发展，日益成为我国各级体育主管部门与体育经营机构难以回避的问题。

第一节　危机公关概述

一、危机的概念

关于危机的含义，不同学者有不同的理解。美国词典编纂家韦伯斯特将危机定义为：一个更好的或更坏的转折点，一个决定性的时刻，一段至关重要的时间，而后一个达到危急关头的情景[1]。

查尔斯·赫尔曼认为，危机就是一种情景状态，其决策主题的根本目标受到威胁，在改变决策之间可获得的反应时间有限，其发生也出于决策主体的意料[2]。

美国菲尼克斯德弗瑞技术研究院院长、著名危机管理专家劳伦斯·巴顿（Laurence Barton）博士将危机定义为，一个会引起潜在负面影响的具有不确定性的大事件，这种事件及其后果可能对组织及其员工、产品、服务、资产和声誉造成巨大的损害。[3]

较有代表性的是美国学者罗森塔尔的危机概念。他认为，危机是指“对一个社会系统的基本价值和行为准则架构产生严重威胁，并且在时间压力和不确定性极高

〔1〕肖明成，王建东．体育危机公关与应急预案［J］．武汉商业服务学院学报，2009，23(4)：34.

〔2〕金慧．我国体育赛事危机公关应对策略研究［D］．武汉：武汉体育学院，2012：5.

〔3〕［美］诺曼·R·奥古斯丁．危机管理［M］．北京：中国人民大学出版社，2001.

的情况下必须对其做出关键决策的事件”。这个定义更为准确地反映了危机概念的内涵，即危机通常是在决策者的价值观念或行为准则受到严重威胁或挑战时，在相关信息不充分、事态发展高度不确定的情况下，亟需快速决策的紧迫情境[1]。

在国内，《辞源》将危机解释为“潜伏的祸端”。晋朝陆士衡的《豪士赋序》中有：“众心日移，危机将发。”

国内学者刘刚在综合国内外研究成果的基础上，将危机界定为：一种对组织基本目标的实现构成威胁，要求组织必须在极短的时间内做出关键性决策和进行紧急回应的突发性事件[2]。

综合各种不同的理解，本书将危机定义为：危机是一种突然发生或可能发生的，与组织或个人的根本目标相背离的，一旦发生会危及组织或个人形象、利益、生存的、需要做出紧急回应的事故、事件。

二、危机公关的概念

孙钱章在《领导者突发事件处理实务》[3]一书中，对危机公关给出了如下解释。危机公关是发生危机时的公共关系管理活动，指公共关系从业人员在危机意识或危机观念的指导下，依据危机管理计划，对发生的危机事件进行预测、监督、控制和协调处理的全过程。在危机发生后，快速地使用危机管理手段，消除影响，减少危机给组织形象与公众心理带来的损害，引导危机时期的信息传播导向，寻求公众对组织的了解、理解与谅解，以重新树立和维持组织形象的管理活动和传播活动。

王振宇在《危机公关：现状和定义》[4]一文中提出：“它可表示危机公共关系状态，即公共关系作为一种关系已处于危机之中，相当于危机中的公共关系或公关危机，为明白起见，在此情况下以称公关危机为宜。危机公关的第二种含义就是以公关危机为对象的公共关系理论和实务。它要研究公关危机的种类、特点，产生危机的原因及规律，控制和处理危机的战略等等问题。”

---

〔1〕 李树梅，孙庆祝．体育赛场危机管理研究及其系统框架的建立［J］．西安体育学院学报，2005（6）：4－7．

〔2〕 刘刚．危机管理［M］．北京：中国经济出版社，2004：3．

〔3〕 孙钱章．领导者突发事件处理实务（第1版）［M］．北京：华龄出版社，2002：46－47．

〔4〕 王振宇．危机公关：现状和定义［J］．公共世界，1997（10）：4－7．

李钊在《体育组织在危机公关中的媒体策略研究》一文中提出，危机公关是公共关系的一项重要内容，即在危机传播过程中，通过使用公关手段，实现同媒体和社会公众之间的交流沟通，从而达到修复形象，弥补损失的目的[1]。

综上所述，可以总结出危机公关的定义为：危机公关是组织预防组织潜在危机的发生，并且能够很好地管理并解决已经发生的危机，使危机向组织希望的目标发展下去的一系列公关活动的总称。

我国引进现代危机公关才短短几年时间，但它发展迅速，在企业、明星方面，危机公关已经较为成熟。而现在体育产业中急需要引进危机公关，使体育产业按照原本目标顺利发展。体育危机公关是危机公关的一个分支。根据危机公关的定义，本书提及的体育危机公关是指体育组织或个人对危机进行预防、监测、决策和处理，达到减少甚至避免危机危害的产生，使危机向组织希望的目标发展下去的一系列公关活动的总称。

三、体育危机类型

我国体育危机可以归类为两大类，即外在型诱因危机件和内在型诱因危机。外在型诱因危机主要是因为在体育活动的过程中，一些外部因素影响而诱使危机事件发生，主要包括灾害、事故灾难、公共卫生事件、公共安全事件、战争等；内在型诱因危机则是在体育活动过程中由于体育主体自身问题所出现的一些不可预见的、造成巨大损失的危机事件。

（一）外在型诱因危机

外在诱因出自体育领域外部，诱因类型很多。（1）天气、气象灾害。有的体育赛事在户外举行，因此，不可避免易受到下大雨、刮风等天气影响。我国第一次举办网球公开赛原本定于2004年9月14日在北京网球中心举行，但是当天持续降雨，无法在当天举行网球公开赛，最后被迫取消。（2）国内外暴力与恐怖袭击事件。2009年3月3日斯里兰卡板球队在巴基斯坦遭受枪击事件，袭击致使至少6名警察死亡、8名斯里兰卡板球队队员受伤。（3）公共卫生安全事件。2003年我国爆发

〔1〕 李钊. 体育组织在危机公关中的媒体策略研究［D］. 上海：上海体育学院，2010：10.

“SARS 非典”疫情，原计划在我国举行的国际足球联赛女子世界杯最后因疫情发展严重，不得不改为在美国举办。(4) 火灾、爆炸事件。近几年来，一些体育场馆在施工、修建过程中因处理不当，导致火灾。1996 年 7 月 27 日，第 26 届亚特兰大奥运会主新闻中心旁的奥林匹克公园突然发生炸弹爆炸，1 名妇女当场死亡，111 人受伤。(5) 人为因素导致的政治事件。2008 年 4 月 19 日，北京奥运火炬传递曼谷站遭 100 多名“藏独”分子的抗议，圣火在英、法等国传递的过程中也都遭到了不同程度的破坏，这些都对北京奥运会的举行产生了重要的影响。(6) 基础设施事故。为迎接北京奥运会的成功举办，2006 年和 2007 年在修建鸟巢的作业中发生意外，分别有两名工人因操作问题，不幸死亡。

(二) 内在型诱因危机

出自体育领域内部的内在诱因也有很多种类。(1) 观众在比赛中冲突。2005 年 6 月 4 日河南建业在与青岛海信的比赛中表现不尽人意，赛后，河南球迷不仅扔下了铺天盖地的杂物，甚至将座椅都拆下来扔在场地里，客队被困体育场内 1 个多小时。同时，河南球迷与维持秩序的警察发生冲突，冲突中有 3 名球迷被打伤。(2) 裁判员的错判造成比赛不公。我国目前很多比赛都是因裁判员的错判造成的危机。(3) 体育比赛设备出现故障。2007 年国际乒联巡回赛总决赛在北京大学体育馆举行，但令人想不到的是，体育馆突然停电，造成比赛中断了 19 分钟。(4) 运动员成绩不佳。导致运动员成绩不佳的原因主要有不可抗力因素和运动员心理等人为因素。2008 年北京奥运会田径赛场上，在男子 110 米栏比赛开始前，上届奥运会该项冠军、前世界纪录创造者刘翔临时退出了赛场，一时间成为舆论的焦点。(5) 运动员违反体育职业道德。违反体育职业道德的行为包括服用兴奋剂丑闻、更改年龄、赛场上的不文明行为等。自行车运动的传奇人物，拿过 7 届环法冠军的美国人阿姆斯特朗就因为服用了兴奋剂被剥夺环法七冠王头衔，并处以终身禁赛作为惩罚。又如 2011 年 6 月，4 枚奥运金牌得主王濛和部分中国速滑队队员因违反队规及一些“宿怨”，和领队王春露、教练李琰拳脚相向，造成恶性打架事件。(6) 运动员赛场外的失范行为。赛场外的失范行为包括刑事犯罪、打架斗殴、性丑闻、言论失误、过度商业化导致的负面效应等。2009 年高尔夫世界名将泰格·伍兹被媒体爆出性丑闻，严重影响其明星形象。(7) 体育组织自身素质不高，管理不当。2002 年国内足坛沸沸扬扬的“黑哨”和“假球”事件，导致广大的体育公众对中国足协的工作和管理极为不满，使中国足协的组织形象一度滑向低谷。

四、体育危机的发展阶段

一般来说，危机从发生到消亡，一般要经历潜伏期、初发期、持续期和减退期4个时期。体育危机是危机的一种类型，所以体育危机的发展也符合危机发展的一般规律。

（一）体育危机潜伏期

体育危机潜伏期是体育危机在孕育的时期，这一时期的危机特征主要有隐蔽性、不确定性、无序性、关联性等。隐蔽性是指危机往往隐藏在体育活动中，危机的这种隐蔽性特征使得危机难以防范。危机的不确定性表现为很多体育危机在刚开始出现并不引人注意，而最后会导致意想不到的结局。危机的无序性特征表现在两个方面，一是因为从未发生这样的危机，处理起来无章可循；二是危机是动态的，随着影响危机的某些因素的变化而变化，没有特定的发展方向。有些体育危机的成因是多方面的，危机处理者往往面对的危机是综合性的，具有关联性的特征。某一种危机与另一种危机可能互为因果，也可能都是第三种危机的果或因，这就需要危机处理者理清解决危机的思路。

（二）体育危机初发期

体育危机初发期指的是体育危机刚刚产生的时期。这个阶段的特征是：体育危机已经浮出水面，细心敏锐的人可以察觉，而忽视和迟钝则会视之无睹。在这个阶段，危机已经暴露，可以逆转，也可以转化。这个阶段大量的信息处于“真空”状态，媒体、公众将从各种渠道来填补。

（三）体育危机持续期

体育危机持续期指体育危机发生后，通过媒介、人员、组织的传播，危机不断扩散，受众知晓率增长，危机的影响发展到最大。这个时期的特征是：危机事态正在发展，危机的原因渐渐明朗，通过媒体、人员、组织进行传播，公众的好奇心被满足，但此时也是体育危机发展的高潮时期，来自四面八方的对危机当事者的评论越来越多，此时危机可能会被推到舆论的顶峰。

（四）体育危机的减退期

体育危机的减退期是指通过事态的发展、事件的处理、原因的调查，危机的原因最终确定，危机负责人对危机进行了全面的处理，危机渐渐淡出公众和媒体的视线。此阶段的特征是：有关危机的信息“真空”已经被填补，公众的关注兴趣下降和消失，或转到其他兴趣。原有的发展轨道因为突发的危机发生了改变，事件的发展走上新的方向。同时，公众面对危机也会做出适当的调整和适应。人们在变化了的环境中，开始逐步适应新的事件的发展趋势。

五、体育危机公关特点

体育危机公关特点与一般危机公关特点相一致，但由于体育相对其他领域受关注度更高，所以体育危机公关就更加棘手、紧迫。

（一）突发性

一般而论，危机事件是由一连串小事件逐渐发展而来，但危机爆发的具体时间、实际规模、具体态势和影响深度，是始料未及的，致使事物原有的发展格局突然被打乱，使人们既得到利益丧失或可能丧失，而且超出了正常社会秩序和人们的心理惯性的运行，因而具有相当程度的突发性。体育危机事件无法预知或者无法准确预知，因而由事件而产生的应对危机的公关活动也具有突发性的特征。例如，原本定于2004年9月14日在北京网球中心举行的中国网球公开赛，由于当天突然持续降雨，无法在举行网球公开赛，突来的降雨使得赛事组织方不得不被迫取消比赛，事件的发生是非常突然的。

（二）聚焦性

进入信息时代后，危机的信息传播比危机本身发展要快得多。危机一旦发生，信息传播渠道的多样化、时效的高速化、范围的全球化，使危机情境迅速公开化，成为公众聚集的中心和各种媒体热炒的素材。同时，作为危机的利益相关者，他们不仅仅关注危机本身的发展，而更需要关注对危机的处理态度和所采取的行动，他们的一举一动都处在公众的视线之下，具有强烈的聚焦性。例如，2011 年 7 月 1 日，随着 NBA（美国职业篮球联盟）劳资双方谈判正式破裂，NBA 爆发了自 1998—1999 赛季以来最大的一次停摆事件。这一停摆事件，引发了全球众多媒体的关注和无数人士的热议，聚焦效应非常强。

（三）难控性

在危机处理的过程中，要经过危机的调研、分析、策划、实施、反馈，在结果不良好的情况下还要对危机进行再一次的分析、策划、实施。这个过程是个重复的过程，重复的原因在于危机公关的过程中有很多的变化因素是难以控制的，如人、环境、政府、媒体等各种内外因，其中任何因素的改变，整个危机的处理方法也就需要改变，而这些因素多变，导致了危机公关的难以控制。例如，孙悦在北京奥运会上的出色表现使得他迅速成名，随后进入 NBA 又让孙悦的知名度大幅度提高。然而，孙悦在 NBA 的成绩并不十分突出和理想，本身就备受质疑，个人形象危机已经产生，而随后又爆出生活方面的丑闻事件，使原本需要解决的因成绩不佳引起的质疑危机，变成了运动员个人言行风气的危机，危机性质的转变，也迫使危机处理者不得不及时转变对危机处理的重心，这体现了危机的难控性。

（四）紧迫性

对于体育危机来说，危机一旦爆发，其破坏性的能量就会被迅速释放，并呈快速蔓延之势，如果不能及时控制，危机会急剧恶化，使体育产业的利益相关者遭受更大的损失。如果体育危机处理方不能对危机做出迅速的反应，漠视公众的利益，势必会失去公众的支持。因此，在体育危机产生后，可供做出正确决策的时间是非常有限的，要在短时间里做出正确的决策，时间相当紧迫，同时也是对危机处理方的挑战。例如，刘翔在 2008 年 8 月 18 日因脚伤退出男子 110 米栏比赛后，刘翔的教练在 30 分钟迅速召开了新闻发布会，解释刘翔退赛的原因，说明刘翔当时的状况。这也正是由于体育危机非常紧迫，需要当事方迅速解决问题，掌握舆论，才能更好地掌握主动权。

第二节　体育危机处理的公关原则

由于体育危机一旦发生就会置于人们的高度关注之下，所以相关各方对危机公关的应对就非常关键。体育危机公关遵守基本的规则，会更有利于危机的化解。

一、主动承担原则

从这一原则来看，危机处理方的态度很重要，一是利益方面，二是情感方面。体育危机一旦发生，体育赛事组织方、体育组织、体育明星首先会考虑利益问题，而一般的社会公众则会首先考虑情感问题。从以上三者看来，危机事件的发生是否对目标产生威胁或产生多大的威胁是关键问题，而一般公众则在意对于该体育赛事、体育明星甚至是该项运动的情感归属。作为当事人，则要理性、勇敢地明确承担本身实实在在的责任和错误，快速地通过新闻媒介向公众道歉，解决心理、情感的问题，赢得理解和信任，绝不能选择与公众对抗、与媒体对抗，这样不利于危机的解决，反而会使自身陷入更加不利的境地。

二、真诚沟通原则

当体育危机已经发生，作为公众与媒体的焦点，其关注度会提高，危机的利益相关者的一举一动就会受到公众的质疑，影响着整个危机的解决。因此，千万不能存有侥幸心理，企图蒙混过关。真诚沟通是处理危机的基本原则之一。这里的真诚指“三诚”[1]，即诚意、诚恳、诚实。如果做到了这“三诚”，则危机的解决就会比较成功。首先，在危机发生后的第一时间，危机处理方应向公众说明情况，并致以歉意，从而体现危机相关者勇于承担责任，赢得公众的同情和理解。其次，一切以公众的利益为重，不回避问题和错误，及时与媒体和公众沟通，向公众说明危机的进展情况，不能有所隐瞒，重拾消费者的信任和尊重。再次，诚实是危机公关最关键也最有效的解决办法。危机的处理者及其团队应该首先本着诚实、诚恳的原则，

〔1〕 游昌乔．危机公关—中国危机公关典型案例回放及点评［M］．北京：北京大学出版社，2006．

用事实说话，消除公众的疑虑与不安。

三、快速反应原则

体育如今备受全世界瞩目，加之媒体传播也相当发达，一旦出现体育危机，消息会通过互联网以及其他传播途径迅速扩散，覆盖于公众所能接触的每一个角落。当危机产生后，危机负责人第一时间的处理方式备受关注，如果当事者迟迟不对危机做出回应，会让其关注者大为失望，甚至肯定了心中的疑虑。因此，危机公关一定要争取在最短的时间内，用最快的速度控制事态发展，第一时间向公众公开信息，以消除疑虑，减小危机对形象的损害。

四、系统运行原则

在体育危机产生后，要坚持系统运行的原则，也就是说要求体育组织和个人要与相关者形成一个系统，对于危机的处理也要避免顾此失彼。应对体育公关危机时，紧抓系统运行原则需要做到以下几点：首先，要组建专门的危机处理小组，在做决策时，可以最大限度地收集可利用解决危机的资料，确保危机处理的效率，也要保证对外统一口径；其次，在做危机公关时，要保证每一个人员冷静对待危机，并对危机有足够的认识，应对公众的质疑可以准确无误回应；再次，当危机来临，寻求第三者的帮助是非常有必要的，体育组织、体育赛事和明星，可以充分和政府部分、项目协会和其他体育明星或教练以及新闻媒体的配合，联手应对危机，增强公信力与影响力。最后，在危机已经得到控制时，准确找到导致危机的原因，即时解决，根除危机。

在遵循以上基本原则的基础上，建立良好的媒体关系对于体育危机的预防、应对、弥补都具有重大意义。媒体作为社会舆论的引导者和反映者，对于体育组织和体育明星公众形象的树立和维护具有重要影响。以热情礼貌、积极配合的态度接触媒体，不仅是对他人的尊重，更是对于自身潜在危机的消除，提高媒体正面曝光率，也是避免公众危机产生、树立良好形象的积极手段。

第三节　体育危机公关处理方法

在处理体育危机时，除了遵守最基本的原则之外，还要根据体育领域主体的不同特点与危机的类型，采用相应的危机处理方法。本书将以体育赛事、体育明星和体育组织三个主体为例，分析体育危机公关的处理方法。

一、体育赛事危机

随着各类赛事举办越来越多，体育赛事出现的危机也逐渐增多，既有在赛事筹办过程中的危机，也有在赛事举行过程中发生的危机。由于人们对赛事的高度关注，赛事危机也很容易成为人们关注的焦点，需要赛事主办方在极短的时间内，做出关键性决策和应对措施。

（一）危机潜伏期的公关策略

1. 树立危机意识，及时预报危机信息

体育赛事危机事件的发生具有突发性的一面，但有些危机事件是可以被预见的，在一定程度上是可以避免的。因此，在组织和举办一次大型体育赛事如果能预先识别出可能发生的危机，将其扼杀于摇篮中，对体育赛事的组织者来说无疑是一次成功的体育危机公关管理。

我国体育赛事在运作举办的过程中存在着各式各样的风险，稍微不慎就有可能给赛事的进行增加阻碍。因此，体育赛事的主办方首先要树立危机意识，在危机发生之前，依靠团队协作的敏锐洞察、理性判断，对一些可能存在的未知风险进行评估与预案，及时做出行之有效的应对方案，以避免危机的爆发或减轻危机造成的危害。在风险未被转化为危机之前，体育赛事主办方还需要运用多种公关策略协调处理赛事期间各种利益群体之间的关系。一旦发生某些偶然性事件，即使是小事，也要给予高度重视，最大限度地消灭危机源头，及时预报潜在的、可能发生的危机信息。在大型体育赛事中，只有提前对赛事进行监测和预警，做好万全准备工作，才能在危机事件发生时，成功化解危机。

2. 加强媒体合作，构建和谐良好的媒体关系

加强媒体合作，构建和谐良好的媒体关系一直是体育赛事危机公关中至关重要的部分。媒体凭借赛事的新闻点写出新闻，赛事依靠媒体进行宣传，二者相互依赖，这决定了二者的合作关系。媒体在赛事的传播中身为重要角色，将赛事的信息传播到公众耳中，若传播的信息正确，则赛事在公众心目中树立了正面形象，若传播的信息错误或有偏差，树立的形象则不利于赛事的进行与发展。因此，承办体育赛事的主办方要与媒体提前构建起和谐的关系，这也等于在公共关系中打好了前仗。

体育赛事过程中，一旦出现危机事件，赛事主办方应立即确定对待不利新闻报道的基本态度，并且提供全部真实资料，表明立场，配合新闻报道方式，统一口径，以最有利于赛事主办方的形式来公布，若报道不符实际，还需要尽快向相关新闻媒体提出更正要求。同时，赛事主办方要及时有效地向新闻媒介报告体育赛事危机事件的最新进展和动态，使公众能第一时间掌握动态。

（二）危机初发期的公关策略

1. 及时报道危机情况，解释危机

在危机初发期，由于受到各种客观因素的制约和限制，作为赛事主办方的首要任务是要快速、及时地应对和解决危机事件，抢占第一先机，避免危机事态扩大化。危机公关有一个黄金处理时间——24 小时，如果能在 24 小时内迅速反应、主动出击，这样才能将危机事件的负面影响控制在最小的范围内。

危机发生后，赛事主办方要迅速判断，给危机事件定性，确定危机公关的原则立场、方案与程序；要在最快的时间内主动出击，把相关情况向新闻媒体公开，阐明主办方的态度，争取媒体的信任与支持。当前，许多体育赛事都是采用电视或网络同步直播，一旦危机出现会第一时间蔓延，而作为赛事的主办方要在第一时间得到第一消息源，掌握危机信息的主动权。因此，只有全面公开信息，直面危机事件，才能最有效地控制整个事态，也能为后面的舆论引导打下坚实的基础。

2. 主动出击，跟进危机事件进展

体育赛事关注程度比较高，能吸引众多的人们参与和观看体育比赛。一旦体育赛事里面发生危机事件，公众所处的环境瞬间变化，公众急于了解最全面、最真实的信息，摆脱内心的不安与恐慌。因此，体育赛事主办方在得知情况后，要迅速判

断、主动出击，立刻给危机事件定性，确定危机公关的原则和立场、应对方案和解决措施，并在最快的时间内主动出击，把相关情况向新闻媒体公开，不断更新和跟进危机事件的后续进展，并要依靠有经验、专业的公关人员进行危机应对，稳定民众的情绪。

一般情况下，只有当权威部门和主流媒体的声音出现时，才不至于造成大规模的流言蜚语的传播，导致公众恐慌。直面危机，做到主动沟通、充分沟通、尽快沟通，坦诚将事实告诉民众，随时更新和告知民众事件的最新进展，危机事件就能顺利地化解，隐瞒或遮掩的做法只会加剧事件的恶化。拖延时间，将会扩大危机，这就要求主办方要迅速表明态度，坚决对不实情况予以否认，并用事实来说话，驳斥流言。另外，在危机公关中一定要保持统一口径，不能前后不一，各说各话，否则将会失信于人，再好的公关策略也会于事无补。

（三）危机持续期的公关策略

1. 当机立断，抑制态势恶化

体育赛事危机已经发生，并不断扩散，赛事主办方需要对危机背后的诱因进行调查，以采取相应的公关策略，这样才能有针对性，减少危机事件造成的危害。危机公关有两种结果，一种是危机的消灭，一种是危机未消除甚至在继续扩大其影响。相对而言，后者往往需要赛事工作部门和人员继续共同努力，不仅要对危机事件的性质、特点、产生原因、发展趋势、影响范围等进行全面的审视，而且也要对自己所采取的公关策略、措施、方法进行检查，针对不同危机诱因，采取相应的公关策略，最终消除危机事件。

在体育赛事中，不论是由于不可控的自然因素，还是因为赛事组委会自身管理工作失误引发的危机，这都归咎于赛事主办方没有充分的准备，因此作为赛事主办方一定要坦诚面对，勇于承担责任，并且要迅速采取有效措施来弥补和挽救，哪怕为此要付出巨大的损失也不能让公众利益受到损害。否则，一旦危机扩大化，将会对体育赛事和体育组织的形象蒙上巨大的阴影和损失。

2. 全面沟通，引导舆论

一个成功体育赛事的举办，离不开公众的支持与关注，这也决定了赛事主办方要将公众利益放在首位。在体育赛事中一旦出现任何危机，危机公关的任务就是尽快使那些有利于赛事形象与体育组织形象的信息在媒体中占据主导地位，以此影响社会舆论。主办方立马展开进行危机公关的目的也就是为了尽快能把最有利、最正面的体育赛事和体育组织的形象占据公众的视野，借此来影响和引导舆论。通过坦诚面对危机，全面沟通协调各方利益，引导新闻舆论，消灭不和谐的声音，形成正面的声音。

具体来说，一方面，要顺应新闻媒体的议题，表明自身的态度，用积极合作的态度来表示诚意；另一方面，找准时机，转换议题，引导舆论往利于自己形象和方向发展。新闻媒体在危机传播的过程中扮演着重要的角色，体育赛事中发生危机事件后，赛事主办方应和媒体合作，将积极正面的信息传播给公众。

（四）危机消退期的公关策略

1. 开展形象修复和重建

危机是一把“双刃剑”，包括了巨大的危险，也隐藏着发展的契机。体育赛事不论危机是小还是大，不管危机是否直接与赛事组织者有关，一旦发生，都会对体育赛事和体育组织的形象带来损害。舆论是在特定的时间里受众对特定的社会公共事务公开表达的基本一致的意见或态度，具有公开、公共、广泛等特点。正是因为舆论是民意的表达和民众愿望的显示，其作用和影响也是非常重大的。舆论能直接或间接地影响某一个危机事件进展，能激化或化解某种危机事件。因此，在危机消退阶段，对于体育赛事而言，危机公关的主要任务就是要积极行动，采取一定的措施，修复和重建在公众面前的形象，换取和赢得公众的谅解和信任，实现双赢。

2. 总结经验，吸取教训

危机事件在消退阶段，它就不再是公众关注的焦点和热点，也不再是新闻媒体争相报道的热点。但是作为体育赛事的组织者和主办方要对危机进行评估，改善体育赛事的组织运营机制，吸取经验教训，反思危机，以避免在今后的体育赛事中再次出现类似的危机。一个危机事件的结束，也是危机善后总结工作的开始。体育赛事危机公关的善后总结工作对帮助赛事主办方重建和协调应对各方面的关系、恢复良好信誉、重塑完美形象具有重要的作用。

首先，赛事组委会根据危机事件特点确定善后工作程序，成立善后工作小组。赛事组委会危机善后处理小组会对整个事件进行全面调查，综合整个事件的起因、发展和消退过程，从多角度、多层面、多效应等方面，认真分析总结危机事件发生的原因和背景，切实改进工作，力图从根本上杜绝危机事件的再次发生。其次，及时对危机事件中遭受损失的运动员、裁判、观众、赞助商等表达歉意，并给予相应补偿，确保危机事件不再进一步升级、恶化。再次，由赛事主管部门召开新闻发布会，宣布危机事件进展情况，积极恢复正常的社会治安秩序，统一口径，发布相关消息。最后，要时刻向社会各界说明和反映自己所做的工作，取得的努力，借助媒体的力量宣传自己，重塑赛事主办方的良好形象。

综上所述，我国体育赛事危机公关的各个方面都是一个动态循环的有机整体，缺一不可，整个危机公关贯穿于危机的 4 个阶段。在每个阶段，体育赛事危机公关组织机构所承担的具体事务不一样，针对危机的预防、爆发、应对和善后采取相应的措施，及时听取公众对危机的反馈并相应做出调整，从而树立赛事主办方良好的社会形象。

二、体育明星危机

作为公众人物，体育明星是公众关心的对象、媒体报道的重点，尤其是在当今这样一个被媒体塑造的时代，公众对体育明星的多样化期待是体育明星形象塑造的难点，同时也是体育明星发生危机事件的重要原因，体育明星危机事件层出不穷。体育明星危机是指明星运动员由于个人素质或媒体引发了损害自身形象和声誉的、引起社会广泛关注的事件。体育明星的危机既可能由体育明星引起，也可能是由外界原因导致。

（一）危机产生的原因

由体育明星自身原因引发的危机主要有 3 种类型。（1）因运动成绩不佳而引发的危机。优异的运动成绩是运动员成为明星的一个重要指标。对于运动员来说，运动成绩的起伏是很正常的，但对于体育明星，他们的失败可能会造成危机事件。像在北京奥运会上万众瞩目的情况下刘翔的因伤退赛；在公众期待姚明带领火箭队冲击 NBA 总冠军时，他却一再受到伤病困扰。这让公众对他们的期待变成失望，危机事件也就随之而来。（2）因违反社会公共道德而引发的危机。体育明星是英雄的化身、是公众的榜样，体育明星的成绩决定着运动员是否能成为明星，而他们的道德水平、自身素质却决定着运动员当明星的时间。公众对体育明星有着高于其他行业明星的期望，因而对体育明星的道德要求毫无疑问要比普通人高。在体育明星危机中，因违反社会公共道德引发的危机不在少数，如美国高尔夫明星伍兹引发的“性丑闻”。作为公众人物，体育明星必须注意自身的行为，避免行为失当。（3）因违背体育职业道德而引发的危机。竞技体育最主要就是体现公平公正，体育明星在体育赛场上的不符合体育精神的行为是最易引起危机事件产生的，例如服用兴奋剂、赛场上不文明行为等等，如果明星运动员自身对这些违背体育精神的行为没有清醒的认识，那就极易做出不适当的行为，损害自己的形象。这3点是体育明星最常出现的危机。

由外界原因引发的危机主要有两种类型。（1）舆论媒体的不当宣传。媒体对明星运动员的宣传是有选择性的，有时着力渲染其光辉的正面的形象，也有刻意突出其黑暗的不光彩的形象。近年来，媒体为了挖掘明星身上的新闻点娱乐大众，对明星的某一事件夸大报道，有时为了追踪报道独家甚至侵犯明星的隐私权，这样不实的夸张报道往往引导了公众对明星的看法。（2）公众对体育明星过高过多的期望。与娱乐明星不同，公众对体育明星的期望值颇高，他们不仅要有优异的体育成绩，还要拥有高尚的道德情操和社会责任感。公众对体育明星的高要求使得体育明星身上犹如背着沉重的包袱，原本可以原谅的事，发生在体育明星身上则会引来危机。

（二）体育明星危机的公关策略

体育明星危机发生后，体育明星应也尽可能控制信息、控制噪音并引导舆论，尽量减小危机带来的负面影响。

1. 控制信息：公布真相，真诚道歉

当体育明星危机发生时，第一步要对危机事件的本身迅速做出回应，召开记者会，向媒体通报整个事情的原委，表明自己的态度。若采取遮掩的策略，公众必会对事件做出种种猜测，这对危机的解决没有一点儿益处。前国家跳水队员田亮在2005年海啸发生后前往马来西亚拍写真，这一事件引来非议，由于对事件发生的危害程度认识不够，想以“捂”的方式过关，使公众的猜测无序流传，直到近一个星期过后，确认事件的危难，田亮才出面说明不是拍写真集，而是向灾民捐款，通过与公众有效沟通，使舆论平稳下来，避免谣言流传，可见公众面前闪烁其词只会更为被动。其次，体育明星要通过个人网站和主流媒体发布自己的致歉声明，给关心自己的公众一个明确交代。公开道歉需要态度谦和，争取公众理解，让公众产生同情。危机虽不能随着道歉而停止，但却可以在一定程度上，让公众看到明星敢于直面危机和对危机负责的形象，进而会给予理解和宽容。美国游泳运动员菲尔普斯在2009年被爆出吸食大麻的丑闻后，他及时公开道歉，而他母亲的泪水也博得了不少同情，在一定程度上缓解了危机蔓延。

2. 控制噪音：发布权威信息，止住流言

在危机中，噪音流加剧了信息流的不畅，虚假的信息会加重谣言的传播，不利于控制危机。因此，控制好体育明星危机事件中的噪音干扰，对解除体育明星危机有重要的作用。

在进行体育明星危机公关时，需要选择具有公信力的媒体，澄清事实，在第一时间召开新闻发布会，对防止噪音传播至关重要。流言止于公开，通过媒体随时发布有关危机的最新消息，引导舆论方向，减少外界猜测，力争减少明星形象的损失。同时，需要注意的是，公布的信息要有权威性，不能随意更改，在信息公布之后还要在传播过程中通过公众的反馈及时调节公关策略。

3. 引导舆论：转移视线，修复形象

在体育明星危机发生后，最后需要做的就是转移公众的视线，恢复明星形象。仅仅"表明态度"和"发布信息"还远远不够，此时当事人和其团队不能逃离公众的视线，相反地则需要迎难而上，主动回归公众的视野，积极创造新闻点，增加正面报道篇幅，进一步用实际行动来证明自己的态度和决心，这可以将公众的注意力从危机事件转移到复出的新闻上，是消灭危机的一种方式。在复出时，体育明星需要体育经纪人的指导，经纪人及时与体育明星沟通，指导明星应该做什么，不应该做什么，从而恢复明星形象。

体育明星是体育一个重要的主体，体育明星危机公关也随之成为了体育危机公关至关重要的一部分，这就要求体育明星在今后的发展过程中，不仅要对体育成绩有所要求，还要注重自身社会价值的体现，积极预防危机的发生。

三、体育组织危机

我们所知的体育组织，是指为了体育发展的目标，建立起来的拥有一定数量成员、明确的规章制度的系统，在系统内需要协调内部成员，促进成员合作努力达到目标。

体育组织根据性质可分为行政管理型体育组织、经营管理型体育组织、公益服务型体育组织。行政管理型体育组织的主要职能就是制定体育工作的政策法规和发展规划，指导各种群众性体育活动，通过财政预算中体育经费的分配和使用介入体育活动，实现政府在体育上要达到的目标。经营管理型体育组织又称为体育产业组织（体育企业），是指通过向特定的体育公众提供经营与服务而获得合理利润的体育组织。公益服务型体育组织是为整个社会的公众谋求利益的，是为全社会服务的机构，包括体育院校、各级业余体校、专业运动队、运动康复医院、社区体育活动中心、体育基金会等。

（一）由于体育组织自身素质不高引来危机

随着体育市场化的深入，体育界进行了一系列改革，体育组织管理问题也日益突出。许多领导不重视体育的发展，把体育问题看得很简单，他们把体育改革中出现的种种问题都简单处理，往往只是做出某种指令，导致“上有政策，下有对策”的局面。在市场化运作的俱乐部体制中，领导层既想分市场一杯羹，又要抱着手中的权力不放，某种程度上加剧了危机事件的爆发。体育组织如果自身素质低，不仅可能引发自身的公关危机，而且在公关危机出现之后，其也难于自觉有效地处理危机。比如2002年国内足坛沸沸扬扬的“黑哨”和“假球”事件，导致广大的体育公众对中国足协的工作和管理极为不满，从而使中国足协的组织形象一度滑向低谷。而足协并未对此危机做出对自身形象有利的公关策略来挽回形象，直至今日，有些体育公众还对足协的做法颇有意见。

（二）由于体育组织缺乏公关意识，忽视媒体作用引来危机

近几年来，体育组织面对危机往往都是利用漫长的时间来消磨公众的愤怒，一旦再次爆发危机，这就形成了一个恶性循环。每一次危机都是在媒体的披露下突然爆发，接着在公众的愤怒声讨中达到沸点，之后就是随着时间的过去使公众渐渐忘记危机。如果体育组织在应对危机时可以将媒体运用好，就可以击退危机的侵袭。危机的到来，很大原因正是体育组织没有充分认识传播沟通的重要性，没有与媒体

建立良好的关系。

针对体育组织导致危机的原因，可以采取以下措施进行危机公关。

1. 提高体育组织人员素质

这里所指的体育人员的素质指的是体育组织人员应对危机的素质。体育组织内部人员自身素质低下就有引发危机的可能，尤其是体育组织领导者自身素质低下，导致其公关危机的可能性更大。因此，要注意体育组织内部人员应对危机素质的培养。首先，就必须要培养人员的危机意识。要清楚地让内部人员知道他们自身存在着危机，体育组织存在着危机。在日常的活动中贯彻“鲶鱼效应”的管理方法，使内部人员时时有危机感。其次，定期组织有关危机应对的培训，开拓他们的视野，增强其互助的协作精神，提高危机应对素质。

2. 选择合适媒体，加强与媒体的合作

选择合适的媒体就是要选择具有一定的规模、享有较高的公信力、极大的影响力且带有权威色彩的主流媒体。在公众心中，主流媒体的声音就是权威性的体现。在现实生活中，虽然公众获知信息的渠道越来越丰富，但是主流媒体的权威性、影响力是不可低估的。特别是在有突发事件发生时，主流媒体自然地成为公众求证的对象。当危机发生后，体育组织利用主流媒体发布信息，则更为权威、更被公众所接受，从而引导舆论的发展。

选择了合适的主流媒体后，就要与媒体建立起合作的关系。媒体需要体育组织提供有价值的信息来吸引公众，同时体育组织也需要媒体帮助其树立良好的公众形象，二者相互依赖的关系决定了二者的合作关系。体育组织不能只有当危机发生时才想到媒体，而是应当一直同媒体保持和谐的关系。若有危机发生，体育组织需要将危机情况整合后迅速地通过媒体将信息发布出去，稳定民心；若媒体对体育组织有不实的报道，体育组织还应该持包容的态度，及时对媒体的不实之词予以纠正。体育组织还可以主动与媒体联系，提供媒体感兴趣的话题，使媒体经常报道体育组织的正面信息，树立体育组织的良好形象。

3. 建立危机快速反应机制，落实新闻发言人制度

在危机发生以后，体育组织相关方面要做出快速反应。危机发生后的 24 小时是处理危机的有效时段，体育组织要在掌握危机情况的第一时间做出反应。目前，体育组织处理危机往往较慢，极易引来公众的种种猜测，而之后再做解释，往往于事无补了。因此，当危机爆发后，建立快速的反应机制已经成为组织危机处理的重中之重。

体育组织危机公关的重要的一点就是要有人、有部门去解决危机。因此，新闻发言人制度对于体育组织解决危机也是必须的。首先，体育组织应尽早建立新闻发言人制度，选择合适的人员在危机时能与公众进行沟通，召开新闻发布会或者记者会，将信息传播出去，在危机发生后最快速地对负面信息进行解释说明。新闻发言人是体育组织的形象代表，有利于对外展示、维护组织立场，担任组织与外界沟通的桥梁，还可以统一口径，使对内对外信息保持一致，帮助组织尽快解决危机。

面对越来越多发的体育危机公关，需要人们继续加强研究，总结危机发展规律，分析危机处置的方法，降低公关危机发生的频度，减少公关危机造成的损害。